中国古代簡牘のすべて

横田恭三

二玄社

凡例

一．本書は、中国国内で出土した簡牘のうち、①注目すべき資料でかつ鮮明なカラー図版があるもの　②カラー図版はないが重要度の高いもの　③字体や字形に特徴があって書法上見逃せないもの、という観点から精選して解説した。よって、モノクロの図版がいくつか交じる。

一．簡牘の出土地を、①甘粛省・内モンゴル自治区・新疆ウイグル自治区　②湖北省・河南省　③湖南省　④江蘇省・安徽省　⑤山東・河北・四川・陝西・江西・広東・広西壮族自治区・大学博物館の新収蔵、の五地域に分割し、それぞれの地域について地図を付して概説した。

一．簡牘に対する理解を深められるように、大コラムと小コラムとを適宜配置した。

一．標題に据えた簡牘の名称は、通称を用い、その後に正式名称をゴチック体で示した。

一．出土簡牘中に見える標題は〈　〉で示した。

一．図版には正字体による釈文を可能な限り付した。なお、通仮字の場合にはその本来の意味を（　）内に示した。

一．簡牘とともに出土した毛筆の一覧表とその図版を巻末に年代順で示した。

一．本書の執筆にあたり、参考とした文献を「参考資料一覧」として巻末に示した。ただし、各簡牘の解説ページに記した「参考資料」はこの一覧から除外した。

中国古代簡牘のすべて　◆目次◆

［大コラム］

［小コラム］

国内初の簡牘博物館である長沙簡牘博物館

簡牘《かんとく》について

20世紀初頭は、中国考古学や古代史学・文化学において、またとないチャンスに巡り会えたときであった。第一に、一九世紀末から始まったヨーロッパ圏の人々による中央アジア地域の探検が、西北辺境の地から貴重な文物をもたらしたことである。オーレル・スタインによる尼雅遺址の発見やスウェン・ヘディンによる楼蘭遺址の発見は、シルクロード史上もっとも特筆すべき出来事であった。これ以来、多くの人々によって幾度となく調査・発掘が行なわれ、その都度多数の簡牘を得て、研究に供せられている。たとえば、新疆《しんきょう》・甘粛《かんしゅく》・内モンゴルに点在する烽燧《ほうすい》遺址などでは、前漢から魏晋にかけての簡牘や紙文書が発見され、辺境の地を守る兵士の日常の暮らしぶりがしだいに明らかとなった。西域地方では度重なる大発見を経ながら、現在まで考古学的発掘が断続的に行われている。

次に一九七〇年代以降を眺めてみると、辺境の地での出土もさることながら、それ以外からの発掘が学会の耳目を集めた。それらは主として長江流域の戦国墓や秦漢墓、あるいは古井戸から出土した簡牘や帛書である。たとえば、曾侯乙墓《そうこういつぼ》竹簡、里耶《りや》秦簡、張家山《ちょうかざん》漢簡、馬王堆《まおうたい》簡帛、銀雀山《ぎんじゃくざん》漢簡などであるが、内容は古典籍、法律文書、行政文書、遣策《けんさく》（副葬品のリスト）など多種多様である。これらの出土によって、今日まで不明であった古代の文化・思想・経済・軍事など多方面にわたって新知見を得ることができるようになった。

近年は中国本土のみならず、台湾、日本、あるいはイギリス、アメリカなど、

簡牘研究拠点のひとつ荊州博物館

世界の主要国で簡牘に関する学会や講演が開催され、多くの研究者によって研究が進められているが、こうした情勢を背景に、ますます簡牘が注目され、その価値が高まっている。

　これまで中国には盗掘に関する長い歴史があって、金銀器・青銅器・玉器など豪華な副葬品がその格好の餌食となっていたが、近年、簡牘までもが盗掘の対象にされ、香港の古玩市場に出回り、それらが複数の研究機関に収蔵されている事実がある。具体的に言えば、一九八九～九四年にかけて、香港中文大学文物館に寄贈された戦国～東晋時代の簡牘、続いて一九九四年五月に上海博物館が購入した戦国楚簡などはその皮切りであり、二〇〇七年以降では、中国の主要大学（湖南大学〔岳麓書院〕、清華大学、北京大学）が相次いで収蔵し話題となっている。

　日本では、これまで「木簡」という呼称が市民権を得ていた。これは、ヨーロッパの探検隊によって西域からもたらされた簡の多くが木製であったことや、日本で出土する古代の簡がみな木質であったことに起因しているからであろう。ところが、新中国建国後、とりわけここ三、四〇年、湖北・湖南を中心として、大量の竹簡が出土しており、これらを「木簡」の一語で括ることは難しくなっている。現在、中国では竹簡や木簡などの資料を総称して「簡牘」と呼んでいる。日本でもこの呼称はしだいに定着しつつある。

竹帛に書す（簡牘のはじめ）

中国古代における文字を記す材料には、金石・甲骨・竹木・縑帛《けんぱく》・紙など複数の種類があり、それらは用途によって使い分けられていた。金石や甲骨は主として特別な内容を記す場合に用いられた材料であり、縑帛は高価なため、これらは日常の書写材料としては不向きであったと考えられる。紙の最古の実例は、一九八六年、甘粛省天水市放馬灘《ほうばたん》の墓葬（前漢早期）から出土した薄片（91頁）で、表面には描線が施されており、略地図のようなものと考えられる。その出土地の名をとって「天水紙」と呼ばれているが、書写材料としての紙は、おそらくこのころが使用開始の上限であろう。よって紙が発明される以前の材料としては、もっとも身近に存在する竹木であったと考えられる。

『墨子』（明鬼篇）に「古者聖王は必ず鬼神を以て其の務めと為し、其の鬼神に務むること厚し。また後世子孫の知る能わざるを恐る。故にこれを竹帛に書し、後世の子孫に伝え遺す。」とあり、また『韓非子』（安危）に「先王は理を竹帛に書す」ともある。現在「竹帛に書す」とは「書物に著す」の意味に使われているが、上述のようにもともとは竹簡や縑帛に記すことで、とりわけ竹は成形しやすく、また墨書の記録に適しているため、漢字が成立する以前の、符号が生まれた時代から使用されていたと考えるべきであろう。清の考証学者で、日本に亡命した経歴を持つ王国維《おうこくい》は「書契の用は刻画より始まり、金石、甲骨、竹木、これら三者はいずれが先後するかわからないが、

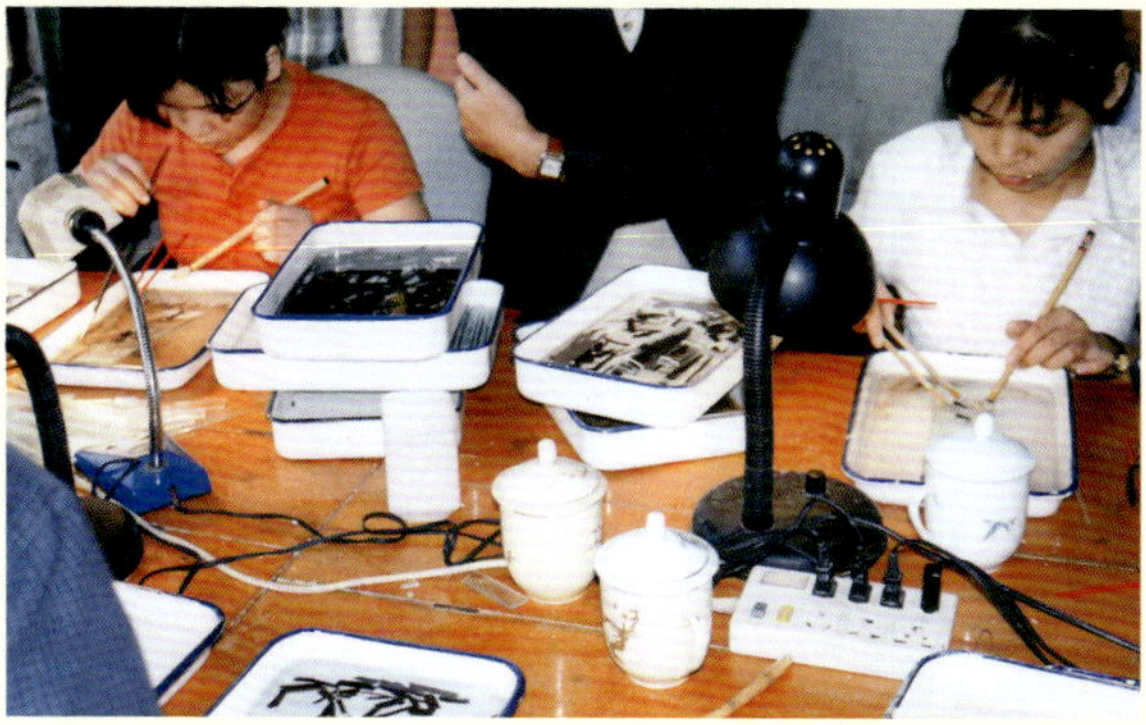

簡牘の洗浄（長沙市文物考古研究所）

竹木がもっとも広く用いられていた。」（『簡牘検署考』）と述べ、竹木の用途が古くからあり、広範囲に用いられたことを示唆している。ただし、今のところその起源を解明する史料はなく、不明と言わざるを得ない。

これまで出土している最古の簡牘の実例は、戦国早期の曾侯乙墓《そうこういつぼ》竹簡（前四三三～前四〇〇年）である。木製でもっとも古い実例は、四川省青川県郝《かく》家坪《かへい》秦墓出土の木牘（青川木牘）であり、書写年代は戦国秦の晩期と考えられている。竹木は腐敗しやすいため、曾侯乙墓竹簡のように二四〇〇年の時を超えて我々の目の前に現れることはきわめて稀であるといえる。

簡牘研究拠点のひとつ甘粛省文物考古研究所（陳列室）

甘粛省・内モンゴル自治区・新疆ウィグル自治区の簡牘について

〈甘粛省・内モンゴル自治区・新疆ウィグル自治区概略〉

内モンゴル高原とチベット高原とに挟まれた甘粛は、古代の甘州（今の張掖《ちょうえき》）と粛州（今の酒泉《しゅせん》）の両地区の名を合わせた名称である。この地区は、漢から唐にかけてシルクの道として関中から西北へ通じる交通の要所であった。たとえば、武威《ぶい》・張掖・敦煌《とんこう》・天水《てんすい》など歴史的にも著名な都市や、莫高窟《ばっこうくつ》・麦積山《ばくせきざん》石窟・玉《ぎょく》門関《もんかん》・嘉峪関《かよくかん》などよく知られた遺址がある。

漢は匈奴を牽制するために、河西回廊に四郡（武威・張掖・酒泉・敦煌）を設置した。とりわけ酒泉・敦煌両郡は、北方からの匈奴の攻撃に対してつねに防衛体制を万全にしておく必要があった。そのことを如実に示しているのが、額済納《エチナ》河流域（居延県）で発見された多くの望楼（烽燧《ほうすい》）遺址である。

内モンゴル自治区は、中国北部の辺疆の地に位置し、東は東北地区、北はロシアとモンゴル、西は甘粛省に接している。現在、額済納河流域の居延遺址は、内モンゴル自治区に属してはいるが、この地区の行政区画には時代によっていくらか変動がみられる。簡牘で言えば、一九三〇年に発掘された「居延旧簡」は内モンゴル自治区の所轄であったが、第二次の一九七二〜七四年に発掘された「居延新簡」は甘粛省の管理となっている。

新疆は、北方のモンゴル・ロシア、西方のカザフスタン・キルギス・タジキス

居延地区最東端の卅井候官

タン・アフガニスタン、南方のインドの計七国と隣接する中国西北部の辺境地域にある。後漢時代に西域都護府が置かれて以来、オアシス路として東西交通の要所をなしてきた。ハミ・トルファン・ウルムチ・カシュガル・ホータンなどの都市や高昌《こうしょう》故城・交河《こうが》故城・アスターナ古墓群・尼雅《ニヤ》・楼蘭《ローラン》など多くの遺址が残されている。新疆は、国内の省および自治区の中では最大の面積を誇るが、その大半はタクラマカン砂漠と天山山脈が占めているため、居住可能な土地は限られている。また、ウイグル族やカザフ族、あるいはキルギス族など、異民族の情緒が今なお息づいている地域でもある。

〈出土概略〉

これまで甘粛・新疆両地区および居延《きょえん》（額済納《エチナ》）から、漢代以降の貴重な文物が数多く出土している。とりわけ、簡牘や残紙には文字が記されていることから、当時の社会情勢や生活状況などを推し量ることができ、時代の証言者として重要な役割を担っている。

一九〇一年、スタインらが尼雅遺址で五〇枚の簡牘を出土して以来、楼蘭・敦煌・居延・武威・天水などをはじめとする各地域から出土した簡牘の総数はおよそ六万枚に達している。

〈文字の概要〉

簡牘上に記されている内容は、古籍の残片、官府文書、詔書・律令・法規などを含めた駐屯書類、駅伝文書など豊富かつ多方面に及んでいる。字体は篆書から楷書まで種々あり、その書風は謹飭《きんちょく》なものから稚拙なものまで幅広い。

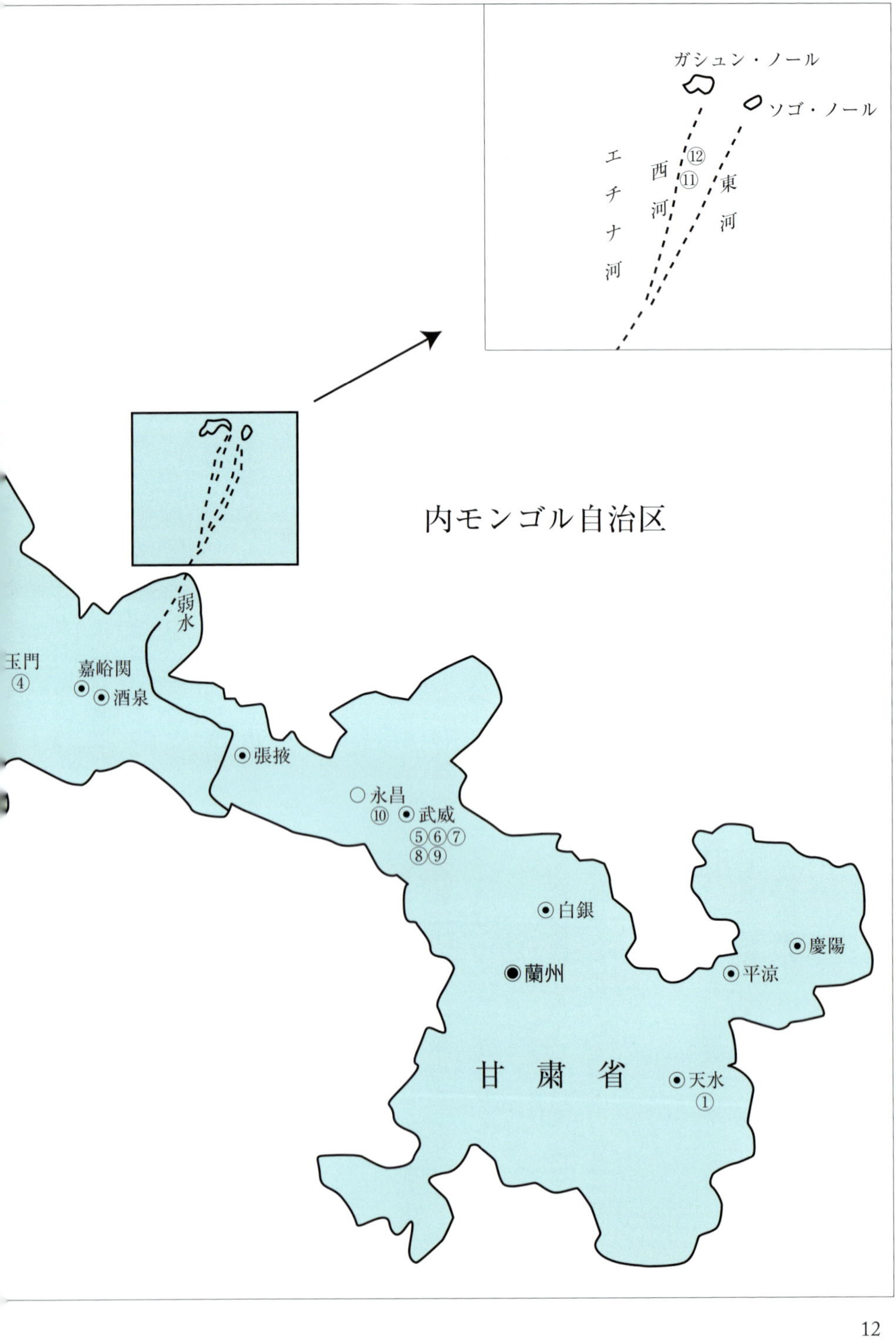

ガシュン・ノール
ソゴ・ノール
エチナ河
西河
東河
⑫
⑪
内モンゴル自治区
弱水
玉門
④
嘉峪関
酒泉
張掖
永昌
⑩
武威
⑤⑥⑦
⑧⑨
白銀
蘭州
慶陽
平涼
甘粛省
天水
①

甘粛省	①	天水放馬灘秦簡
	②	敦煌馬圏湾前漢・王莽新簡
	③	敦煌懸泉置漢簡
	④	玉門花海前漢簡
	⑤	武威磨嘴子「儀礼」王莽新・後漢簡
	⑥	武威磨嘴子「王杖十簡」
	⑦	武威磨嘴子徴集漢簡
	⑧	武威旱灘坡後漢「武威医簡」
	⑨	武威旱灘坡後漢簡
	⑩	永昌水泉子漢簡
内モンゴル自治区（額済納旗）	⑪	額済納漢簡
	⑫	居延甲渠簡牘（居延新簡）
新疆ウイグル自治区	⑬	尼雅遺址簡牘
	⑭	楼蘭遺址簡牘

甘粛省

天水放馬灘秦簡《てんすいほうばたん》

名称：天水放馬灘遺址出土秦簡
時代：戦国晩期
出土年月・地：一九八六年四月、天水市北道区放馬灘
本数と内容：一号墓竹簡四六一枚（〈日書〉甲種七三枚、〈日書〉乙種三八一枚、〈志怪故事〉七枚）。このほか木板〈古地図〉七幅
サイズ：長さ二七・五×幅〇・七cm、厚さ〇・二cm
字体：秦隷
所蔵：甘粛省文物考古研究所
参考資料：『文物』89−2、『天水放馬灘秦簡』（中華書局、二〇〇九年）

天水放馬灘《てんすいほうばたん》は、陝西省宝鶏市《ほうけいし》から西へ四〇km、麦積山《ばくせきざん》石窟から東へ二〇kmの地にある秦嶺《しんれい》山脈の中部に位置する。天水は秦文化の発祥の地とされるため、この地域で秦簡が発見された意義は大きい。発掘された十四座の墓葬のうち、一号墓より戦国・秦の木板地図と竹簡が出土した。七幅の木版のうち、一つは大きさが約二六cm×一八cmで、表面には河川を描いた略図と地名が記されていたが、その用途については諸説あって定まらない。竹簡は遺体の頭部の右上方に置かれてあり、算籌《さんちゅう》（計数用に数字を記した竹木の小片）と毛筆、筆套（筆のサヤ）も添えられてあった。竹簡は編綴《へんてい》され、最も外側に〈志怪故事〉、ついで〈日書《にっしょ》〉乙種、最も内側に〈日書〉甲種が巻かれてあった。総計四六一枚。〈日書〉は、古代における吉凶や日時を占う数術の書である〈日書〉は、戦国から秦漢にかけて各地へ広く伝播したが、内容においては時代や地域による差異が少なからずある。また〈志怪故事〉には、丹という男が傷害の罪により公開処刑されたが、三年後に復活したという怪異な物語が記されている。

これらの竹簡は長期間にわたって水に浸っていたため、竹の繊維そのものが柔らかくて壊れやすい状態になっていたが、字跡は明瞭であった。竹簡の上段から下段にかけて三ヵ所に紐で編んだ痕があり、右側面には契口《けいこう》（簡を紐で固定するための小さな刻み）が残されている。契口の位置と文字との関係から、簡冊を先に編んで書写したものと考えられる。なお、簡の上下の先端部分に藍色の絹片が付着していたが、これは簡本を装幀した痕跡と考えられるもので、現存最古の実例である。

字体は秦隷。甲種と乙種では用筆法に違いがある。

甲種の横画は起筆で強く打ち込みスッと引き抜く筆法で、転折部はしなやかに湾曲し、運筆はリズミカル。

乙種は平板な筆線を用いて方形に作っており、睡虎地秦簡の〈日書〉に共通する用筆法である。

〈日書〉甲種

寅旦凶安食吉日中凶日失凶夕日凶

辰旦凶安食吉日失凶夕日吉

〈日書〉乙種

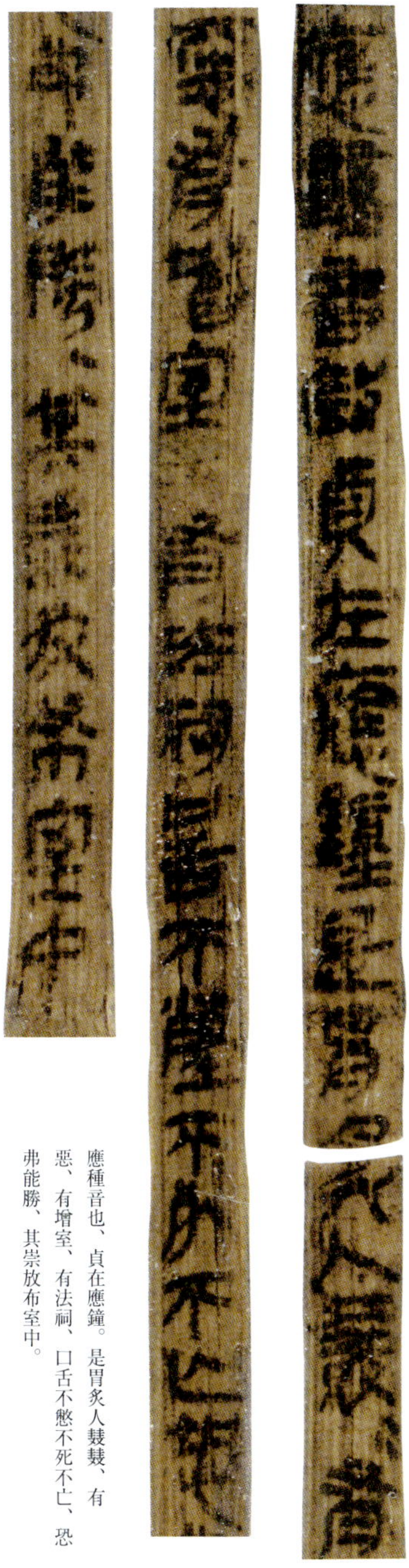

應種音也、貞在應鐘。是冑炙人婁婁、有悪、有増室、有法祠、口舌不憖不死不亡、恐弗能勝、其崇放布室中。

敦煌《とんこう》馬圏湾《ばけんわん》前漢・王莽《おうもう》新簡

名称：敦煌馬圏湾漢代烽燧遺址出土漢簡
時代：前漢・宣帝本始三年（前七一）～王莽地皇二年（二一）
出土年月・地：一九七九年九月、敦煌馬圏湾漢代烽燧遺址
本数と内容：簡牘一二一七枚。内容は詔書・奏記・檄・律令・牒書・爰書・符伝・簿冊・書牘・暦譜・述数・医薬・契券・封検・楬（簽）など
サイズ：長さ二三・三×幅約〇・八cm
字体：八分・古隷・草隷・章草など
所蔵：甘粛省文物考古研究所
参考資料：『敦煌漢簡』（中華書局、一九九一年）

一九七九年九月、甘粛省文物工作隊と敦煌《とんこう》市博物館は、敦煌の西北九五km（小方盤城《しょうほうばんじょう》から西へ一一km）の馬《ば》圏湾《けんわん》烽燧《ほうすい》遺址を調査した。この付近は、かつてスタインによって八六九枚、西北科学考察団によって四八枚が発見されているが、今回の発掘は新中国成立以後、敦煌地区において初の大規模な漢代烽燧遺址調査といえるもので、その面積は一九〇〇㎡に及び、合わせて一五ヵ所から大量の簡牘を発掘した。

出土した簡牘は総計一二一七枚にのぼり、その材質は紅柳（タマリスク）や胡楊《こよう》で作られた木簡がほとんどを占めているが、竹簡も一六枚含まれていた。簡牘の種類は、簡・牘・符・觚《こ》・簽《せん》・封検・削衣《さくい》などである。整簡の長さは二三・三cm、幅は約〇・八cm。簡牘の多くは、雑草、家畜の糞、壊れた鉄木器具、繊維品の切れ端などが混じり合って堆積した灰層の中から発掘された。觚は、三面体をした細長い形状を指すものの、ある一部は長方体、つまり四面が書写できるように作られている。紀年のある簡牘は、前漢・宣帝本始三年（前七一）の觚のほか、元帝・成帝・哀帝の各時代のものなど合わせて六三枚にのぼるが、最も多いのは平帝から王莽《おうもう》時期に至るもので、紀年簡牘の半数を占める。字体は八分・古隷・草隷・章草などがある。

なお、石硯・毛筆・麻紙・琥珀《こはく》印などのほか、一行で三〇字を墨書した、長さ四三・四cm×幅一・八cmの細長い帛書も同時に発掘されている。

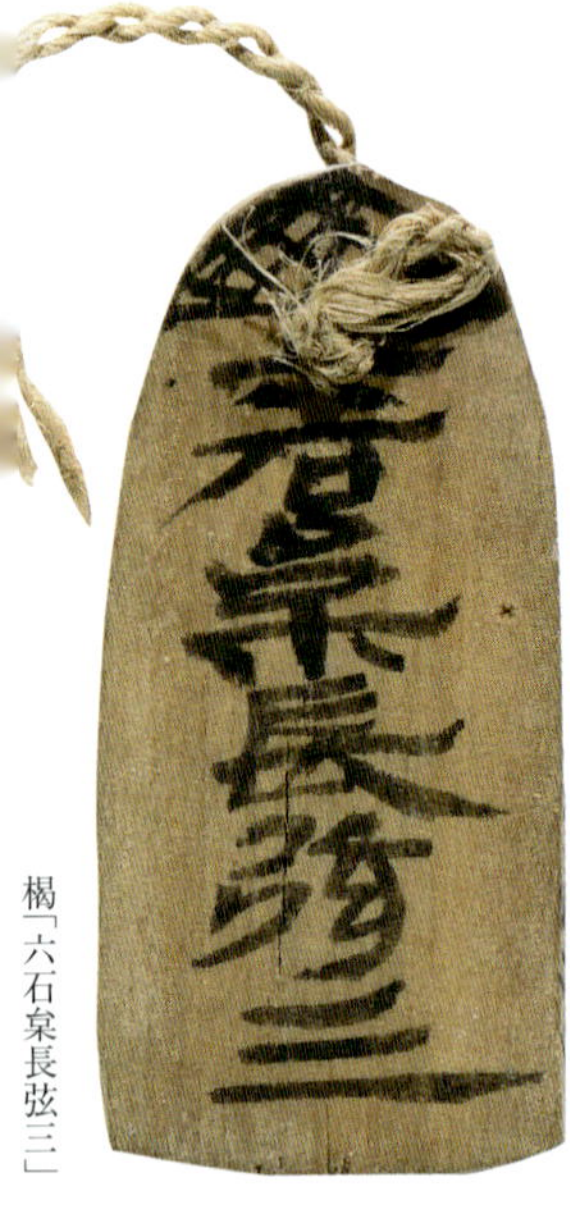

楬「六石桌長弦三」

馬圏湾遺址全景（1993年現在）

羅振玉《らしんぎょく》と王国維《おうこくい》

羅振玉（一八六六～一九四〇）浙江省の生まれ。字《あざな》は式如、また叔言・叔蘊《しゅくうん》などといい、雪堂と号した。清末～民国初めの学者。辛亥革命勃発後、羅振玉は王国維とともに日本へ亡命し、滞在中にシャバンヌから得たスタインの敦煌漢簡資料を使って、王国維と共同で『流沙墜簡《りゅうさついかん》』を著した。生涯にわたって甲骨・銅器・簡牘・明器・佚書などの考古資料の捜集と整理を行い、『殷墟書契《いんきょしょけい》』『三代吉金文存』などを上梓した。

王国維（一八七七～一九二七）浙江省の生まれ。字は静安、観堂と号した。清末～民国初めの学者。辛亥革命勃発後、羅振玉に従って日本へ亡命し、京都に居を構えた。帰国後、甲骨文と考古学の研究に従事して清華研究院の教授に至ったが、一九二七年、馮玉祥軍が北京へ入場したとき、頤和園の昆明湖に身を投じ一生を終えた。その著に、羅振玉と共編の『流沙墜簡』（第二編を担当）と中国古代の簡冊制度を解明した『簡牘検署考《かんとくけんしょこう》』などがある。

二人は現在でも簡牘研究のパイオニアとして高く評価されている。

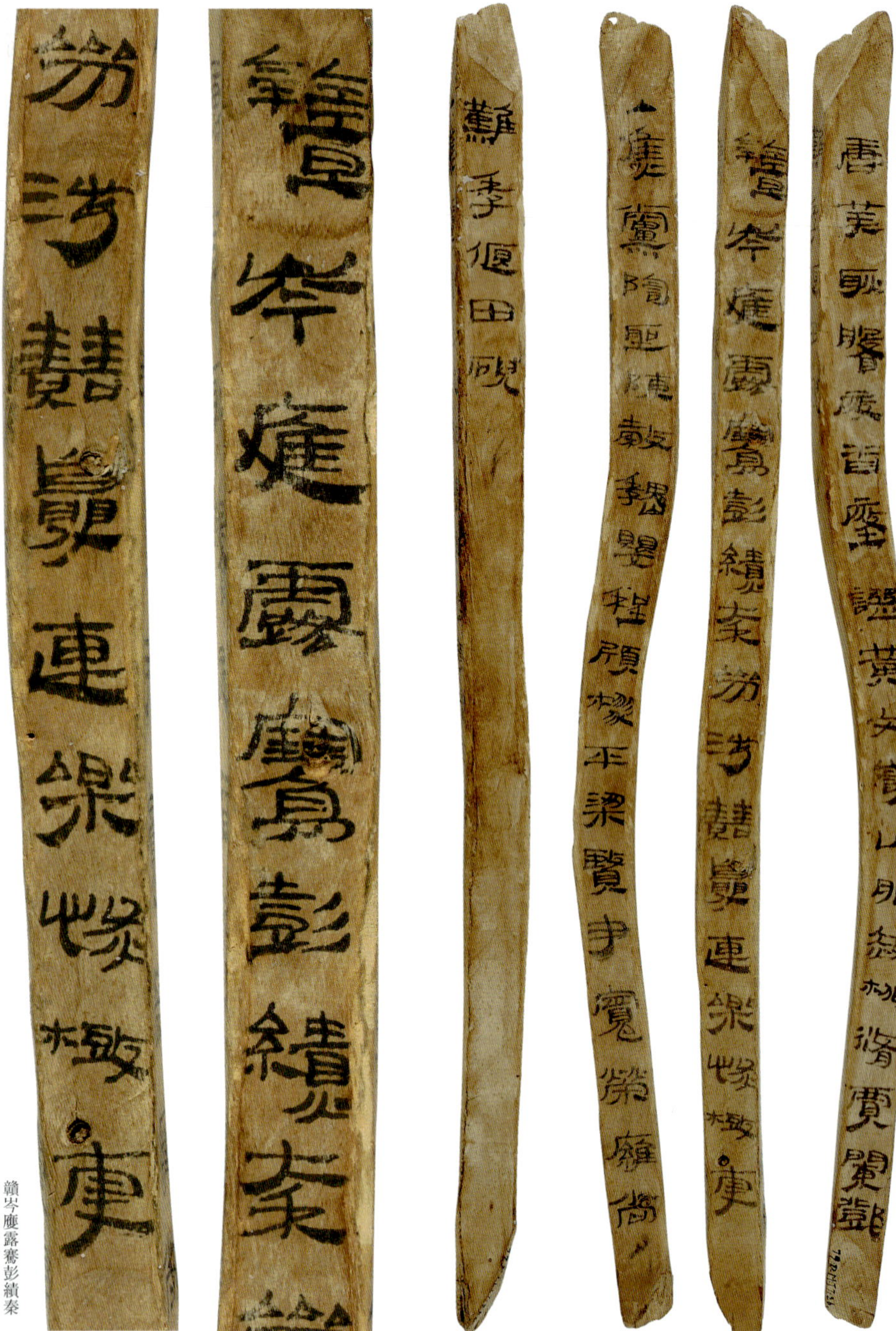

〈辞書觚〉（四面書）

贛岑塵露騫彭績秦

〈木簡〉

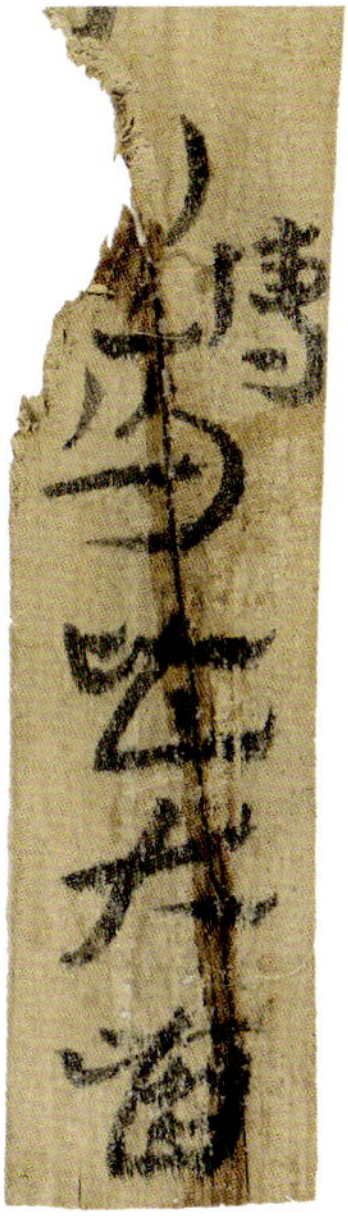

到責未報聞、可寫下其
奉以從事、不願知指
傳馬皆大齒

〈木簡〉

□以稱職叩頭死罪死罪

〈封検〉

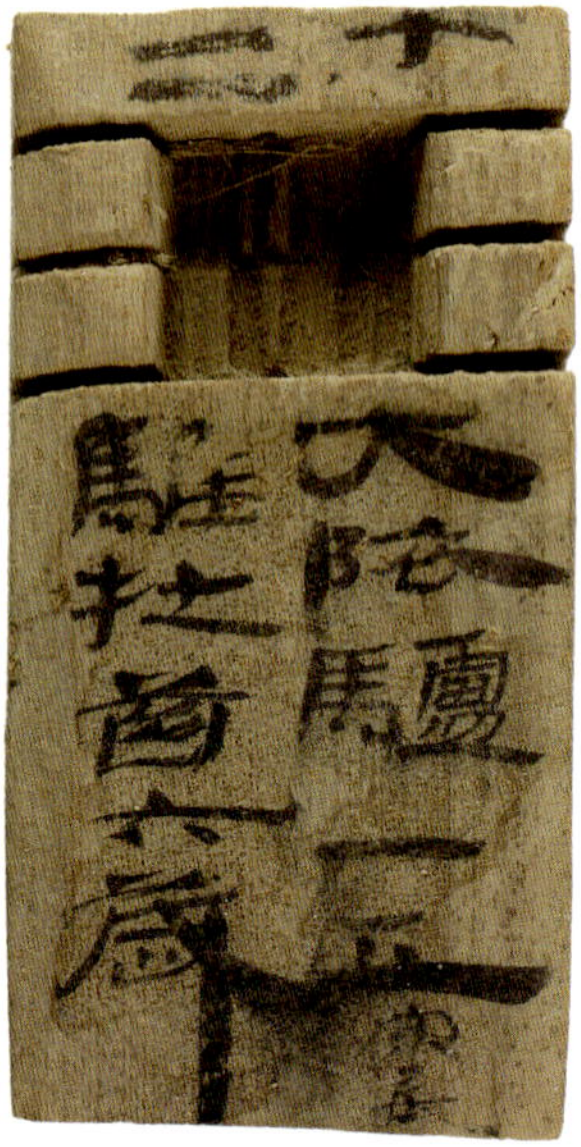

十　大陝驢一匹　宋長
二　騅、牡、齒六歳。

簡牘の材質

甘粛省考古文物研究所が敦煌馬圏湾《ばけんわん》で出土した簡牘について分析した報告によれば、その材質は紅柳（タマリスク）が出土簡牘の五四・一%、ついで雲杉（トウヒのこと。マツ科）が三一・四%、ついで胡楊一三・一%、竹簡は僅か一六枚で、一・三%だったという。

何双全《かそうぜん》氏は実物をじかに観察できる立場から、以下のような見解を提示している。破城子《はじょうし》簡牘の材質は、紅松が主で、ついで胡楊・紅柳の順である。松材は紅白の別があるが、それぞれ材質が堅く断裂や湾曲しにくいため、簡牘の材料に適している。詔書・律令などの下達文書には必ず松材が用いられた。多用された時期は主として漢の昭帝から王莽新にいたるまでである。また、平帝から王莽・後漢時期に大量に使用された胡楊は柔らかい材質で湾曲しやすく、乾燥後は折れやすいため、主として下級の駐屯警備の各種帳簿などに用いた。王莽から後漢時期にかけて用いられた紅柳は堅く強度があり、生木の時は赤い樹液が出るが、簡牘に使用するときはだいたい湾曲していて、契約・司法・爰書・書信などに多く用いられた。ただし、その総数はけっして多くない。（『居延漢簡研究』）。

竹簡は孟宗竹と慈竹が大多数を占める。まれに苦穂竹（例：尹湾《いんわん》漢墓竹簡）があるが、これは節の間隔が長くて繊維が強いだけでなく、加工後は墨の乗りがよい。このほか、葦製の簡に書かれた例もあるが、材質が柔らかく、保存に難があったため、重要な文書には使用されなかったものと考えられる。

〈王莽新簡〉地皇三年（二二）

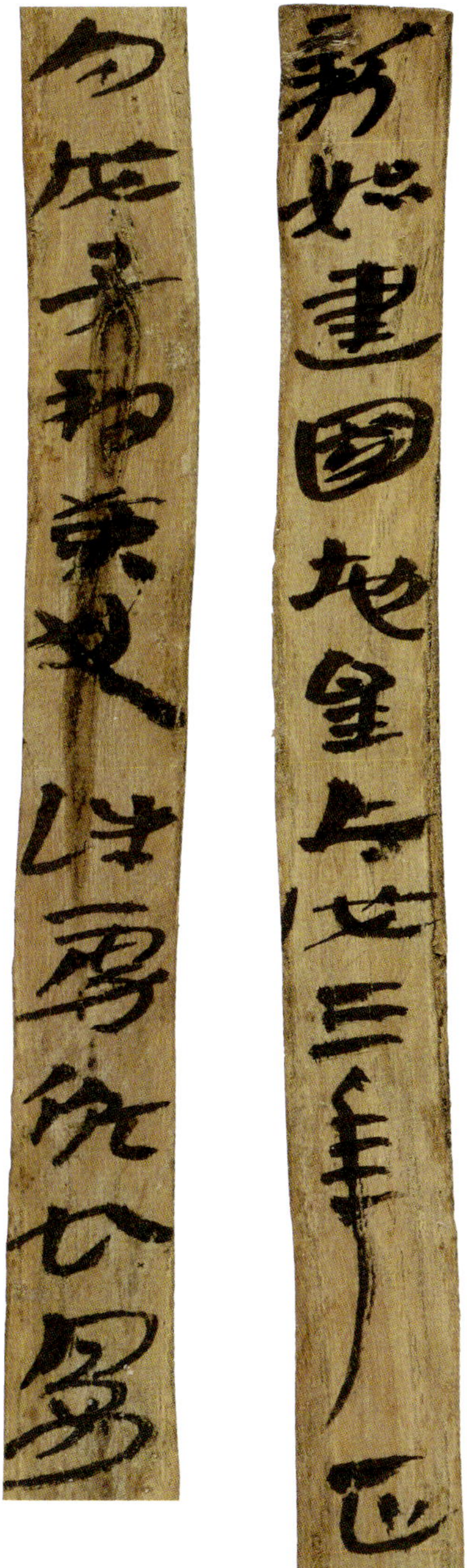

新始建國地皇上戊三年正
月戊子朔癸丑、誅虜候長晏
敢言之、謹以廷

敦煌懸泉置《とんこうけんせんち》漢簡

名称：敦煌懸泉置遺址出土簡牘
時代：前漢・武帝後期（在位は前一四〇～前八七）～王莽末年（二五）
出土年・地：一九九〇～一九九二年、敦煌懸泉置遺址
本数と内容：簡牘二三〇〇〇枚余り。内容は詔書・各レベルの官府が発行した通行文書・律令・司法文書・簿籍・私信・典籍など
サイズ：長さ二三～二三・五×幅〇・六～一・二cm。両行は長さ二三～二三・五×幅二cm
木牘二三・五cm前後×幅三～五cm。觚の長さは長短の差が激しく、長いものは五〇cm、短いものは二三cm前後、三棱、四棱の形式のものが多い
字体：古隷・八分・草隷・章草など
所蔵：甘粛省文物考古研究所
参考資料：『簡帛研究』第一輯（広西師範大学出版社、一九九三年）、『文物』00―5

甘粛省文物考古研究所は、一九九〇～九二年にかけて、敦煌甜水井《とんこうてんすいせい》付近にある漢代の懸泉置《けんせんち》遺址を発掘調査し、約三五〇〇〇枚（有字簡は約二三〇〇〇枚）の簡牘を得た。このほか竹簡や帛書、紙文書なども出土した。簡牘の形状は、簡・両行《りょうこう》・牘・觚《こ》・封検・楬《けつ》・削《さく》衣《い》（人為的に削り取られた木片）などで、簡と両行の数量が最も多く、ついで封検である。簡牘中に現存の冊書は細い麻縄で二ヵ所ないし三ヵ所を編綴《へんてい》されていたが、編綴と文字の位置関係から判断すると、先に編んでその後書写したものもあれば、書写した後に編んだものもある。

紀年がある簡は二〇八六枚、その中で最も早いものは、前漢武帝の元鼎六年（前一一一）で、これ以外には太始三年（前九四）、征和元年（前九二）などの年号も見える。前漢・昭帝の元鳳元年（前八〇）～王莽の地皇二年（二一年）にかけての紀年は途切れることなく残されており、後漢・光武帝の建武～後漢・安帝の永初までの年号も揃っている。

内容は、詔書・各レベルの官府が発行した通行文書・律令・司法文書・簿籍・私信・典籍などである。約二〇枚ある律令簡には、これまで未見の律名も含まれており、伝世の古籍を補填することが可能である。

字体は古隷・八分・草隷・章草などがある。

なお、前漢末ころのものと推定される帛書（「元伏地再拝請」）の文字は、暢達した八分書である。

〈両行〉元延二年（前一一）

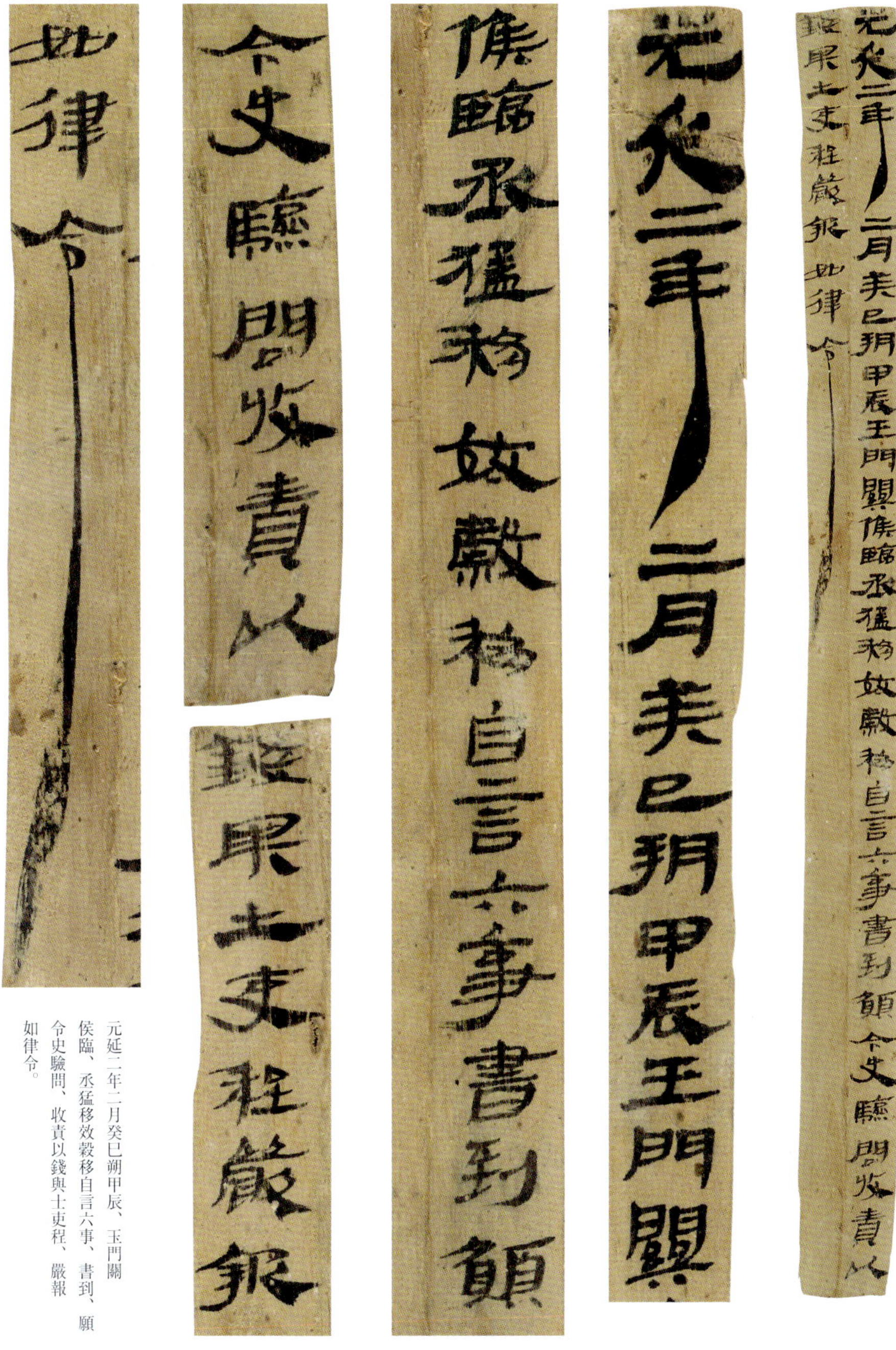

元延二年二月癸巳朔甲辰、玉門關候臨、丞猛移效穀移自言六事、書到、願令史驗問、收責以錢與士吏程、嚴報如律令。

〈兩行〉

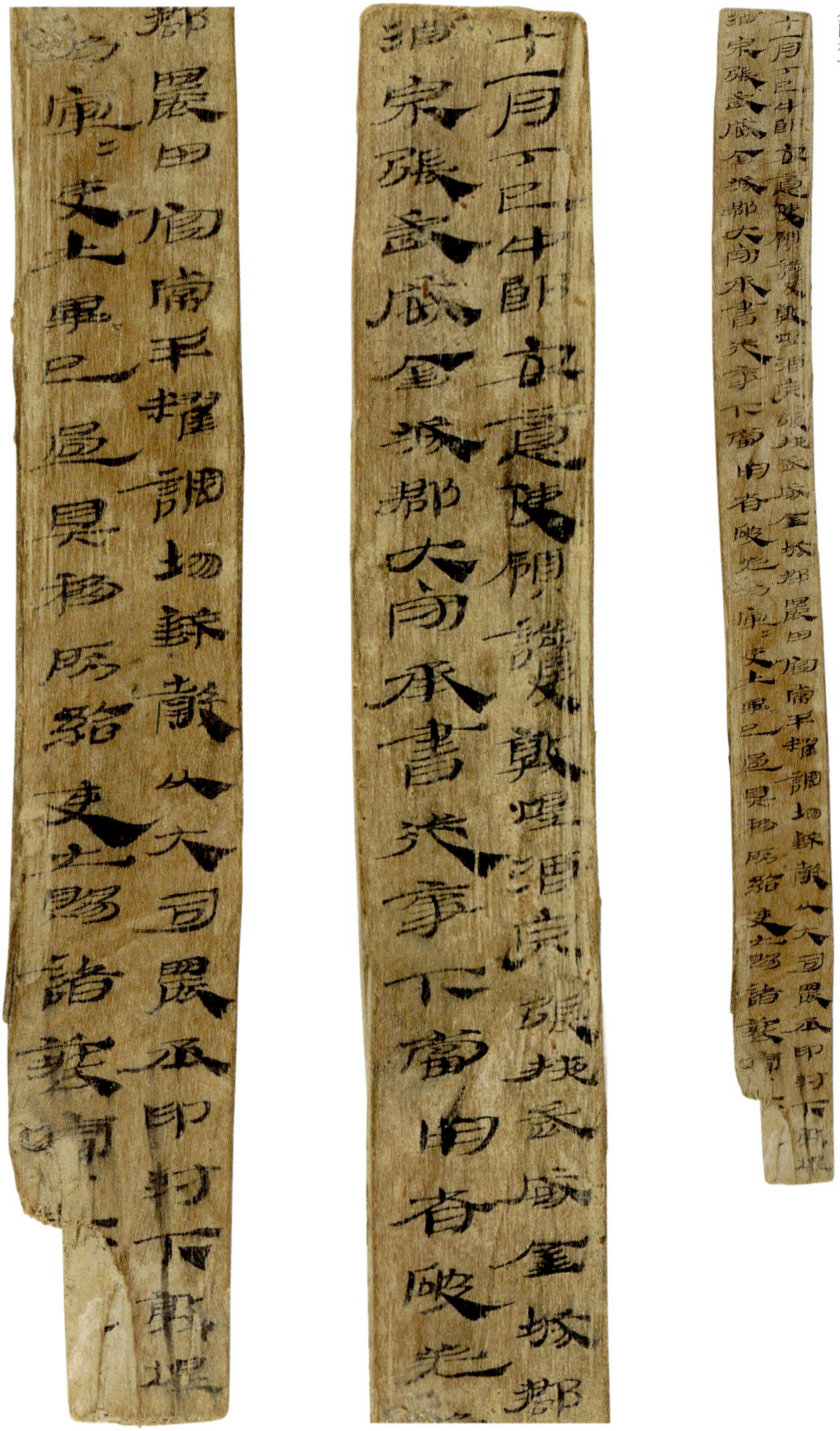

十一月丁巳、中郎安憙使領護敦煌、酒泉、張掖、武威、金城郡／農田官、常平羅調均錢穀、以大司農丞印封下敦煌、
酒泉、張〔掖〕、武威、金城郡太守、承書從事下當用者、破羌／將軍〔軍〕吏士畢已過、具移所給吏士賜諸裝實□□

〈奏書〉

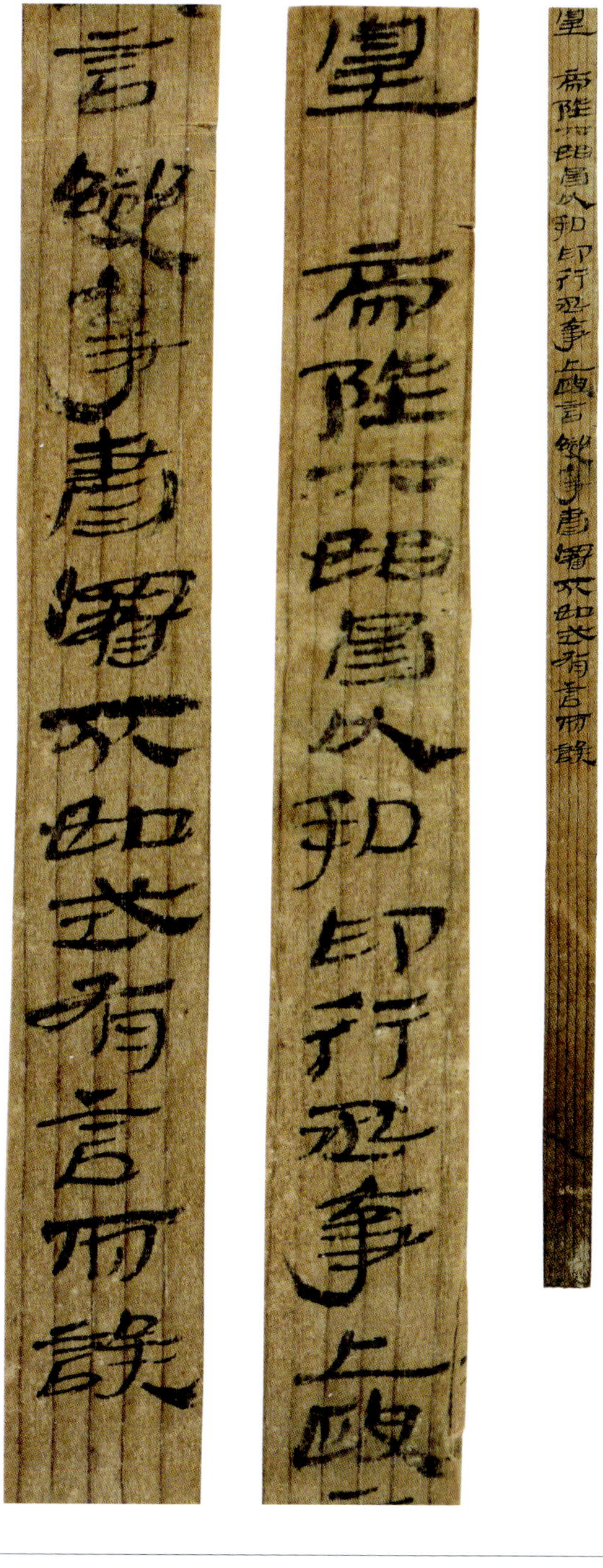

皇帝陛下、始昌以私印行丞事、上政言變事、書署不如式、有言而誤。

〈封検〉

縣泉置亭次行

玉門《ぎょくもん》花海《かかい》前漢簡

名称：玉門花海漢辺塞遺址出土前漢簡
時代：前漢・昭帝元平元年（前七四）の紀年
出土年月・地：一九七七年八月、玉門花海北の漢代烽燧跡
本数と内容：有字簡九一枚、無字簡一二枚、觚一本。内容は〈武帝遺詔〉・簿籍・書信
サイズ：觚は長さ三七cm
字体：隷書
所蔵：甘粛省嘉峪関市文物保管所
参考資料：『敦煌漢簡』（中華書局、一九九一年）、『簡牘』（敦煌文芸出版社、二〇〇四年）

祁連山《きれんざん》の北麓にある玉門《ぎょくもん》市は、かつては荒涼たる砂漠であったが、一九三九年、玉門油田が開発されて以来、今では最も古い石油基地として知られている。漢代においては河西回廊の戦略基地として重要な地点でもあったことから、花海一帯は長城、烽燧《ほうすい》、亭障《ていしょう》（砦の要所においた番所）などの遺址が多数ある。

一九七七年八月、花海《かかい》農場に勤務していたある男性は、休日を利用して狩りに出かけ、玉門市花海の北およそ三〇kmのところで野生の羊を発見した。羊ははじめこんもりとした小丘を逃げまどっていたが、そのうち砂の中に埋まっていた木簡を偶然にも踏みつけた。

この一瞬の出来事を見逃さなかった男性は、すぐに漢代の木簡と烽火台を発見したのであった。その後、連絡を受けた嘉峪関市文物保管所の調査により、木簡九一枚と無字簡一二枚、それに七面に削られた菱形觚《こ》一本が発掘された。これらの漢簡は酒泉郡北部の都尉が記した保管文書、つまり簿籍である。

觚は長さ三七cm、かすかに湾曲した木棒を削って七面体に作成したもので、二一二字が記されており、内容は遺詔（一三三字分）と書信（七九字分）に分けられる。書体は隷書。書法は稚拙であり、遺漏も多いことから、文字の練習に用いたものと考えられる。冨谷至氏はこれを〝掲示の檄〟に分類し「個人が自分で常に目にするための標識簡」とみる（『文書行政の漢帝国』）。このほか、筆管と筆套も伴出している。

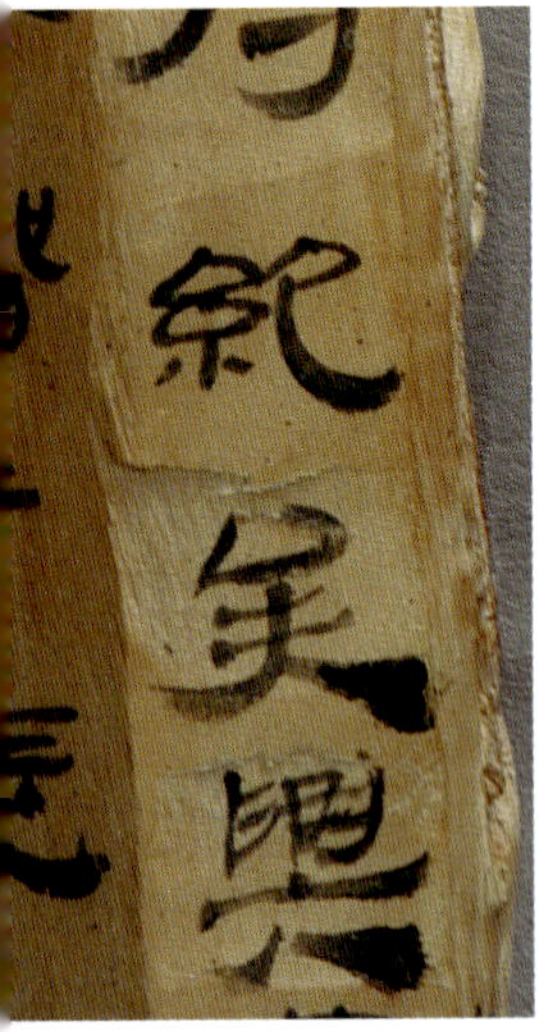
文字を削り直した跡
一本の觚に十数ヵ所の削り痕が
見える）

〈觚〉

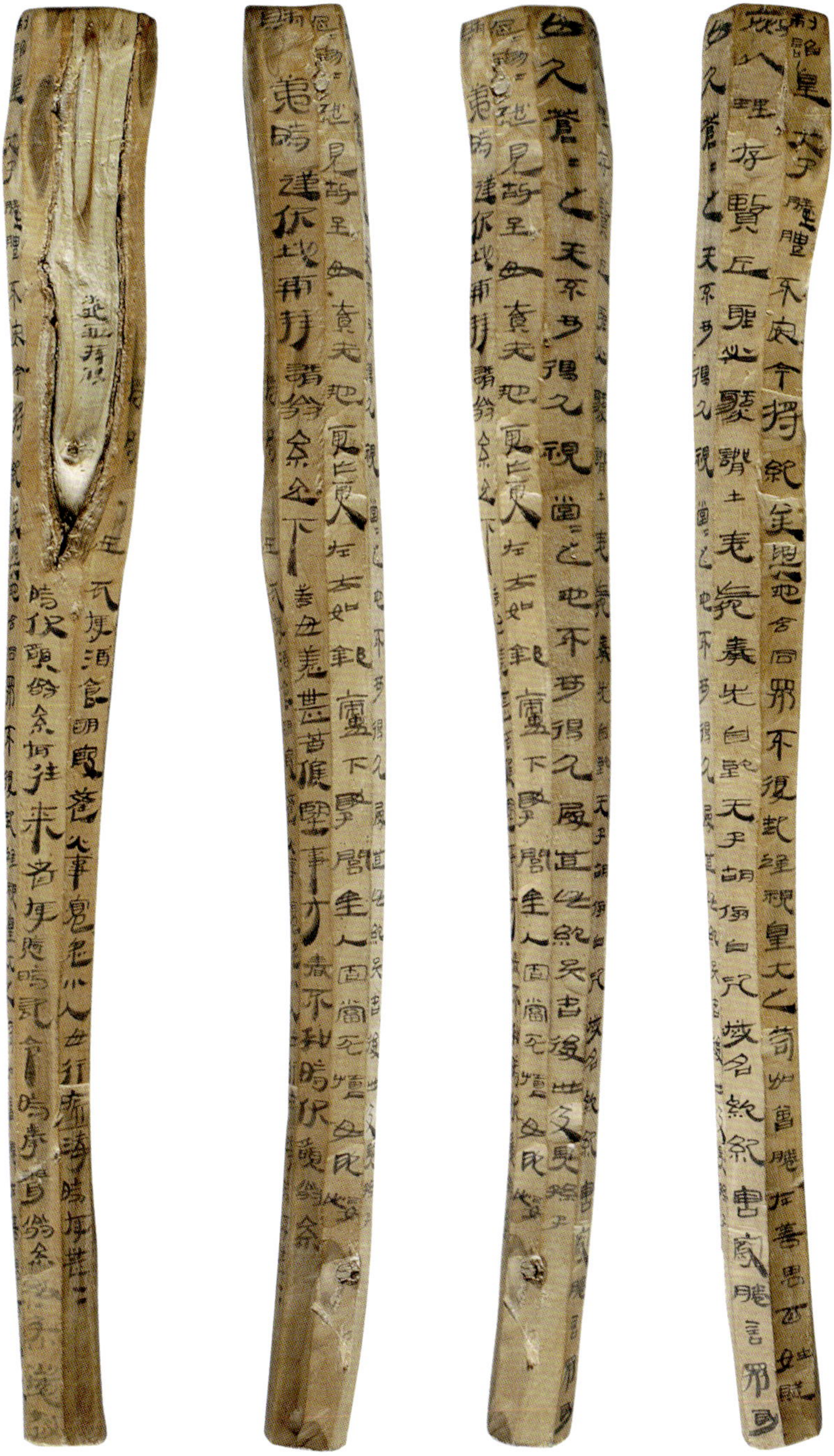

〈觚〉（拡大）

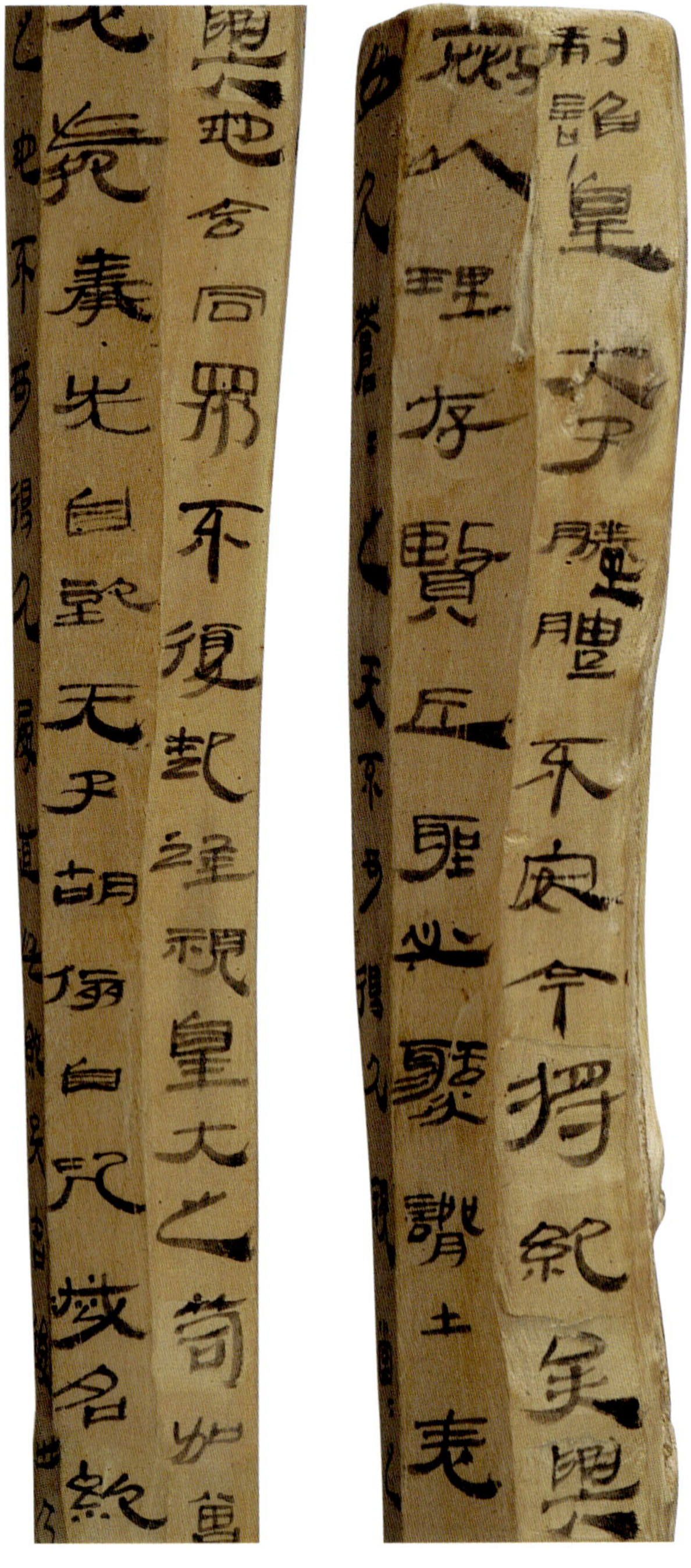

制詔皇太子、勝體不安、今將絕矣。
斂以理、存賢近聖、必聚諝士、表
與地合同、衆不復起、謹視皇大之笥、加
教奉先。自致天子。胡亥自圯、滅名
曾勝在善禺百姓、賦
絕紀、審察勝言、衆身

〈蒼頡篇〉

背

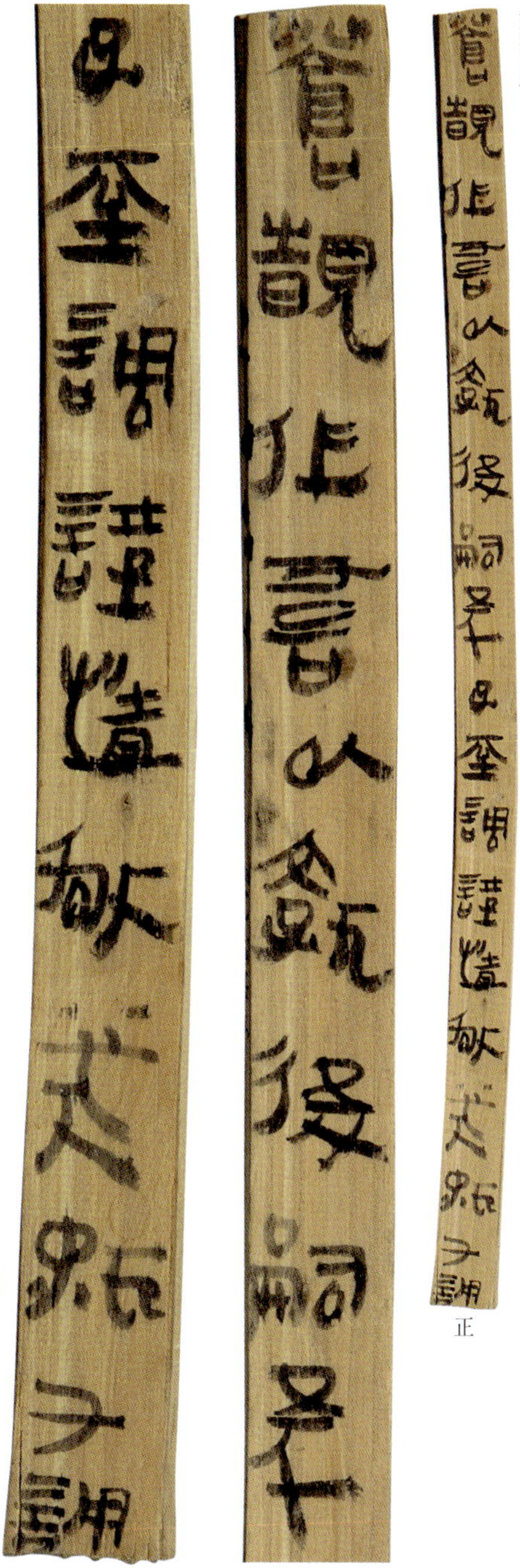

正

蒼頡作書、以教後嗣、幼子承誦、謹愼敬戒、勉力誦晝夜勿置、勉成史、計會辨治、超等。

大煎都候官址（玉門関のはるか西方、松樹泉盆地の東側に位置する）

●候官址と烽燧●

候官《こうかん》は、賓客を送迎する官・斥候《せっこう》をつかさどる官（軍候）・吉凶を占う官などの意であるが、ここでいう候官とは辺境地域に設けられた官署のことである。その規模はさほど大きなものではないが、外敵からの攻撃に対して防御できるような強固な構造になっている。例えば、額済納《エチナ》旗の達来庫布《ダランコブ》鎮から南南西二三キロに位置する甲渠《こうきょ》候官（俗名は破城子）は、匈奴と対峙する前線基地であり、居延の要所として前漢武帝時代から活用されてきたと考えられるものである。甲渠候官の城壁は長さが東西二三・三×南北二三・三m、厚さ四mを超えるレンガ造りで、この東南部分に接して四七・五×四五・五m、厚さ二mの版築工法の壁がぐるりと囲む。候官址から三〇〇mほど西に進むと、匈奴の侵入を監視し不測の事態に対応できるように城壁と烽火台とが南北方向に連なっている。

烽火台を一般に烽燧《ほうすい》と呼ぶが、烽燧の本来の意味は古代での辺境防備の際に用いた警報信号、つまり「のろし」のことである。日中に煙を放つことを「烽」といい、夜間に火を挙げることを「燧」という。『墨子』（号令篇）に「昼なれば則ち烽を挙げ、夜なれば則ち火を挙ぐ」とあるように、昼間は認識しやすい煙を挙げ、夜は赤々と燃え上がる火を焚いた。辺境地帯には、敵の侵入の有無を監視したり、のろしを焚いたりするための望楼が必要であり、五～一〇mほどの土塁を築いたが、現在はこの望楼を一括して燧、または烽燧と呼んでいる。ちなみに、辺境防備の最前線をになう燧の長官を燧長という。

積薪（右手前のかたまり。左後方に見えるのは烽燧）

実際には、敵が来襲してきた場合の烽火の挙げ方や連絡の方法に関する細かい規定によって、藁を束ねた「苣火《きょか》（たいまつ）」や「積薪《せきしん》」とよばれる薪を焚いたり、あるいは煙のほかに幟や布なども併用したりした。

候官址から兵士が駐屯するために必要な生活施設や用品が発見されているが、その一隅から簡牘が出土しただけでなく、烽火台の付近のゴミ廃棄場所からも簡牘が発見されている。

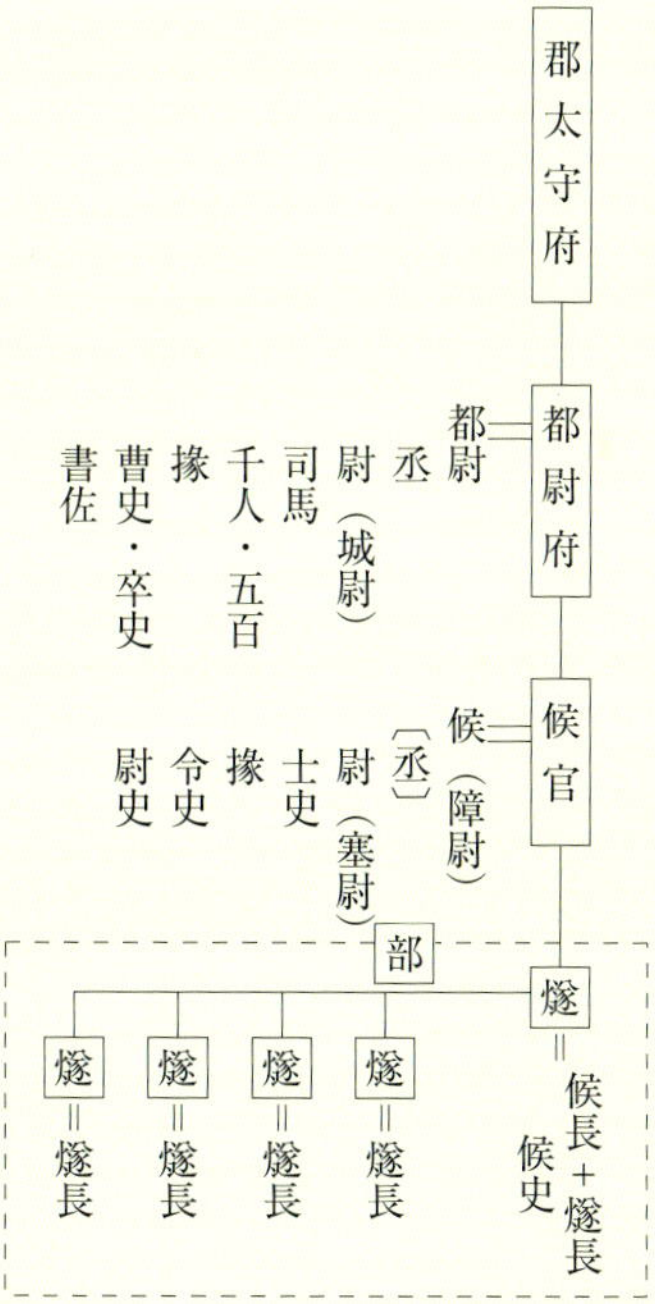

辺境の軍事組織図（籾山明『漢帝国と辺境社会』より）

武威《ぶい》磨嘴子《ましし》「儀礼《ぎらい》」王莽《おうもう》新・後漢簡

名称：武威磨嘴子後漢第六号墓出土木簡
時代：後漢時代
出土年・地：一九五九年、武威県新華郷
本数と内容：六一〇枚。内容は①〈儀礼〉、②忌むべき迷信
サイズ：長簡は長さ五四～五八×幅〇・八～一・〇㎝。短簡は長さ二〇～二二×幅一・五㎝
字体：八分
所蔵：甘粛省博物館
参考資料：『考古』60―5・8、『武威漢簡』（第六・一八号墓、文物出版社、一九六四年）

現在の武威《ぶい》市は、甘粛省中央部にある河西《かせい》回廊の東に位置する都市で、その東北にはテングリ砂漠が広がり、南には祁連山《きれんざん》が横たわっている。かつて匈奴の拠点〝蓋臧城《がいぞうじょう》〟であったが、前漢・武帝時代に河西四郡の一つ武威郡が設置され、以後シルクロード要衝の地として発展した。五胡十六国時代には前涼・後涼・南涼・北涼の各都城となり、以後は涼州と呼ばれた。

一九五七～五九年にかけて、甘粛省博物館は武威新華郷磨嘴子《ましし》で三七座の漢墓を発掘したが、その中の六号墓（王莽時期の夫婦合葬墓）で、総計六一〇枚の簡牘（完全な簡三八五枚、残簡二二五枚）を出土した。大多数は松材で、長さ五四～五八㎝と二〇～二二㎝の二種類がある。長簡の内容は儒教の経典の一つ〈儀礼《ぎらい》〉が書かれたもので、簡の背面には順序を示した番号が付してあった。これらは甲・乙・丙三種の版本に分類できる。甲本は〈士相見之礼〉第三（全一六枚、欠なし）とあり、第一簡の背面に編題〝士相見之礼〟がみえ、第二簡の背面に編次〝第三〟が記されている。このほか甲本〈服伝〉第八（全六〇枚中の五七枚）、甲本〈特牲〉第十（全五三枚中の四九枚）、甲本〈少牢〉第十一（全四七枚中の四五枚）、甲本〈有司〉第十二（全七九枚中の七四枚）、甲本〈燕礼〉第十三（五三枚中の五一枚）、甲本〈泰射〉第十四（全一一四枚中の一〇六枚）の七種で、合計三四五枚にのぼる。乙本は〈服伝〉第八（全三七枚、欠なし）の一種のみ、また丙本〈喪服〉（竹簡のみ三四枚）の多くは残簡である。

経書の書写には二尺四寸の長簡を用いたとされるがこれはその実例にあたる。字体は整斉な八分体を用いており、謹飭《きんちょく》な書風である。

短簡は九枚で、長さ二〇～二二×幅一・五㎝。内容は「忌むべき迷信」の類である。

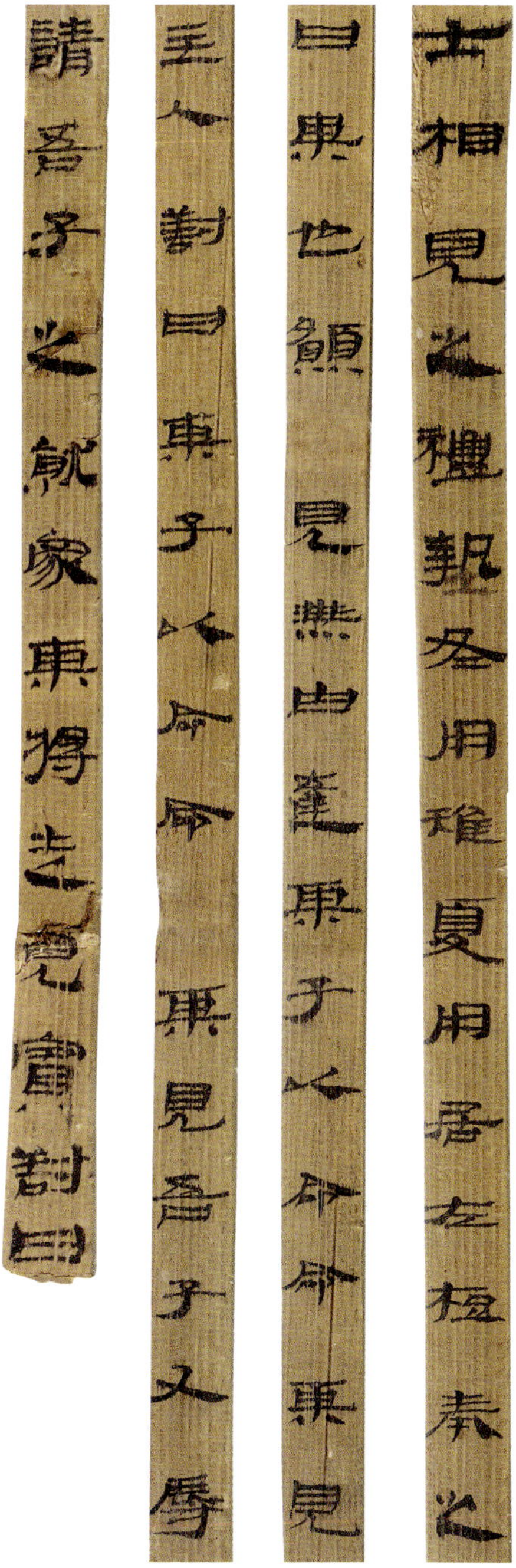

〈儀礼〉甲本・士相見之礼

簡冊にみえる脱字・脱簡・錯簡

簡冊《かんさく》にみられる脱落には脱字・脱簡・錯簡の三種類がある。脱字はたまたま一字ないし数文字を書き漏らしてしまうこと。脱簡《だっかん》は、『漢書・藝文志』に「劉向《りゅうきょう》、中古文を以て歐陽・大小夏侯三家の経文を校し、〈酒《しゅ》誥《こう》〉は簡一を脱し、〈召誥《しょうこう》〉は簡二を脱す。おおむね簡の二十五字なる者は脱も亦た二五字あり、簡の二十二字なる者は脱も亦た二二字あり。」とあるように、簡冊一枚分がすっぽり脱落してしまうことをいう。錯《さっ》簡《かん》は錯誤ある簡のこと。綴じ誤ったために内容の順序に乱れが生じることであるが、のち書物中の文字や文章の順序の乱れの意にも用いられるようになった。

こうしたことから脱簡や錯簡を比較的容易に発見することができた。例えば〈召誥〉は一簡二五字で書かれているが、今文本は中古文本と比べると欠字二五字である。これによって一簡を欠いていることがわかる。なお、こうした脱簡を回避するために一簡ごとに通し番号を記した例が「武威儀礼《ぶいぎらい》」簡にみられる。

武威《ぶい》磨嘴子《ましし》「王杖十簡《おうじょうじゅっかん》」

名称：武威磨嘴子後漢第一八号墓出土「王杖十簡」
時代：後漢・明帝永平一五年（七二）
出土年・地：一九五九年、武威県新華郷
本数と内容：木簡一〇枚。内容は〈王杖詔書令〉
サイズ：長さ二三～二四×幅一・〇cm
字体：隷書
所蔵：甘粛省博物館
参考資料：『考古』60—9、『武威漢簡』（第六・一八号墓、文物出版社、一九六四年）

一九五九年、甘粛省博物館は武威《ぶい》新華郷磨嘴子《ましし》一八号墓で木簡一〇枚と鳩杖《きゅうじょう》一本を出土した。出土の状況から判断すれば、これらの木簡ははじめ棺の上に置かれていた鳩杖と一緒に梱包されてあったと考えられる。なお、鳩杖は長さが二m近くあり、頭部に木彫りの鳩をあしらったものである。木簡は長さ二三～二四×幅一・〇cm、三ヵ所で編綴《へんてい》されている。内容は、前漢・宣帝、成帝時の詔書「年始めて七十なる者、之を授くに王杖を以てし、之を餔《くら》うに糜粥《びしゅく》にす。八十九十、礼の加うる有らば、王杖《おうじょう》の長尺を賜うに、端は鳩鳥を以て飾りと為す。」（『後漢書』〈礼儀志〉）によって高齢者を優待する規定と、杖を受けた老人の虐待や不孝不敬の行為に対して処罰する訴訟例、および墓主人の王杖を受けた公文書などが記されている。草卒な書風からみて原本ではなく、〈王杖詔書令〉の抄録本と考えられる。字体は隷書。運筆に躍動感があり、字跡もはっきりしている。

この〈王杖詔書令〉は国内初の発見であったが、その後、同様のものが武威において二度にわたって発掘された。すなわち、一九八一年、この地から拠出された「王杖二六簡」と、一九八九年、旱灘坡《かんたんは》の漢墓で発掘された一六枚の〈養老令〉である。

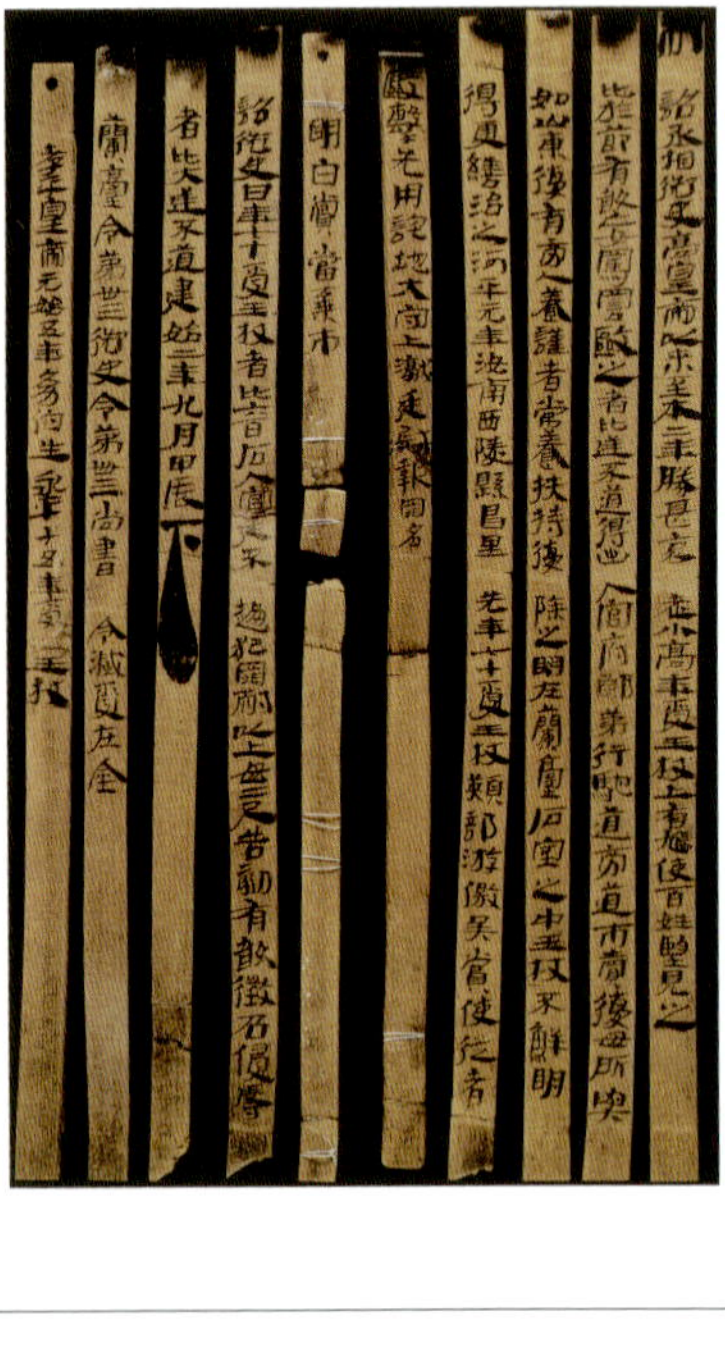

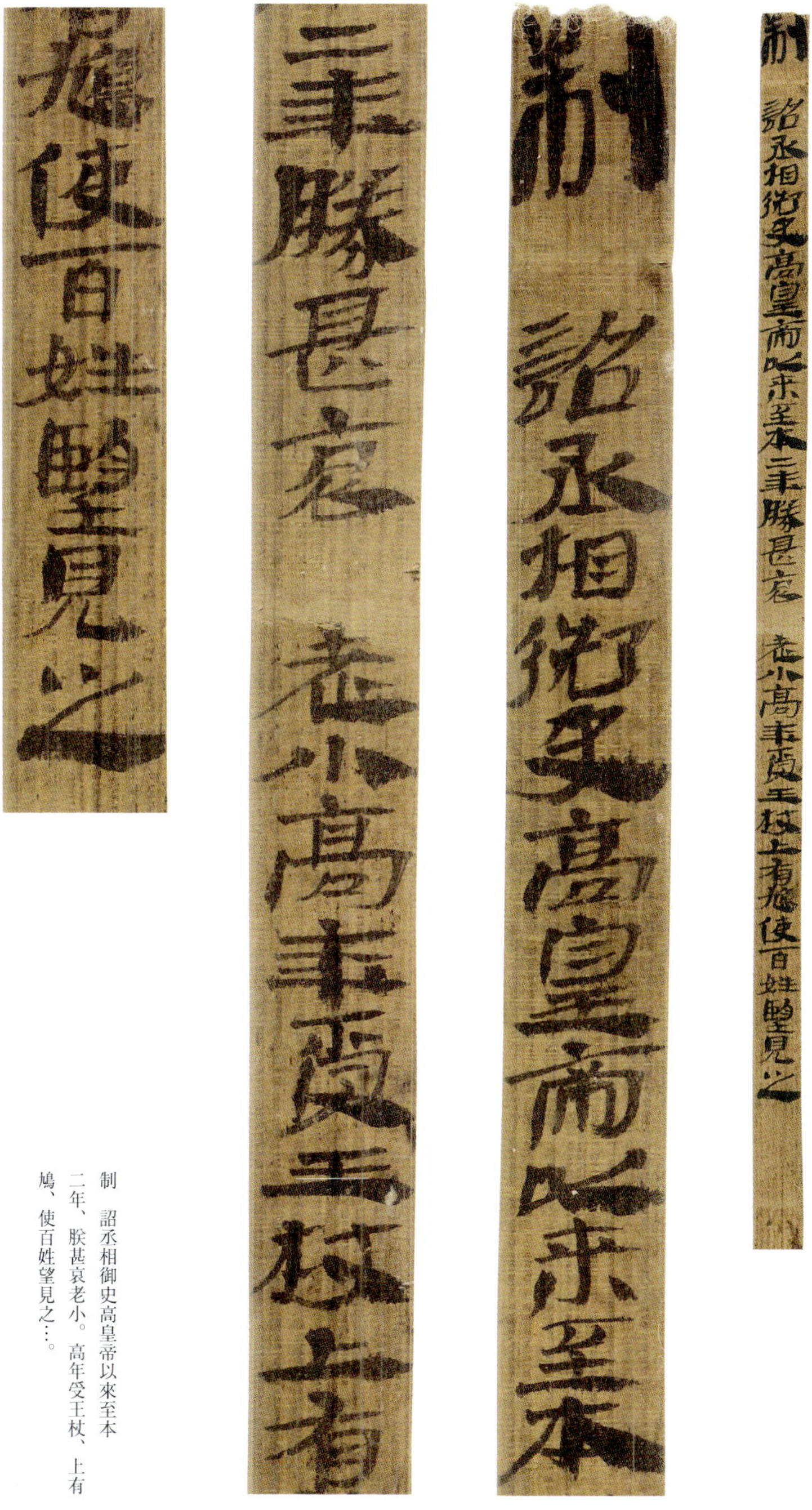

〈王杖十簡〉の一

制　詔丞相御史高皇帝以來至本二年、朕甚哀老小。高年受王杖、上有鳩、使百姓望見之…。

鳩杖（武威出土）

武《ぶ》威《い》磨《ま》嘴《し》子《し》徴集漢簡

名称：武威磨嘴子徴集前漢簡
時代：前漢・成帝元延三年（前一〇）
徴集年・地：一九八一年、武威県新華郷
本数と内容：木簡二六枚。内容は〈王杖詔書令〉
サイズ：長さ二三・二〜二三・七×幅〇・九〜一・一cm
字体：八分
所蔵：甘粛省武威市博物館
参考資料：『漢簡研究文集』（甘粛人民出版社、一九八四年）

一九八一年、当時の武威《ぶい》県文物管理委員会は、武威県新華郷の村民が保管していた木簡を徴集した。出土状況は不明であるものの、調査の結果、一九五九年に出土した〈王杖十簡《おうじょうじゅっかん》〉の墓域と同じであると断定した。どの簡も背面に編号が記されているが、「第十五」だけが欠落していたことから、原冊は二七枚であったことが推し量られる。なお、簡の上中下の三ヵ所に契口《けいこう》が刻まれ、編綴《へんてい》の痕が残されている。

内容は、高齢者を尊敬すること、一人暮らしの老人や障碍者を慈しむこと、高齢者に王杖を与えること、さらに王杖主を虐待した場合の懲罰などに関する詔書であり、簡末には「右王杖詔書令」の一句が記されている。漢代は〝尊老養老〟を重視し、見寄りのない人を救済する制度として〈詔令〉を公布した。こうした制度を実施する過程において、前漢時代には、次に掲げる三大変革、すなわち①老人と幼児の刑罰の免除（恵帝期）②老人に王杖を授く（宣帝期）③王杖を授ける年齢制限を八〇歳から七〇歳以上に緩和（成帝期）がなされた。②③に関してはこれまで史書に明確な記載がなかったが、〈王杖十簡〉（34頁）と、この〈王杖詔書令〉の発見によって、「年七十賜王杖」にまつわる多くの疑問が解消された。

字体は八分。筆線はやや痩勁で、字形を方形に構えている。

磨嘴子漢墓出土の墨（高さ4.5cm）

磨嘴子漢墓出土の「白馬作」銘筆（長さ21・9cm）

〈王杖詔書令〉

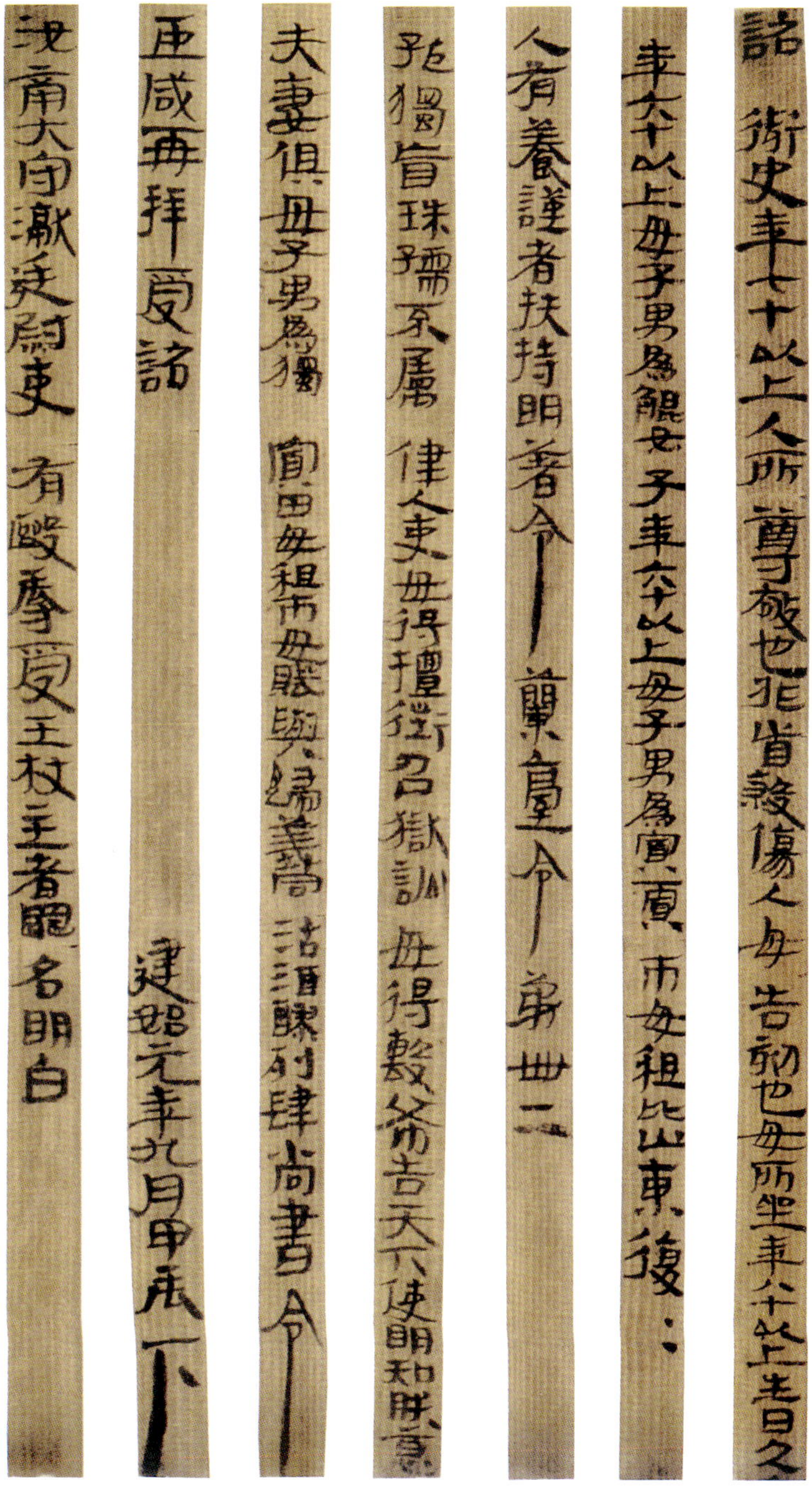

制詔御史、年七十以上、人所尊敬也。非首殺傷人、毋(勿)告劾、它毋(勿)所坐。年八十以上、生日久乎?／年六十以上毋(无)子男爲鯤(鰥)、女子年六十以上毋(无)子男爲寡。賈市毋(勿)租、比山東復。復／人有養謹者、扶持。明著令。蘭臺令第卌二。／孤、獨、盲、珠孺、不屬律(逮)人、吏毋(勿)得擅徵召、獄訟毋(勿)得系。布告天下、使明知朕意。／夫妻俱毋(无)、子男爲獨寡、田毋(勿)租、市毋(勿)賦、與歸義同、沽酒醪列肆。尚書令／臣咸再拜受詔。建始元年九月甲辰下。／汝南太守讞廷尉、吏有毆辱受王杖主者、罪名明白。

武威旱灘坡後漢「武威医簡」

（武威《ぶい》旱灘坡《かんたんは》）

名称：武威旱灘坡後漢墓出土簡牘（武威医簡）
時代：後漢初期
出土年月・地：一九七二年十一月、武威旱灘坡
本数と内容：木簡七八枚、木牘一四枚。内容は医者の処方箋の類
サイズ：木簡は長さ二三～二三・四×幅〇・五～一・〇cm。
木牘は長さ二二・七～二三・九×幅一・一～四・〇cm
字体：隷書、章草など
所蔵：甘粛省博物館
参考資料：『文物』73－12、『武威漢代医簡』（文物出版社、一九七五年）

〈武威医簡《ぶいいかん》〉が発掘されたのは、一九七二年である。当時は文化大革命の影響により〝農業は大寨《たいさい》（山西省東部にあるモデル農村）に学ぶ〟という運動が全国的に普及していた時期で、武威では柏樹公社革命委員会が当地の人民を組織して農業用の水利工事を開始した。同年十一月、旱灘坡《かんたんは》で溝を掘っていたところ、古墓に突き当たったため、すぐに甘粛省博物館へ連絡した。

この墓は、考古学上でいえば、瓦磚《がせん》を用いない〝土洞墓〟と呼ばれる工法で造られていた。棺に納められた遺体の頭部に置かれた麻袋からは九二枚の簡牘（木簡七八枚、木牘一四枚）が発見された。

木簡の長さは二三～二三・四cmでほとんど差がないが、幅は〇・五～一・〇cmで幅の広いものと狭いものとの二種があり、幅の広い簡だけに契口《けいこう》がある。内容は医者が用いた処方箋の記録である。字体は隷書。

木牘は長さ二二・七～二三・九×幅一・一～四・〇cm。両面に文字が書写されている。一行で書かれた木牘が一枚だけあるが、これ以外はすべて二行以上書写されたもので、もっとも多いのは六行書きである。内容は、病名・症状・薬物名・薬剤を用いた量・服薬用法・鍼灸のつぼ・禁忌など、医術に関するものを項目ごとに列記した、いわゆる〝医薬木牘〟である。一つの病気に一つの処方技術が記され、その範囲は内科・外科・産婦人科・五官（眼耳鼻舌唇）科・鍼灸科に及んでいる。ちなみに、鳩杖（35頁参照）を伴出したことから、七〇歳を超えて他界したと考えられる墓主は、おそらく漢代における武威地方の名医だったのであろう。

これらの木牘の字体は軽快な筆致で書かれた隷書のほか、章草などもある。

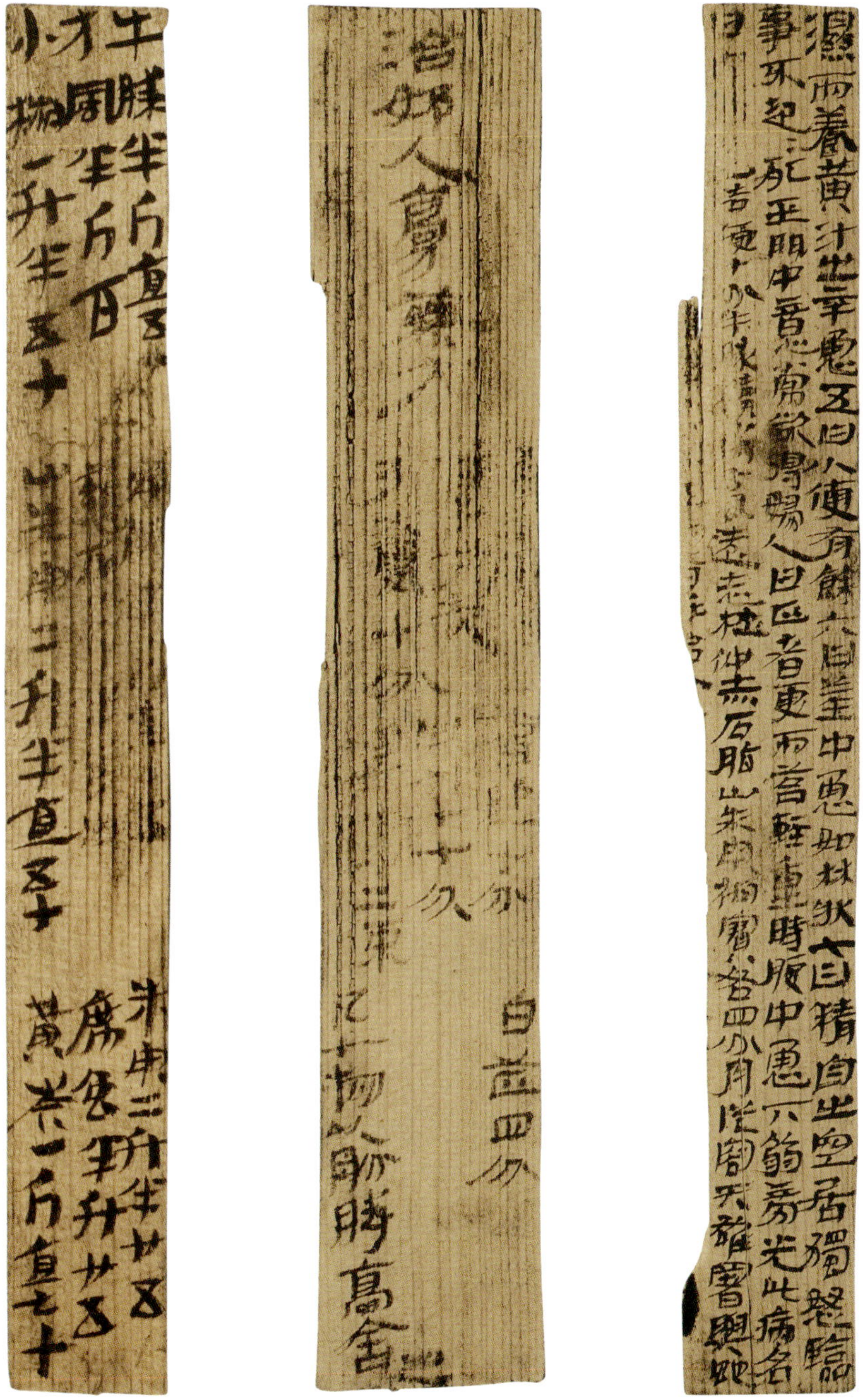

〈医薬木牘〉

武威《ぶい》旱灘坡《かんたんは》後漢簡

名称：武威旱灘坡後漢墓出土簡牘
時代：後漢・光武帝建武十九年（四三）
出土年月・地：一九八九年八月、武威旱灘坡
本数と内容：木簡一六枚。内容は〈王杖令〉、盗み、虫害、火災などの律令に関するもの
サイズ：長さ二一cm前後、幅は一～一・一cmのものが最も多い
字体：古隷、行意のある隷書
所蔵：甘粛省博物館
参考資料：『文物』93―10

一九八九年八月、武威《ぶい》柏樹郷の旱灘坡《かんたんは》で発見された後漢墓の棺の蓋上に一六枚の木簡が一束にされて置かれていた。これらは松材を用いて成形されたもので、河西地区出土の簡牘のものと同じである。また、上下二カ所で括られた編綴《へんてい》の痕跡が残されており、後漢・光武帝劉秀《りゅうしゅう》の年号である「建武十九年（四三）」の紀年が含まれていた。木簡の内容は、二種類あって、一つは王杖《おうじょう》を受ける制書と王杖授受に関する律令が書かれたもので、合計二枚になる。ただし、以前、武威の磨嘴子《ましし》で出土した王杖簡（34・36頁参照）と同じ内容ではない。二つ目は王杖令、盗み、虫害、火災などの律令に関するもので、残簡も含めて一四枚になる。ちなみに、七〇歳以上に鳩杖《きゅうじょう》（頭部に鳩の飾りを付けた杖。天子が功労のあった老臣の慰労として賜う）を賜う制度は漢の成帝建始二年（前三一）から始まっている。

木簡の書体はおおむね古隷風だが、やや速書きのものもあり、行意を有したものもみられる。

古代の常套句

公文書には、上級官庁から下級官庁へ発する下達文書とそれとは逆の上申文書や進達文書とがある。これらの文書には常套句が使われている。

下達文書「如詔書」……詔書の如くせよ
「書到言」……書到らば言え
「明日布」……明日に布《し》け
「到以書言」…到らば書を以て言え
「如律令」……律令の如くせよ
「敢告」………敢えて告ぐ
上申文書「敢言之」……敢えて之を言う

なお、皇帝に対して上申する場合、「糞土臣」…糞土の臣、「昧死以聞」…昧死《まいし》して以て聞す――あるいは「昧死」「稽首《けいしゅ》」「再拝」「叩頭《こうとう》」などがあるが、いずれも最大限の敬意を表す常套句である。

〈木簡〉

民有嚻斗男為女譁更訟 論為音聲

諸自北九月吏民得發訟車 馬牛絡縣官事北九月時 吏擅發訟車

民聞居里名姓年可隨事使 有行事領前鄉它生論

變事更上皷譁之皆重 □事捕所鬪以求能言毆事 集達詐化

農內鄉嗇夫田順筆御名 金里者人嗇長首□

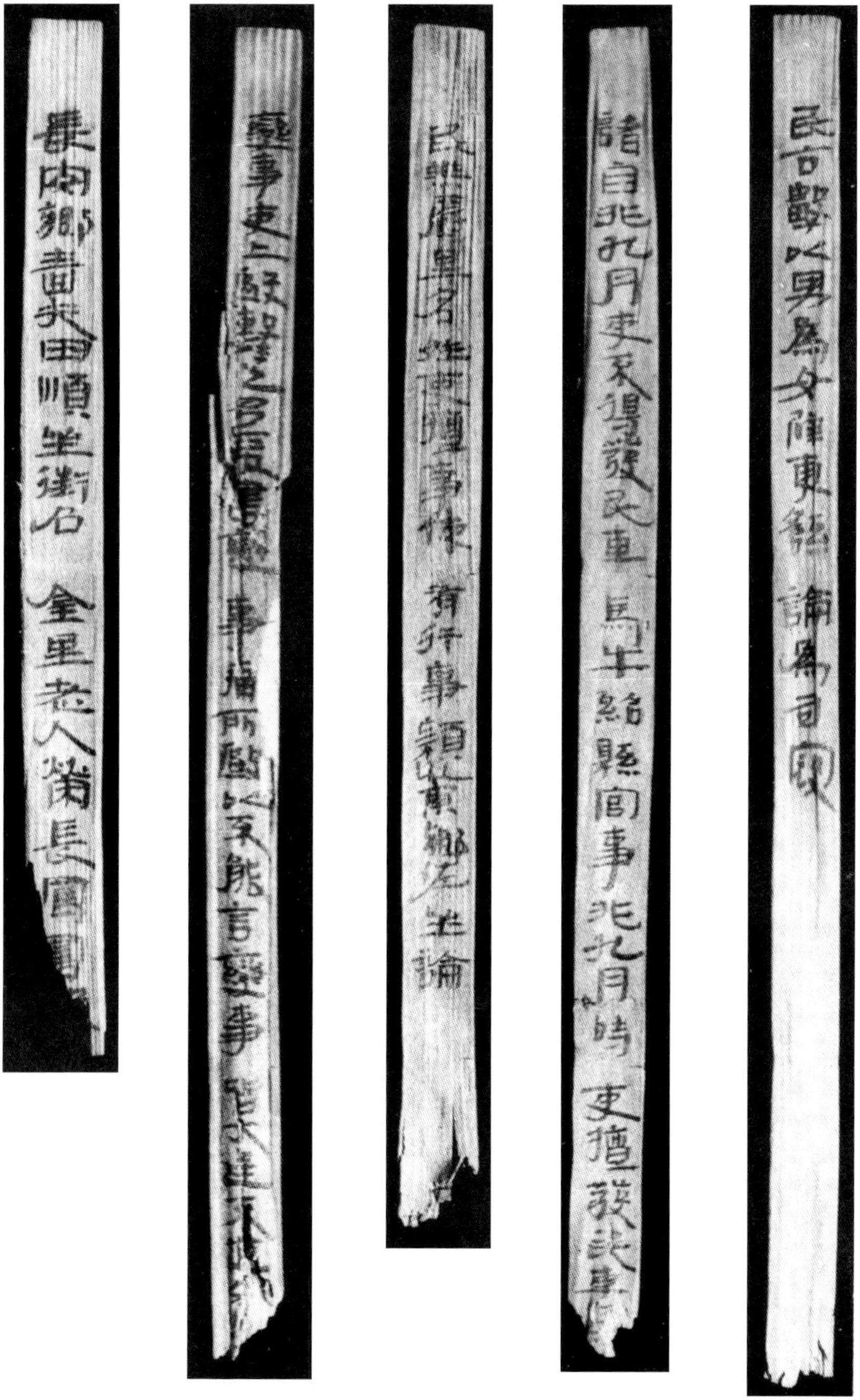

永昌水泉子《えいしょうすいせんし》漢簡

名称：永昌県水泉子五号漢墓出土木簡
時代：不詳（前漢・武帝期以降）
出土年月・地：二〇〇八年八月、永昌県水泉子五号漢墓
本数と内容：木簡（整簡七〇〇余枚、断簡六〇〇余片、計約一四〇〇枚）。内容は〈蒼頡篇〉〈日書〉ほか
サイズ：長さ一九～二〇×幅一・四～一・八cm、厚さ〇・一～〇・三cm。
字体：八分（篆体を保留するものも含む）
所蔵：甘粛省文物考古研究所
参考資料：『文物』09−10、『出土文献研究』第九輯（中華書局、二〇一〇年）

二〇〇八年八月、甘粛省永昌《えいしょう》県水泉子《すいせんし》五号漢墓で漢代の木簡が出土した。内容は〈蒼頡篇《そうけつへん》〉〈日書《にっしょ》〉などが含まれていたが、〈蒼頡篇〉はその中の一四〇枚余りに及び、これを水泉子漢簡〈蒼頡篇〉と呼ぶ。ちなみに〈蒼頡篇〉とは、古代の文字を習うためのテキスト、写字教材である。これまで出土した〈蒼頡篇〉（敦煌・居延・玉門花海・安徽阜陽など）と比較すると、字数が多いだけでなく、その形制や内容などにおいても多くの差異がみられる点ですこぶる価値が高い。例えば、これまでの〈蒼頡篇〉は四言句であるが、水泉子出土のものは七言句で文字の重複もみられる。〈蒼頡篇〉の書体は波勢《はせい》があり八分《はっぷん》様式に分類できるが、〈史籀《しちゅう》篇〉から来ているため、古体を多く保留していて古意豊かである。結構は円勢を帯びた長方形か正方形で、扁平に作るものは極めて少ないだけでなく、なかには篆体を保留するものもみられる。一方、〈日書〉は基本的には方筆かつ扁平な漢隷に作っている。

なお、木簡とともに丸い墨一つと石板硯、さらに未発表ではあるが毛筆と書刀などの文具類も出土した。

木簡出土状況

〈蒼頡篇〉

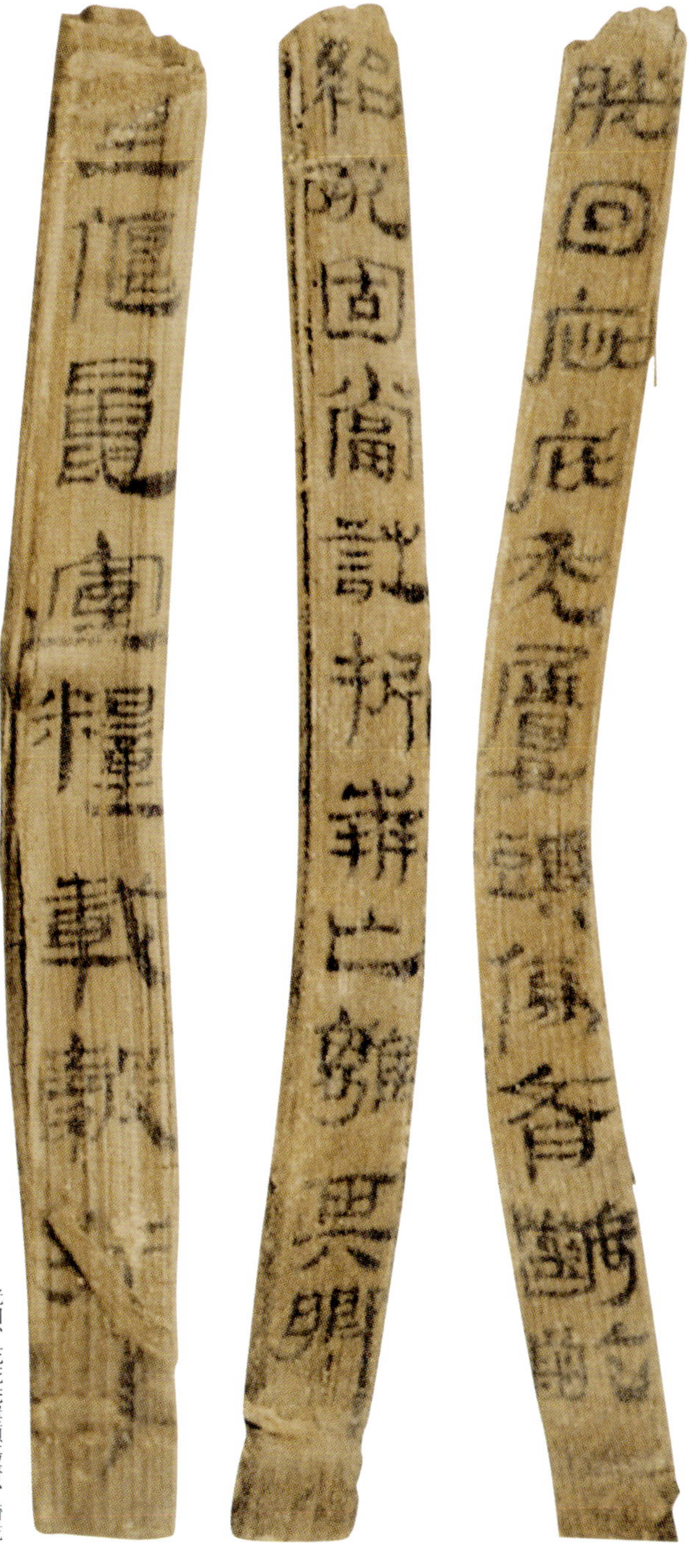

…朓回、庛庛禿屢頭傷齊、齮齕
…給□固當詩折□亡離其卿
□偃鼂運糧載穀行

〈本始二年簡〉

本始二年大軍之□□將軍捕□將軍～

◉台北・中央研究院歴史語言研究所蔵の居延出土簡牘◉

歴史語言研究所にある歴史文物陳列館内部

中央研究院の前身は、一九二八年、南京において設立が決定した物理・科学・歴史語言・考古学など一四の研究所に始まる。初代院長は北京大学学長を務めた教育家・政治家の蔡元培《さいげんばい》である。日中戦争時、戦乱を避けて当研究所を長沙・昆明・四川などの地へ転々と移したが、終戦後の一九四六年、再び南京へ戻した。一九四九年、国共内戦によって大陸の統治権を失った国民党政府は、歴史語言研究所の全機関と数学研究所の一部蔵書を台北へ移した。現在、台北市南港区にある当研究院は、二〇以上の研究所と五つの研究センターを有する台湾の最高学術研究機関となっている。

さて、居延出土の簡牘に話題を移そう。一九三〇年、中国とスェーデンの学者によって組織された西北科学考察団は、甘粛省の額済納《エチナ》河に沿って漢代の烽燧遺址を調査した。同年四月二八日、団員の一人、フォルク・バーグマン（スェーデンの考古学者）は額済納河の下流域付近にある博羅松治（編号P9）の漢代の城塞から三四六枚の簡牘を発見したが、これはのちに一万枚の漢簡を発見する先駆けとなった。このほか、出土簡牘が比較的多かった地点は、破城子（A8）、金関（A32）、地湾（A33）、大湾（A35）である。この一帯は漢代の張掖《ちょうえき》郡の居延または肩水都尉所轄に属する地域であったため、これらの簡牘を居延漢簡と総称している。出土簡牘の書写年代は前漢中晩期から後漢初期に至るもので、当地の軍人や人民による軍事・法律・教育・経済などさまざまな分野の記録である。

永元器物簿

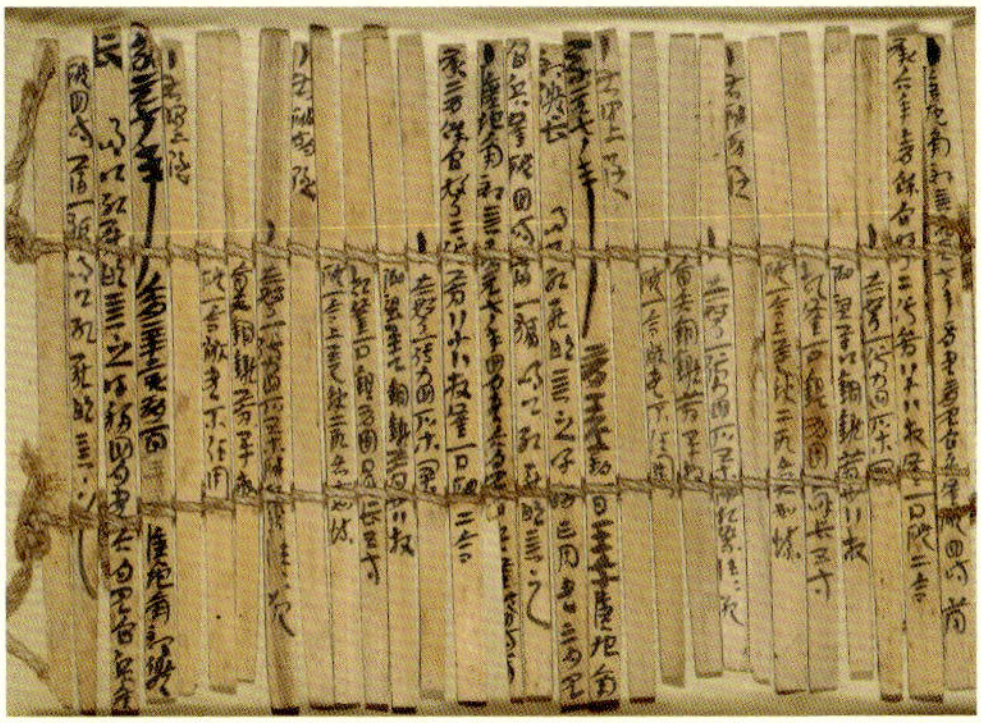

これら第一期に発見した簡牘は、日中戦争中にアメリカへ運び出されたが、一九六四年、台湾の中央研究院歴史語言研究所に戻され現在に至っている。主な簡牘を紹介してみよう。七七枚の木簡を編綴《へんてい》したもので、簡冊の完全な姿を留めている「広地南部永元五年至七年官兵釜磑月言及四時簿」（永元器物簿ともいう。A27査科爾帖出土、長さ二三・八×幅九一cm）、紀年のある「元康五年詔書」（A33地湾出土、長さ二三・四〜二四・一×幅一・五〜一・八cm）や「永光二年予侯長鄭赦寧冊（A8破城子出土、長さ二三・二×幅三・〇cm）、彭という人が張子春に託して子侯へ差し出した私信「彭因張子春致子侯書信」（A35大湾出土、長さ二三・二×三・七cm）、箭杆《せんかん》（矢竹）上に製作年代とその機関、責任者と制作者、通し番号が刻されている「刻辞箭杆」（A33地湾出土。長さ二九・七〜三三・〇×〇・七〜〇・九cm）など、多数ある。また破城子で出土した毛筆「居延筆」（長さ二三・〇cm）や帛書（漢代、長さ一〇・八×幅八・一cm）なども見逃せない。

同部分

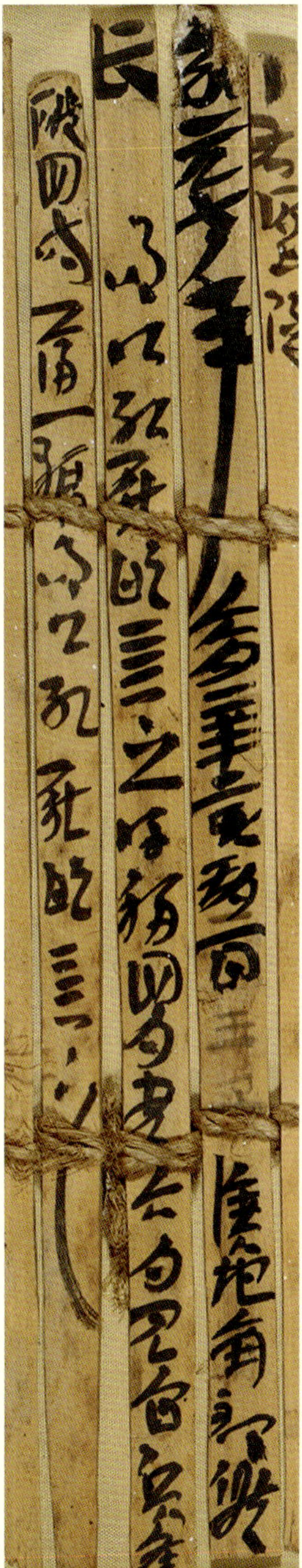

内モンゴル自治区

額済納《エチナ》漢簡

名称：内モンゴル額済納旗居延遺址甲渠塞第七・九・一一・一二・一四・一六・一七・一八烽燧および察干川吉烽燧出土簡牘
時代：前漢・元帝永光二年〈前四二〉～後漢・光武帝建武四年〈二八〉
出土年・地：一九九九年・二〇〇〇年・二〇〇二年、内蒙古額済納旗居延遺址甲渠塞
本数と内容：五〇〇枚余り。〈書檄〉〈簿籍〉〈律令〉〈検〉〈その他〉
サイズ：未発表
字体：八分・章草・古隷・草隷・草書
所蔵：内モンゴル自治区文物考古研究所
参考資料：『額済納漢簡』（広西師範大学出版社、二〇〇五年）

一九九九年・二〇〇〇年・二〇〇二年の三回にわたって漢代の居延烽燧《きょえんほうすい》遺址を探査した結果、五〇〇枚あまりの漢簡を採集した。これらはすべて額済納《エチナ》河流域からのものであったため、額済納漢簡と名付けられた。かつてこの地では、一九三〇～三一年にかけて初めて一万枚あまりの簡牘を採集し、その後一九七二～八二年の間に第二回目の調査を実施して二万枚近い簡牘を得た。前者の簡牘を「居延旧簡」、後者を「居延新簡」とよんでいる。今回はこれらに次ぐ第三次の発見になるが、その採集範囲は、察干川吉烽燧を除けば、甲渠《こうきょ》候官《こうかん》（破城子）の管轄下にある第七・第九・第一一・第一二・第一四・第一六・第一七・第一八の各烽燧になる。ちなみに、これらほぼ南北に連なる約40㎞の防衛線を甲渠塞とよぶ。甲渠とは、居延地区に造られた編号〝甲〟の水渠（灌漑用水の水路）の意である。これらの採集漢簡中に紀年簡が二七枚含まれていた。前漢・宣帝の神爵三年（前五九）、元帝の永光二年（前四二）以下、成帝・哀帝や孺子嬰・新の王莽期の紀年があり、もっとも遅い紀年は後漢・光武帝の建武四年（二八）で、八七年の開きがある。内容は行政文書が大半を占め、①〈書檄《しょげき》〉（詔書・上行文書・下行文書・視事書・除書・償債務担保書・病書・府記・官記・私記）②〈簿籍〉（被兵簿・銭財出入簿・日跡簿・計簿・出入簿・吏奉賦名籍・吏卒廩名籍《りんめいせき》・吏卒家属廩名籍、車父・亭長・騎吏名籍、吏卒在署名籍、卒不任候望名籍、日跡梼）③〈律令〉（烽火品約・功令冊五・士吏行政規範）④〈検〉（実物検・文書検）⑤〈その他〉（暦譜簡・術数簡・人面像）に分類できる。

八簡を一冊に編綴《へんてい》した「士吏行政規範」や召集に応じて任務地へ赴く「応召」は、やや簡素な趣の八分《はっぷん》で

書かれている。また「二月馬食隊長張孝…」のように暢達した章草や、木楬《もっけつ》「望地表」「望大積薪」のように明らかにレタリングしてこしらえたものなどもある。字体は、八分・章草のほかに、古隷・草隷・草書などが見られる。ちなみに、文字ではないが、木片に桃符（魔よけの護符）の一種と考えられる人面像を書いた例もある。

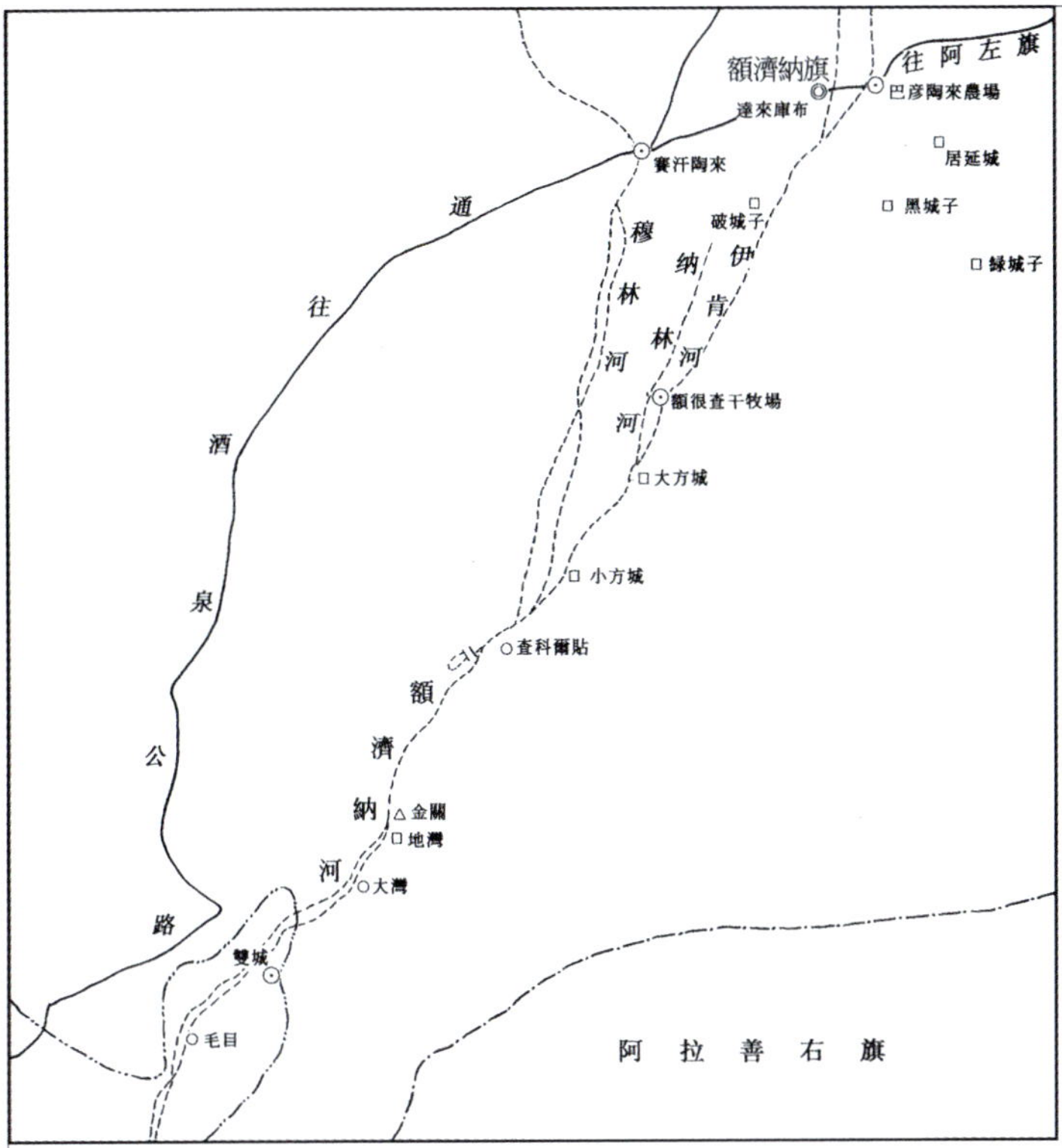

居延遺址主要遺跡分布図（『額済納漢簡』より）

往時の額済納河（『額済納漢簡』より）

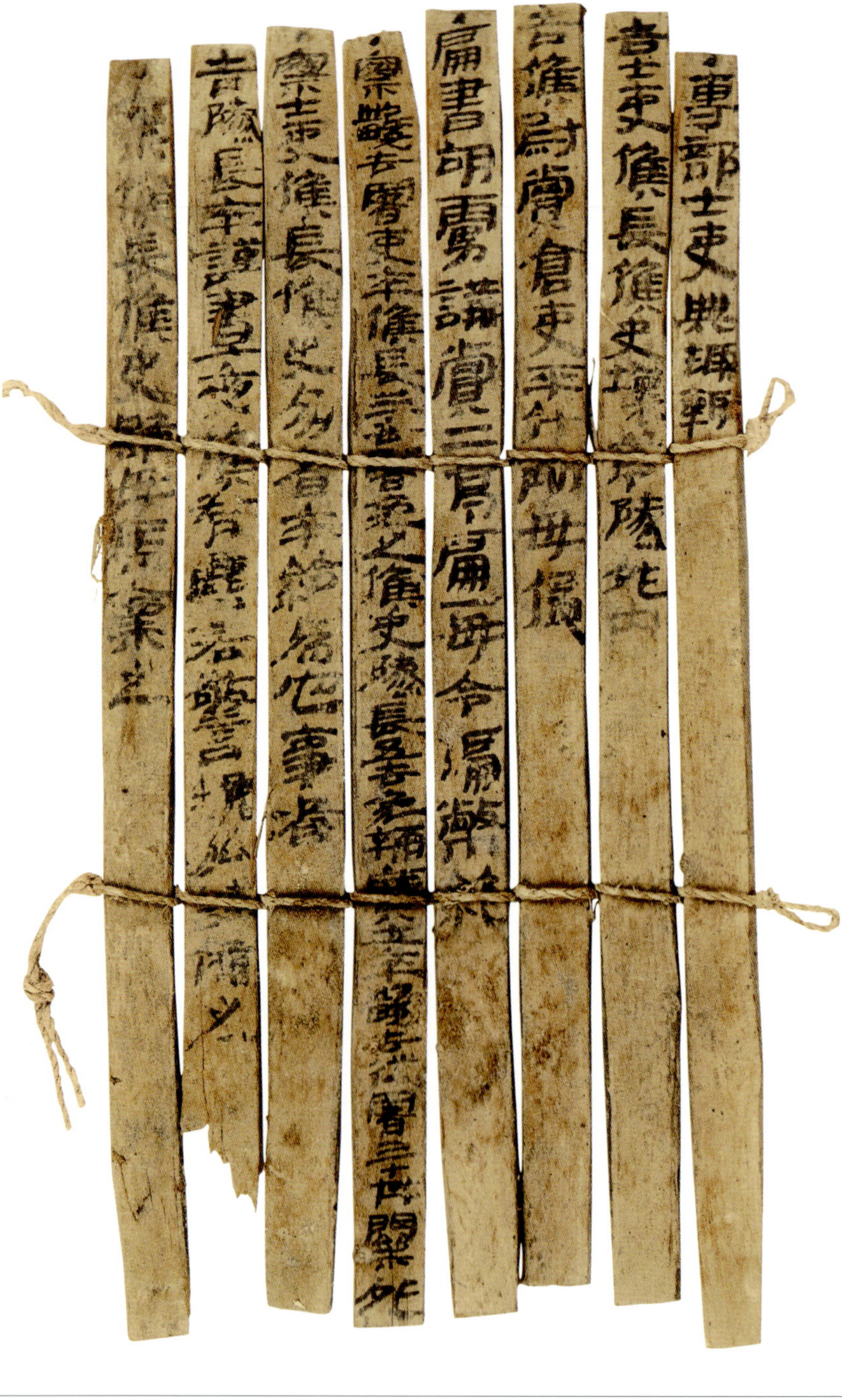

〈律令〉「士吏行政規範」

〈文書検〉「□□行者走」

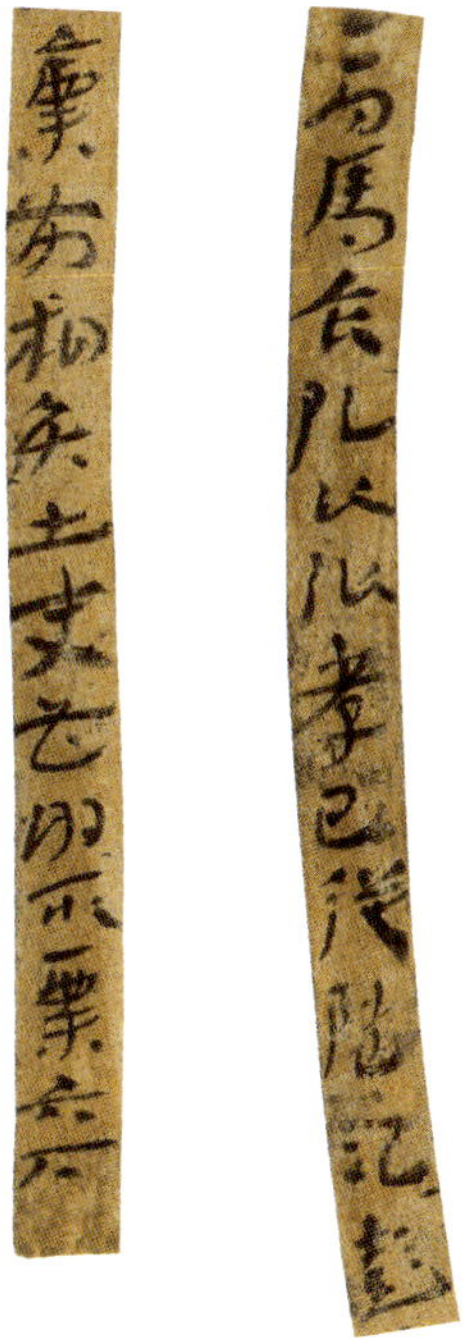

〈木簡〉「二月馬食隊長張孝…」

「人面像」

出土漢簡と金農《きんのう》の「漆書体《しっしょたい》」

隷書で書かれた居延遺址出土の木楬《もっけつ》「望地表」と「詔書」簽《せん》は、縦画よりも横画を太くつくり、方形に構えたスタイルである。このレタリング調の書風は、揚州八怪の金農（一六八七～一七六三）の漆書体を連想させる。金農は、生涯においていろいろな古典を臨書し、その書風をたびたび変化させながら、五〇代には漆書体にたどり着いた人物である。金農が考案した漆書体は全くのオリジナルではあるが、一六〇〇年以上も前の西域で、それに類似した作風があったことは興味深い。

木楬「望地表」

〈相利善劍〉

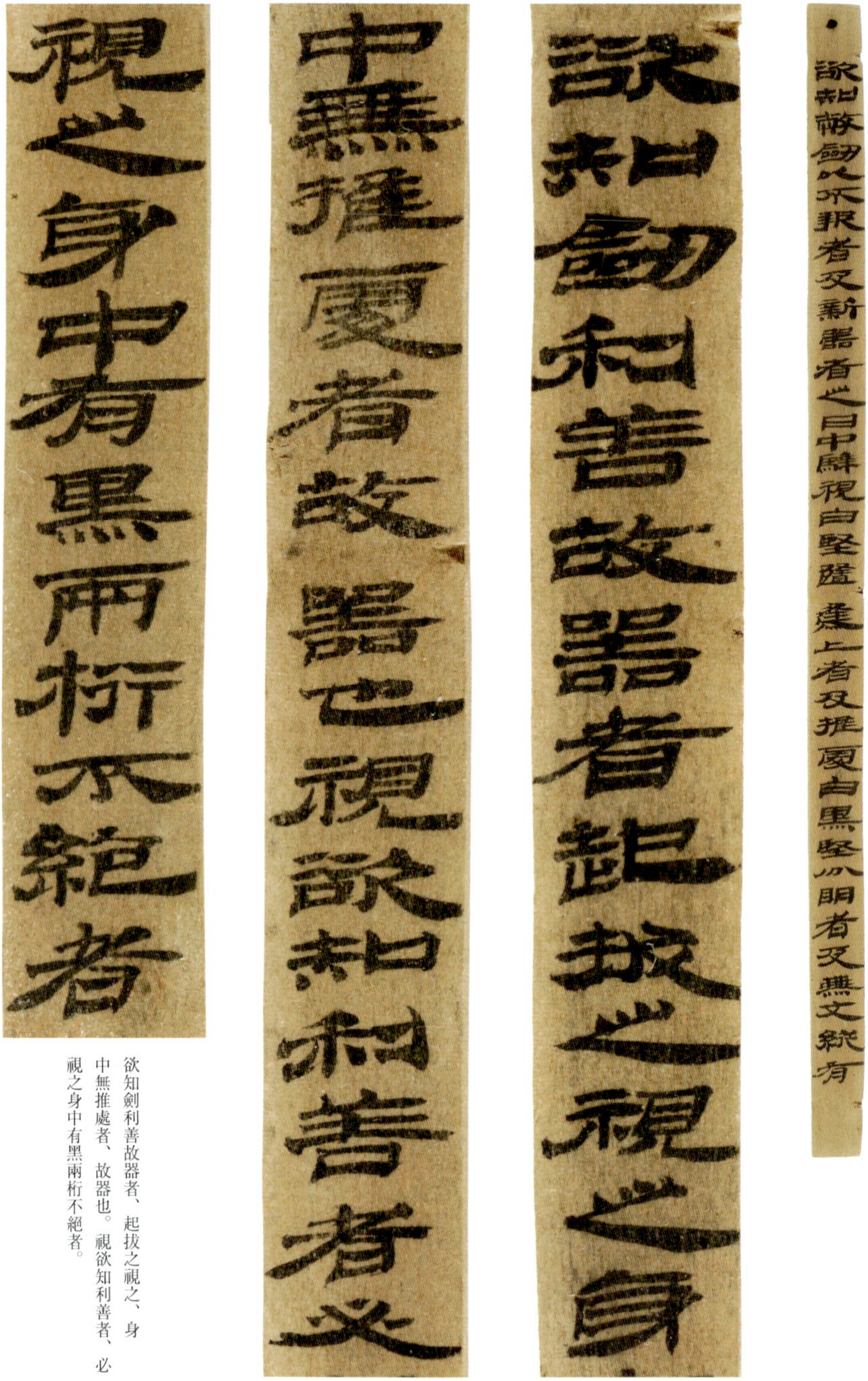

欲知劍利善故器者、起拔之視之、身中無推處者、故器也。視欲知利善者、必視之身中有黑兩桁不絕者。

〈簽牌〉

建始五年四月府所
下禮分算書

〈簽牌〉

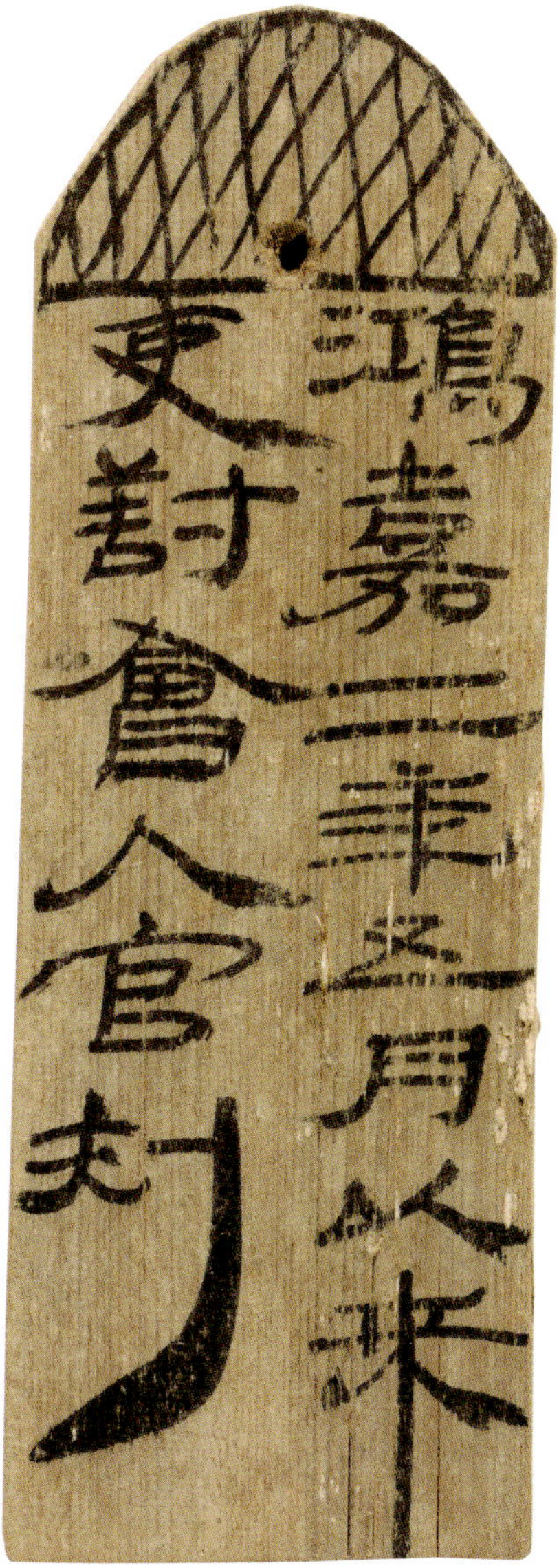

鴻嘉二年五月以來
吏對會入官刺

〈候粟君所責寇恩事〉

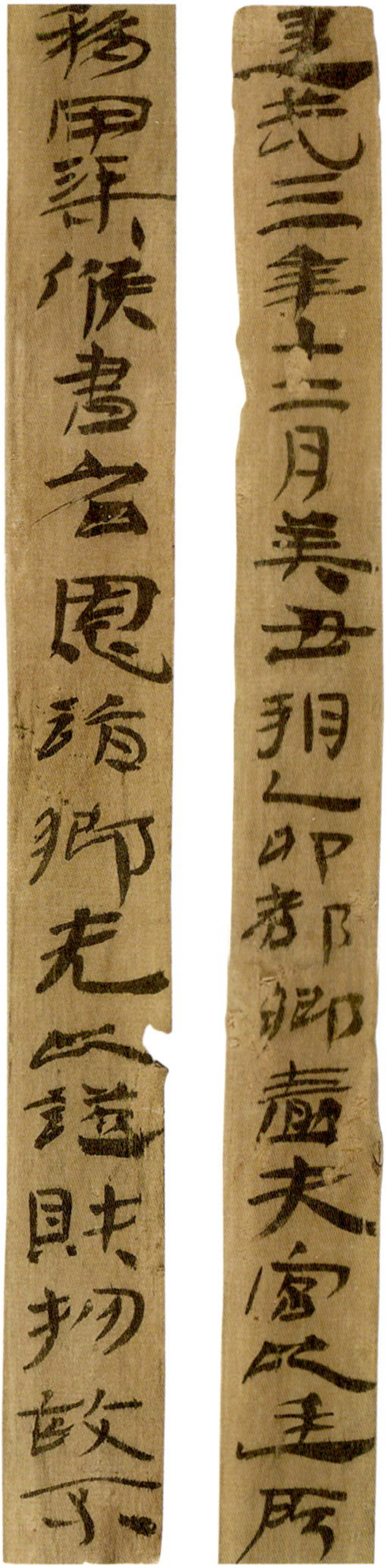

建武三年十二月癸丑朔乙卯、都郷嗇夫宮以廷所
移甲渠候書、召恩詣郷。先以證財物故不

〈死駒劾状〉

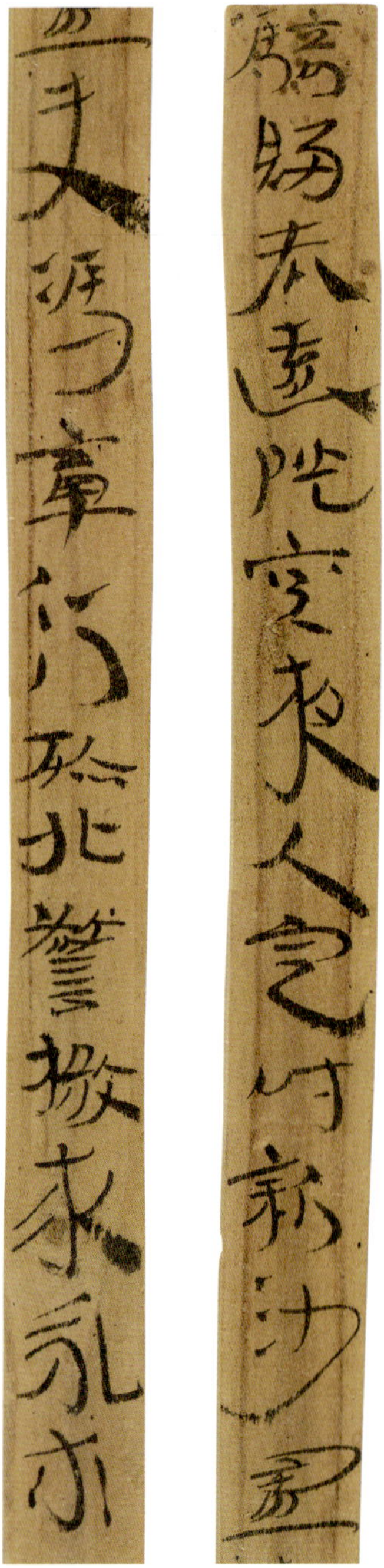

騎歸吞遠隧。其夜人定時、新沙置
吏馮章行殄北警檄來、永求

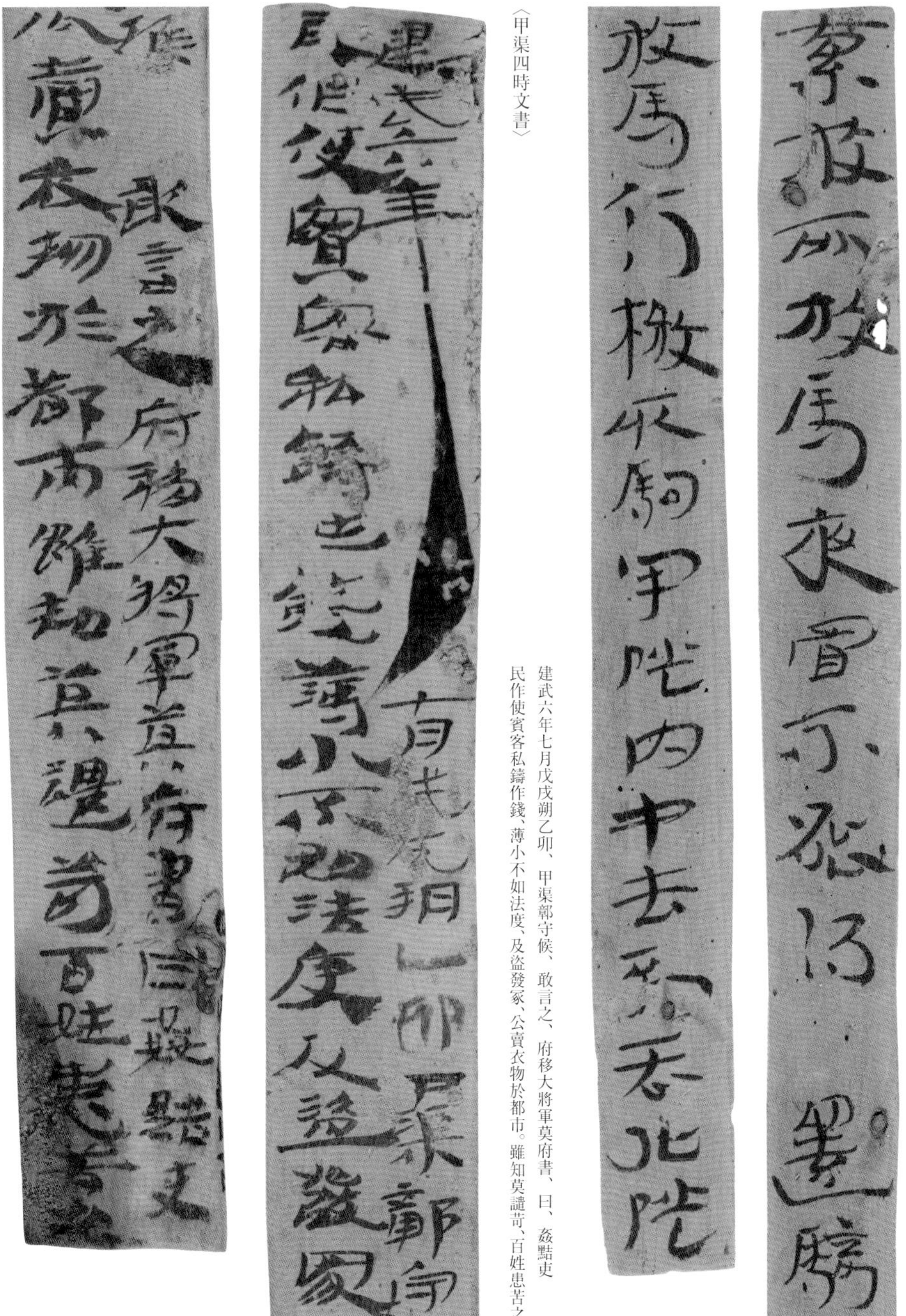

〈甲渠四時文書〉

建武六年七月戊戌朔乙卯、甲渠鄣守候、敢言之、府移大將軍莫府書、曰、姦黠吏民作使賓客私鑄作錢、薄小不如法度、及盜發冢、公賣衣物於都市。雖知莫譴苛、百姓患苦之。

新疆ウイグル自治区

尼雅《ニヤ》遺址簡牘

名称：古尼雅遺址出土簡牘
時代：漢・西晋
出土年・地：一九〇一～一九九六年、尼雅遺址
本数と内容：一九〇一年一月（西晋簡五〇枚・文書）、一九三一年（漢簡・二六枚・文書）、一九九三年（漢簡・二枚・〈蒼頡〉）、一九九六年（西晋簡・九枚・文書）
サイズ：一定せず
字体：八分・行書・草書
所蔵：大英博物館ほか
参考資料：『楼蘭尼雅出土文物』（文物出版社、一九八五年）

前漢時代、タクラマカン砂漠の南縁にいくつものオアシス国家が点在していたが、その一つに尼雅《ニヤ》があった。一九〇一年、イギリスのオーレル・スタインが尼雅河の北端で大型遺址を発見し、尼雅遺址と名付けた。以後、スタインはこの地を四回訪れて大規模な発掘を行い、さまざまな文物を収得した。巨大な遺跡群の尼雅は、当時、国の所在地すなわち精絶州《せいぜつ》であったと考えられるが、漢代の精絶国が魏晋の精絶州と同じ地区であったかどうかはこれまで不明であった。しかし、近年の発掘で大月氏《だいげっし》使節から漢の宣帝への文書「漢精絶王承書従（事）」が出土したことから、尼雅遺址は漢代精絶国の所在地であったことがわかった。

前漢時代には精絶国、後漢の初めには鄯善《ぜんぜん》に属した尼雅は、民豊県《みんぽう》を流れる尼雅河の北端、つまり現在の民豊の町から二ヤ川に沿って真北へおよそ一〇〇kmの地点に、南北の長さ二五km、東西の幅約七kmの範囲に分布しており、タクラマカン最大の遺跡群となっている。その中心には仏塔があり、周辺には、家屋遺跡・墓地・田畑・果樹園・池・陶器製造場・精錬工場など七〇ヵ所以上が残存しており、居住地からは木製の家具・絹・毛織物・食器・穀物のほか、漢文やカローシュティ文字の木牘も出土している。漢文で書かれた木牘について述べてみよう。一九〇一年には西晋時代の木簡五〇枚（文書）、三一年には漢代の木簡二六枚（文書）、九三年には同じく漢代の木簡二枚〈蒼頡〉、そして九六年には西晋時代の木簡九枚（文書）が出土している。書体は行書・草書が主である。

ちなみに、新中国成立以後、自治区の考古学機関による調査・発掘が開始され、九五年に一号墓地から「王侯合婚千秋万歳宜子孫」錦が、八号墓から「五星出東方利中国」と「討南羌」錦が出土している。

尼雅住居跡（『尼雅遺址』より）

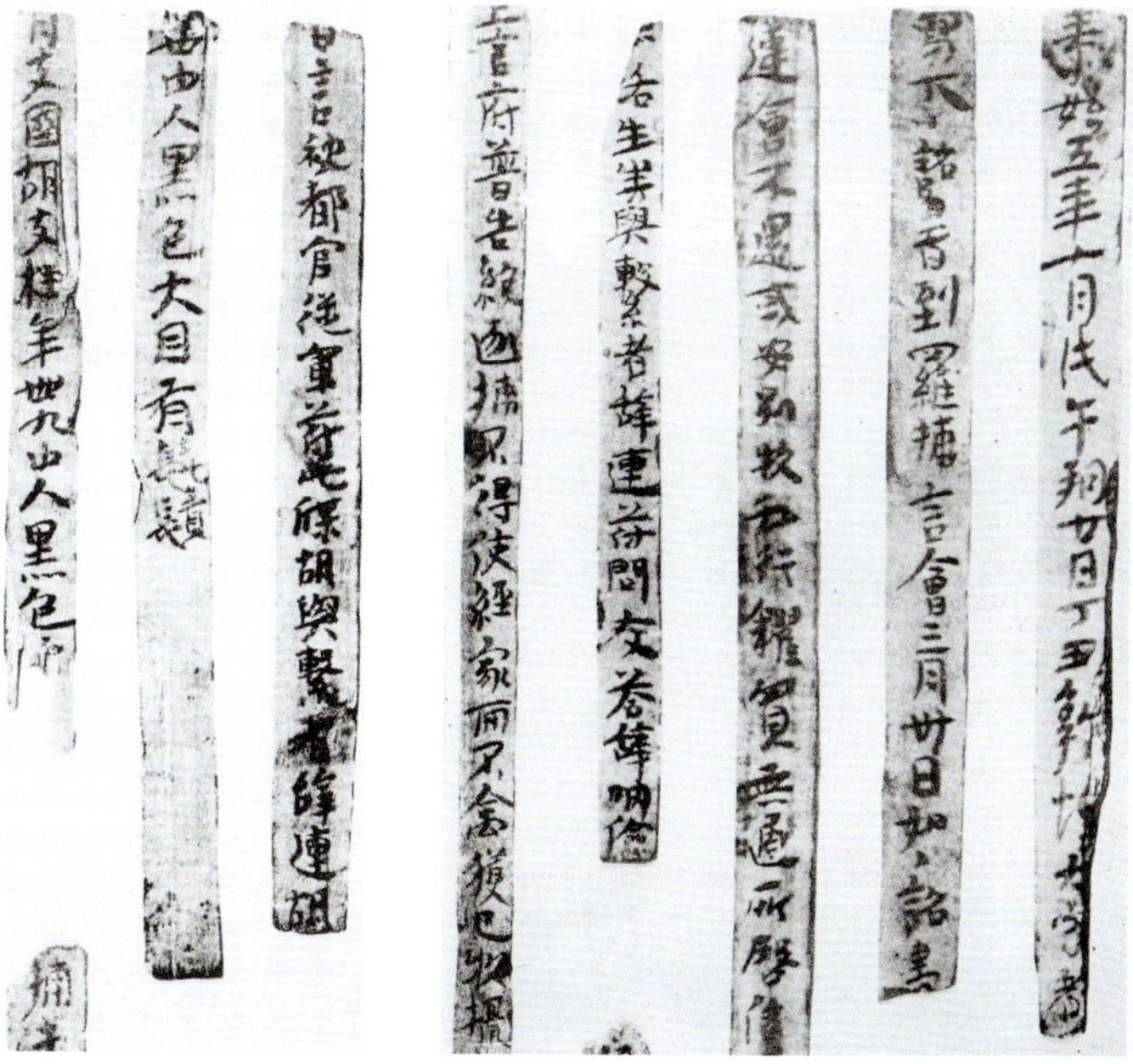

〈晋簡〉

楼蘭《ローラン》遺址簡牘

名称：古楼蘭遺址出土簡牘
時代：漢・魏晋
出土年・地：一九〇一～一九一〇年、楼蘭遺址
本数と内容：一二一枚の漢文簡牘、三六枚の残紙。一九〇六年一二月、漢文文書とカローシュティ文書。一九一〇年、晋代木牘五枚、〈李柏尺牘稿〉
サイズ：一定せず
字体：隷書・行書
所蔵：スウェーデンの国立民族学博物館、大英図書館ほか
参考資料：『楼蘭尼雅出土文物』（文物出版社、一九八五年）

楼蘭《ローラン》は、ロプ・ノール（湖）の北岸に栄えたオアシス国家で、タクラマカン砂漠の東端に位置する。東西交易の要衝の地であった楼蘭は、前七七年、漢に併呑されたが、五世紀以後、歴史上から忽然とその姿を消した。二〇世紀初頭、スウェン・ヘディンが第二次中央アジア調査で楼蘭を発見し、晋代の簡牘一二一点、残紙三五点を採集した。その内容は、一九二〇年、アウグスト・コンラディによって印行された一書に詳しい。ヘディンの収集品は現在、スウェーデンの国立民族博物館（ストックホルム）に保管されている。その後、スタインが第二次と三次探検の際、楼蘭で一四九点の簡牘と多くの残紙を収集したが、これをもとにしたものが一九五三年、アンリ・マスペロの遺著として刊行された。スタインの収集品は、現在、大英図書館に保管されている。さらに一九一〇年、第二次仏跡探検隊（大谷探検隊）が、楼蘭遺址海頭故城中で〈李柏尺牘稿〉と晋代木牘五枚、紙文書三九件を収集した。

〈李柏尺牘稿〉は簡牘ではないが、楼蘭を語るとき、やはり見逃せない資料である。よって、以下あえて記しておきたい。この内容は、焉耆《えんき》王の使者が帰国するにあたり、宣撫工作の任にあった李柏が、厳参という人物をつけて送らせるが、改めて符大という人物を派遣して、王に音信するというものである。李柏は前涼の張駿（三〇七～三四六）の部下で、叛将の趙貞を討とうとしたが敗れ、死刑に処せられる運命にあったとき、張駿に助けられた経緯がある。尺牘稿に見える「西域長史」という李柏の官職から、趙貞征伐以前に書かれたものに違いない。李柏は史書と照合できる人物（『晋書』〈張軌伝〉にその名がみえる）であり、辺境から出土した文書とはいえ、王羲之と同時代に生きた

楼蘭遺址　三間房と仏塔（『楼蘭故城』より）

人の肉筆文字という点で書道史上重要である。なお、「五月七日…」で始まる「李柏尺牘稿」は全部で三通あり、うち二通はほぼ完全な状態で出土した。なお、出土情況から考えて、李柏は原稿を三度書き改めたのではないかと想像される。

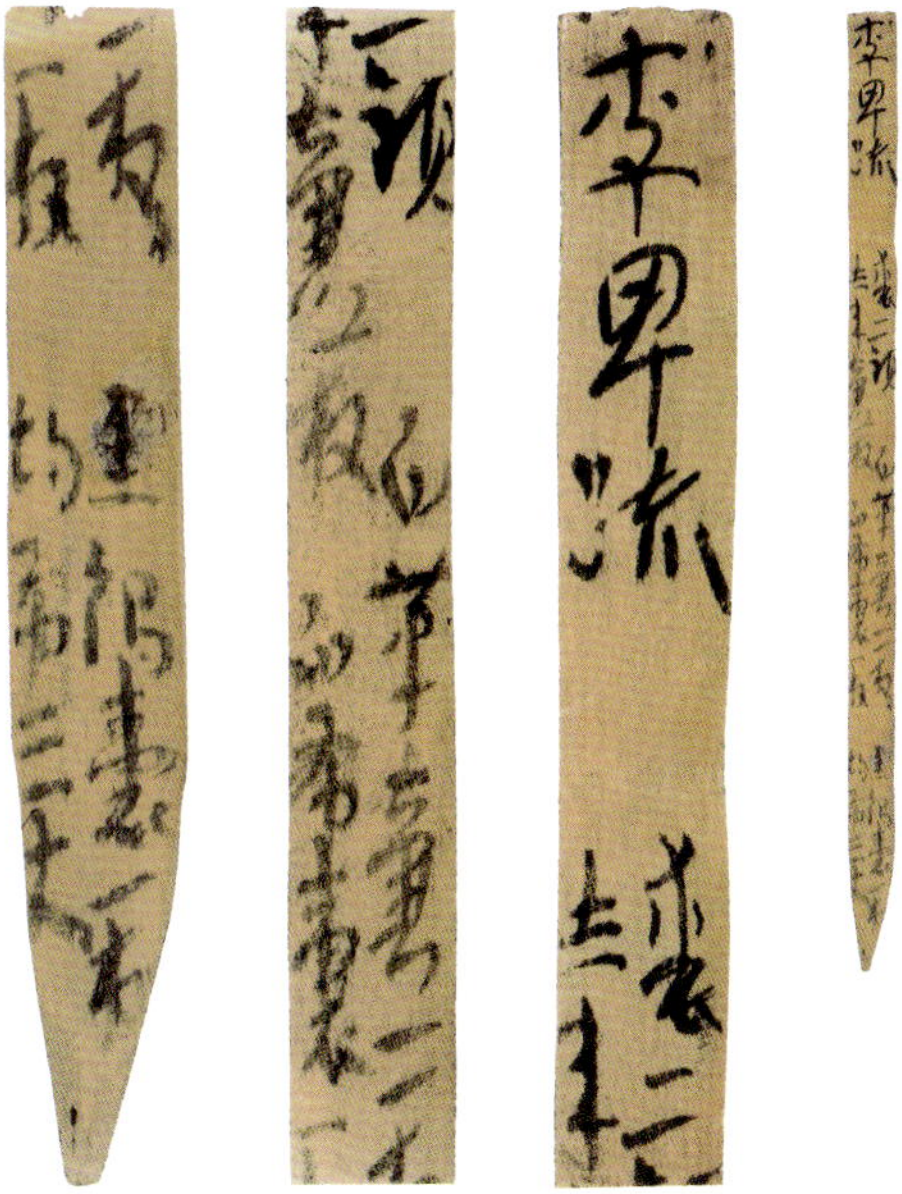

大谷探検隊の収集した木簡（旅順博物館）

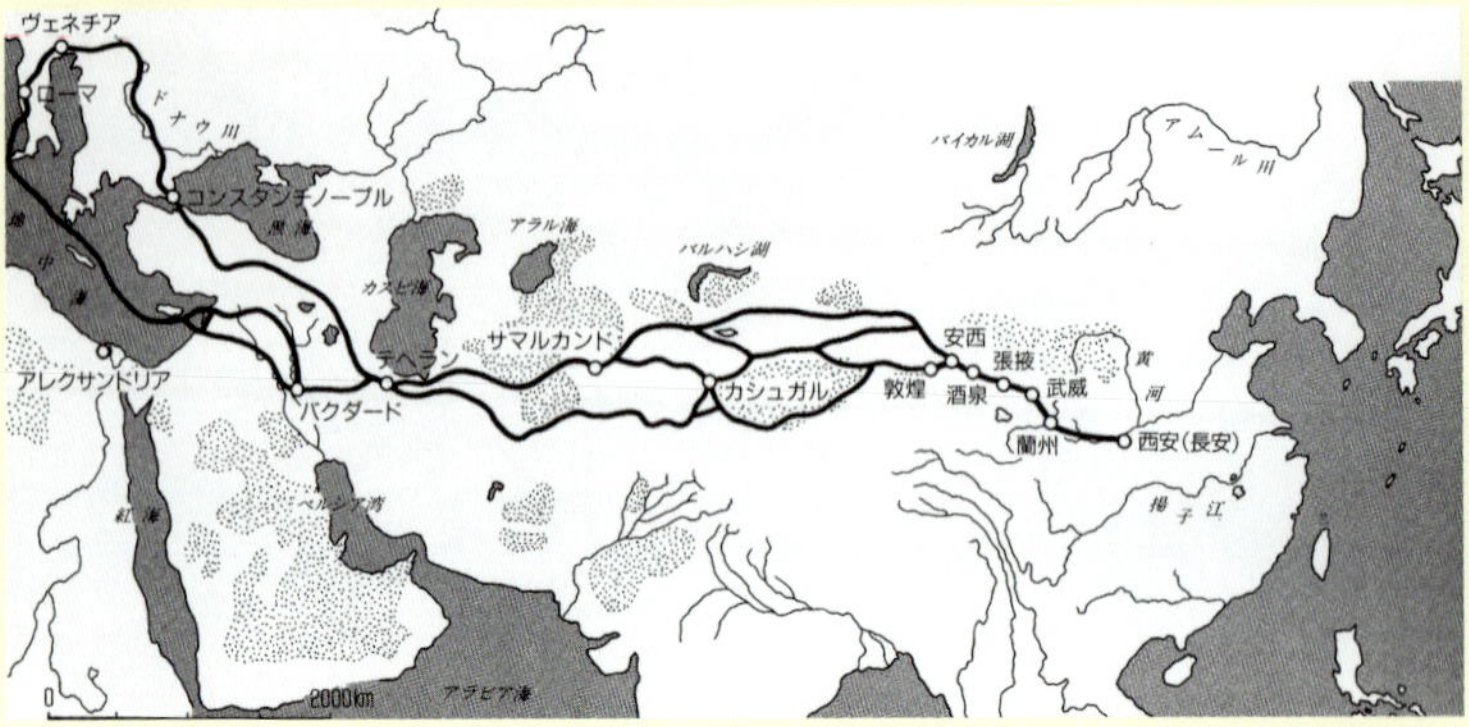

シルクロード略地図（『シルクロードのまもり』より）

西域探検隊

シルクロードとは、ユーラシア大陸の東側と西側とを結ぶ東西交通路（陸路・海路）の総称である。ドイツの地理学者、リヒトフォーフェン（一八三三〜一九〇五）は、その著書『ヒナ（チャイナ）』（本文五冊・地図二冊）において古代中国とギリシャ・ローマ文化圏との交渉で最も重要な役割を果たしたのは絹の交易であったことを論じ、その中央アジア経由の道を「Seidenstrassen（ザイデン・シュトラーセン）」と命名した。これがシルクロードの語源である。

西域出土の簡牘類を語るとき、まず挙げなければならないのが、二〇世紀初頭のシルクロードを探検した人々の足跡であろう。彼らは一九世紀末以来、大国による当該地域への軍事的拡大という側面からの任務を負い、中央アジアへ足を踏み入れた。その探検家の総数はかなりの数にのぼるが、ここでは文字文化・書法史上の貢献という観点から、①オーレル・スタイン　②スウェン・ヘディン　③大谷光瑞《おおたにこうずい》　④ポール・ペリオ、以上四組の探検隊とその成果を紹介する。

(1) オーレル・スタイン（一八六二〜一九四三）イギリスの考古学者・探検家

【尼雅遺址の発掘。敦煌の千仏洞を調査し、古文化財の宝庫としての敦煌を世に伝える】

ハンガリー国籍、ユダヤ系出身。一八六二年一一月二六日、ブダペストに

オーレル・スタイン

生まれる。ウィーン、テュービンゲン大学で学位を取ったあと、ハンガリー政府の派遣学生として二年間イギリスに留学し、オクスフォード大学、ケンブリッジ大学、ロンドン大学で東洋語学と考古学を専攻した。のち、イギリスに帰化。

第一次探検　一八九八年、インド政府の許可を得て、中央アジアの調査を開始した。一九〇〇年五月下旬、パミール高原─カシュガル─ヤルカンド─ホータンに到着（十月初旬）。十二月下旬、零下一七度～二三度の気温の中、発掘調査を行う。ホータンとは、玉の産地として知られた于闐《うてん》国のことで、玄奘《げんじょう》「大唐西域記」に記録がある。一九〇一年一月、尼雅で古代住居跡を調査し、木材、家具、中国貨幣、漆器、絹織物、木簡などを発見した。

第二次探検　一九〇六年四月二〇日開始。カシミール─カシュガル─ホータン─ローラン（楼蘭）を探検。一九〇七年一月、ミーラン遺跡に戻り、三週間にわたって発掘調査。二月一一日、ロプノールから敦煌を目指して六一〇kmの砂漠道を旅する。この道は、かつて玄奘やマルコポーロがたどった道でもある。玉門関の漢代望楼跡を確認したのち敦煌へ入り、莫高窟の番人であった王円籙《おうえんろく》と出会う。王円籙から秘宝を見せられたスタインは、貴重な文物を千仏洞修理費寄進の名目で買収し、敦煌から運び出した。梱包した数量は二九箱（全数量の三分の一以上）にも及んだ。

第三次探検　一九一三年～一六年にかけて探検。カシミール─パミール高原─天山南路南道の諸遺跡を訪ね、楼蘭、敦煌を再訪した。

スウェン・ヘディン

一九四三年、パキスタンからアフガニスタンを旅行途中、カブールで風邪をこじらせ、死去。享年八二。スタインの遺骨は今なおカブール郊外の外人墓地に埋葬されたままである。

（2）スウェン・ヘディン（一八六五～一九五二）スウェーデンの地理学者・探検家　**【楼蘭遺址の発見。ロプ・ノール（湖）にそそぐタリム川の調査、ヒマラヤ山脈とインダス川の河源発見。旅行記を著す】**

スウェーデンのストックホルム生まれ。ストックホルム大学に入学後、ドイツのベルリン大学に留学。早くから探検家を志した。なお、ストックホルムのスウェーデン国立民族学博物館には、ヘディンの記念室がある。

第一次探検（一八九三～九七）　タシュケントからパミールを越えてカシュガルへ入る。タクラマカン砂漠をヤルカンド川とホータン川との間で東西に横断する。これは前人未踏の踏査であった。このあと、ロプ・ノール（湖）に向かい、それまで歴史学者の間で議論されていた「ロプ湖論争」に加わる。ちなみに「ロプ湖論争」とは、ロシアのプルジェヴァルスキーが、その第二次と第四次探検の結果、①ロプ湖の地点を修正し②塩水ではなく淡水、と主張。ドイツのリヒトホーフェン（ヘディンの師）は文献上からそれは別の湖だと反駁したことを指す。

第二次探検（一八九九～一九〇二）「ロプ湖の移動について探究」する目的で中央アジアを踏査した。ロプ湖にそそぐタリム川の川筋の変化や推移を

楼蘭城のイメージ図（『楼蘭故城』より）

調査し、タリム川は約一六〇〇年を周期として、南北に振れると予言した。一九〇〇年三月二七日、北方のアルトミシュ・ブラグ—南方のカラ・コシュン湖—ヤルダン原を地形上にできた溝に沿って南下。このあと世紀の大発見が待っていた。ヘディンの旅行記をもとに概述してみよう。

三月二八日午後三時、粘土質の丘の上に、二、三軒の木造家屋の残骸を発見。翌二九日、南方へ二〇㎞ばかり進む。宿営のために井戸を掘ろうとしたところ、スコップを前日の木造家屋の場所に置き忘れたことに気付いた。責任を感じた従者のエルディックは、スコップを探すために、真夜中、一人で砂漠の中を北へ引き返したが、翌三〇日はとてつもない砂嵐が吹き荒れ一寸先が見えない状態になった。砂嵐で道を失ったエルディックは星を頼りに進む。すると突然大きな塔や住居跡に出くわした。二枚の厚い木彫を見つけたが、馬の背にくくりつけるには大きすぎた。のちにエルディックの報告を聞いたヘディンは、この発見は重要なものだと直感したが、飲料水はあと二日分しか残っていなかったことと、冬に再訪する予定であったことから、エルディックの発見した住居跡まで引き返すことは断念した。

一九〇一年三月三日、ヘディンらは、エルディックが前年に発見した住居跡に到着し、三月七日、住居跡から砂に埋もれていた文物を次々に発見した。翌八日には、日乾し煉瓦で作られた建物から漢字で書かれたくちゃくちゃになった小さな紙片を発見した。ぼろきれ、羊や魚の骨などが混じったゴミ捨て場からも二〇〇枚の紙文書、四二枚の木簡を発見し、九日には、さらに多くの紙文書や木簡を発見した。これらの文書はこれまでの多くの疑問点を解明してくれることになった。カール・ヒムリィ（東洋学者）は、①これらは二六五～三一三年の間の文書であり、②楼蘭の名称がたびたび使われていることから、この廃墟と化した都市は楼蘭である――と結論付けた。

【参考】アウグスト・コンラディ「スウェン・ヘディンが楼蘭を発見した漢文書およびその他の出土品」（一九二〇、ストックホルム刊）。

第三次探検（一九〇六～〇八）トランス・ヒマラヤ山脈やインダス川、ブラマプートラ川の河源を発見した。報告書『南チベット』。

第四次探検（一九二七～三五）ドイツ人・中国人の学者らと共同して三〇名近い隊員で学術調査団を組織した。これを〝西北科学考察団〟とよぶ。

楼蘭出土　晋の封検

楼蘭出土の文字資料

楼蘭から出土した文物は、①木簡・残紙 ②絹織物、毛織物 ③木彫りの板、家具、仏具 ④矢じり、指環、ヘアピンなどの青銅器製品 ⑤石、ガラスなどの装飾品 ⑥陶器 ⑦古銭、宝貝 ⑧鉄製品（釘・鎖）などさまざまである。文字資料は簡牘と残紙だが、そこに記された紀年によって楼蘭に駐屯した内地の人間が二六六～三一〇年の間に記したものであることが分かった。兵糧の出庫記録（咸熙三年〈二六六〉）、穀物購入のため絹布を支出した証明書（泰始五年〈二六九〉）もあれば、未納品の督促状、紛失物の記録などもある。このほか、簡牘の一種である「検」が出土している。重要な書類はみだりに披

楼蘭の仏塔（高さ一〇・五m。『楼蘭故城』より）

閲することができないように必ず封印したが、このとき用いられた簡牘が封検である。これらの簡牘には、おおむね楷・行・草の三体が用いられている。

楼蘭の名が記されている残紙は一三枚発見された。この中には楼蘭宛てのものだけでなく、楼蘭から発信されたと思われる文書も含まれているが、これらは草稿か写しであると考えられる。ちなみに『史記』（大宛《だいえん》国伝）には「楼蘭の土地と姑師《こし》の土地とは、城壁に囲まれた町と壁に囲まれた前衛地とを持ち、塩沢（ロプ・ノール）のほとりにある。」と記されている。また、三三〇年頃には、「楼蘭」は地域の名として残っており、そこは中国の兵営地として使われていた。

一九〇六年一二月、考古学者のスタインも楼蘭を探訪し、同月一八日～二九日にかけて調査した。古代の遺物をヘディンがもれなく拾い集めたものと思われていたが、スタインは徹底した調査によって、さらに木簡・残紙（漢文とカロシュティ文書）の断片を発見しただけでなく、外敵を防ぐ防御用として作られた城壁をも発見した。楼蘭でヘディンが発見した遺跡をLA遺跡とよぶが、その南、約五〇㎞のところでスタインがのちにもう一つの遺跡（LK）を発見している。

スタインの楼蘭調査ののち、一九一〇年、橘瑞超《たちばなずいちょう》の率いる大谷探検隊も当地に到着している。

大谷光瑞

（3）大谷光瑞《おおたにこうずい》（一八七六～一九四八）京都・西本願寺門主【仏跡探検隊（大谷探検隊）を組織し、中央アジアの考古学的調査に貢献。橘瑞超《たちばなずいちょう》の旅行記「中亜探検」**】**

京都の人。光尊《こうそん》の庶子。西域に深い関心を抱いていた光瑞は、仏跡探検隊（大谷探検隊）を組織し、三度にわたって中央アジアに繰り出し、考古学的調査に貢献した。その目的は仏教東漸の遺跡を調査し、古代の経典類を収集することにあった。

第一次探検（一九〇二～〇四）は、光瑞ら五人で敢行した。一九〇二年八月一五日、ロンドンを出発した五人は、西トルキスタンを横断し、パミールを越え、タクラマカン砂漠の西端に達した。光瑞ら三人はそこから南下し、カシミールを経て帰国。渡辺哲信、堀賢雄の二人はヤルカンド―ホータン―カシュガルへと移動し、クチャ（三ヶ月滞在）に到った。その後キジル千仏洞などを精査し、さらに天山を越えて、西安へと歩を進めた。

第二次探検（一九〇八～〇九）は、橘瑞超と野村栄三郎の二人で敢行。一九〇八年六月一六日、北京を出発し、外モンゴルからウルムチ（二〇日余り滞在）―トルファン（一九〇九年一月六日出発）―カラシャール―コルラへ。そこから野村はクチャ―カシュガルへ進んだ。橘瑞超は三月八日、ロプ砂漠―チャルクリクに到着（一ヶ月にわたり漢代の楼蘭故城を探検）―ニヤ―ホータン―ヤルカンド―カシュガル（七月七日着。野村と合流）―ヤルカンド（一〇月二日出発）―カシミール（インド）へ抜け、光瑞らと合流し、インドか

橘　瑞超

ポール・ペリオ

らイギリスへ渡った。

第三次（一九一〇～一四）は、橘瑞超と吉川小一郎の二人で敢行。一九一〇年八月にロンドンを出発し、ロプノールに到着。橘瑞超はここで「李柏尺《りはくせき》牘稿《とくこう》（三二四年頃の残紙）」を発見した。これは前涼の西域長史李柏という者が隣国の王に宛てた手紙の草稿である。その後、ロプノールからアブダルへ入り、翌年一月五日、アブダルを出発し、タクラマカン砂漠を縦断した。幾多の苦難を乗り越えた過酷な旅であったが、ほぼ予定通りクチャへ到着した。クチャで合流するはずの従僕のホッブスは天然痘に罹って死亡し、遺骸はすでにカシュガルへ運ばれたあとであった。橘は急きょカシュガルへ赴き、ホッブスの遺骸を手厚く葬った。四月七日、カシュガルを出発し、五月七日にホータンへ到着。七月三日、ホータン出発―ケリア川上流―海抜四千mの嶺を越え、チベットに入った。大谷探検隊が敦煌に赴いたのはこの第三次探検の時で、吉川に敦煌文書を買い入れるよう光瑞からの密命が下っていたという。なお、中央アジアから将来した文物は現在、東京国立博物館や龍谷大学をはじめ、中国旅順博物館・韓国国立中央博物館にも収蔵されている。

(4) ポール・ペリオ（一八七八～一九四五）**フランスの東洋学者**　【敦煌莫高窟の秘密の蔵経洞から、多くの経巻・文書を持ち出す。著に『敦煌千仏洞』】

ペリオは、唐の太宗「温泉銘」拓・欧陽詢《おうようじゅん》「化度寺塔銘」拓・古写経などをはじめとする多くの経巻・文書を持ち出した人物である。

王　円籙

一九〇六年、ペリオは中央アジアの調査を開始し、一九〇八年二月二五日に敦煌の莫高窟に到着した。中国語をはじめとする複数の言語に堪能であったペリオは、道士の王円籙《おうえんろく》と直接交渉の末、三月三日、スタインでさえ果たせなかった第一七窟（蔵経洞）に入ることを許され、洞内に山積みされた六〇〇〇点以上の古文書を丹念に選別した。なお、ペリオが莫高窟の詳細な記録を残すことができたのは、隊員の中に測量技師や写真技師などの専門家がいたからである。

一九〇九年、ペリオは北京へ到着し、敦煌文書の一部を中国の学者に披露した。これを見た中国側は大変なショックを受け、すぐさま残りの文物を保全するように官令を出し、翌年、八六七九点の写経類が敦煌から北京の京師図書館へ移された。これによって敦煌に眠っていた古文書すべてが保護されたかというと、決してそうではなく、まだ相当数の古文書が王円籙によって隠匿されていたという。

敦煌莫高窟

莫高窟近代略年表

一九〇〇　道士の王円籙が莫高窟の第一七窟（蔵経洞）の秘宝を発見。
一九〇七　スタイン、莫高窟の秘宝を大量に持ち去る。
一九〇八　ペリオ、莫高窟の秘宝を持ち去る。
一九一〇　清朝政府は残存の経巻を北京へ運ぶ。
一九一二　大谷探検隊の橘瑞超と吉川小一郎は経巻を大量に持ち出す。
一九一四　スタインは再来し、およそ六百巻の経巻を持ち出す。
一九二〇（一一月）～二一（八月）　ソ連の十月革命による亡命者約九百人が莫高窟に住みつき、壁画その他に損傷を与えた。
一九二四　ウオーナー（米）は石窟の壁画二六幅といくつかの塑像を持ち去る。
一九二五　ウオーナーは莫高窟に再来し壁画を剝ぎ取ることを目論んだが、住民に阻止される。
一九四二　西北科学考察団（国民党政府の中央研究院）が石窟を調査する。
一九四四　国立敦煌芸術研究所を開設し、壁画の模写、修理、保管などの事業に従事する。
一九五〇　中華人民解放軍が敦煌に到着する。
一九五一　敦煌文物研究所を開設する。

春秋戦国時代・楚の都城〝紀南城〟遺址（『湖北出土文物精粋』より）

湖北省・河南省の簡牘について

〈湖北省・河南省概略〉

長江中流域の北側に位置する湖北省は、春秋戦国時期には楚国の中心地区として繁栄した古代楚文化発祥の地である。気候は亜熱帯に属する湿潤な土地で、江陵・襄樊《じょうはん》・武漢・随州・鐘祥《しょうしょう》などの歴史的都市を有している。

黄河の中流から下流の南側に位置する河南省は、古くは中州・中原と呼ばれた。安陽・洛陽・鄭州・開封など歴史的に重要な都市が多いため、地下に埋もれた文物も豊富である。

〈出土概略〉

一九六五年十月～六六年春にかけて、紀南城西北七㎞の湖北省江陵県裁縫郷の望山《ほうざん》一号楚墓から二〇七枚、二号墓から六六枚の簡牘を出土した。一九七三年には江陵県藤店《とうてん》で二四枚、一九七八年には江陵県天星観《てんせいかん》で七〇余枚、随州擂鼓墩《らいことん》の曾侯乙《そうこういつ》墓で二四〇枚の簡牘を出土して以来、湖北省域内から今日まで陸続と大量の簡牘を出土しているが、これらの内容は卜筮《ぼくぜい》や遣策《けんさく》などが主である。数量が最も多いものは、前漢・呂后二年（前一八六）ころの墓葬にあたる江陵県張家山《ちょうかざん》二四七号墓から出土した一二三六枚にのぼる竹簡である。内容は〈暦譜〉〈二年律令〉など八種類。〈暦譜〉とは今でいうカレンダーであり、「律令」の「律」は法律の大綱、「令」は条文のことで、国家の法律を規定したものである。「律令」の内容

曾侯乙墓　クレーンで陪葬棺を吊り上げる

には〈金布律〉〈効律〉〈行書律〉〈史律〉〈告律〉〈銭律〉などが含まれている。例えば〈史律〉には、『説文解字』や『漢書』にも見える「学童が尚書史となるための試験」の規定が記されているが、これらを比較してみるといくらか異同があるため、漢代の初め（呂后二年〈前一八六〉）、実際に施行されていた律令を知る上での第一級史料として極めて重要である。

ついで多いのは、一九七五年に雲夢《うんぼう》県睡虎地《すいこち》一一号墓から出土した一一五五枚の竹簡である。これらに記された文字によって、秦始皇時期に安陸御史・安陸令史などの司法と関係のある職務に就いていた「喜」という人物の墓葬であることが判明した。内容は、秦昭王元年（前三〇六）から秦始皇三〇年（前二一七）にかけての交戦記事と墓主人「喜」の平生やその関連記事を記した編年記、律令、あるいは裁判記録などである。

また、一九九三年に荊門《けいもん》市郭店《かくてん》村で出土した郭店楚簡（有字簡七三〇枚）は、〈老子〉甲・乙、〈太一生水《たいいっせいすい》〉〈緇衣《しい》〉〈語叢《ごそう》〉など、主として儒家と道家の書籍である。中には佚書も含まれていたり、伝承本と異同のある別本もあったりして、大いに注目されている。以上が湖北省内で出土した簡牘の概要である。

河南省内では、一九五七年、信陽長台関《しんようちょうだいかん》の一号楚墓から一四八枚の竹簡が出土した。内容は書籍と遣策で、文字の風格は横画の収筆に右下へ回り込む線が見られ、楚系の特徴を有している。続いて、一九九四年に駐馬店市新蔡《しんさい》県西李橋鎮葛陵《かつりょう》村で総計一五七一枚の簡牘が出土した。内容は卜筮祭禱《さいとう》、小臣成《しょうしんせい》（平夜君成）自身の祭禱記録の二種であった。

〈文字の概要〉

湖北省からこれまで出土した簡帛を時代区分すれば、主として戦国、秦、前漢に分けられる。書かれている文字の字体は、①円転を主体とする戦国時代の楚系文字、②方折を主体とする秦隷。内容の豊富さはもちろんのこと、字体の変遷を考える上で、我々に貴重な実物資料を提供してくれる。

河南省出土の戦国時期の簡牘も典型的な楚系文字であり、河南省の南部は楚国の版図に属していたことがわかる。

湖北省	①	望山楚簡
	②	天星観楚簡
	③	曾侯乙墓竹簡
	④	包山楚簡
	⑤	九店楚簡
	⑥	郭店楚簡
	⑦	睡虎地秦木牘(四号墓)
	⑧	睡虎地秦簡(一一号墓)
	⑨	睡虎地秦簡(七七号墓)
	⑩	龍崗秦簡
	⑪	周家台秦簡
	⑫	王家台秦簡
	⑬	鳳凰山前漢簡(八・九・一〇号墓)
	⑭	鳳凰山前漢簡(一六七号墓)
	⑮	鳳凰山前漢簡(一六八号墓)
	⑯	張家山前漢簡(二四七号墓)
	⑰	高台前漢簡(一八号墓)
	⑱	蕭家草場前漢簡(二六号墓)
	⑲	孔家坡前漢簡(八号墓)
	⑳	印台前漢簡
	㉑	松柏前漢簡
	㉒	謝家橋前漢簡
河南省	㉓	信陽楚簡
	㉔	新蔡葛陵楚簡

湖北省

望山《ぼうざん》楚簡

名称：江陵望山楚墓出土竹簡
時代：戦国中期（一号墓）、戦国中期やや後半（二号墓）
出土年月・地：一九六五年十月～六六年春・紀南城西北七kmの江陵県裁縫郷
本数と内容：一号墓＝残簡の字数一〇九三字、接合すると二〇七枚。最長五二・一×幅一cm、厚さ〇・一cm。内容は主として卜筮記録。二号墓＝簡六六枚（完全な簡は五枚のみ、長さ約六四cm）。内容は遣策
字体：楚系文字
所蔵：湖北省博物館
参考資料：『望山楚簡』（中華書局、一九九五年）、『江陵望山沙塚楚墓』（文物出版社、一九九六年）

江陵とは、湖北省南部の長江北岸にある荊州《けいしゅう》地区を指す。この地には荊州城と紀南故城《きなんこじょう》（楚の郢都《えいと》）があり、その荊州城から一八km北、紀南故城から七km北の位置で、重要な楚国墓地に数えられる望山《ぼうざん》墓地と沙塚墓地が発見された。

一九六五年秋、湖北省文博部門は漳河《しょうが》ダム建設に伴い八嶺山古墓区で考古調査を実施したところ、大小五五座余りの墓葬を発見した。同年十月から翌年一月にかけて、望山・沙塚の二ヵ所の墓地を発掘し、望山一・二号墓から竹簡を出土した。一号墓は幸い盗掘を受けていなかったことから、副葬品は比較的多かった。しかし、墓内が浸水していたため、竹簡のほとんどは器物によって圧迫されてしまい、表面は褐色に変化し、すべて残簡となっていた。出土時、残簡の最長は三九・五cmだったが、接合した結果、最長の簡は五二・一cm、総数は二〇七枚にのぼった。どの簡にも上中下三ヵ所に契口《けいこう》が刻まれているが、編綴《へんてい》の紐はすでに朽ち果ててしまい、簡の順序を復元することはできない。

内容は主として卜筮《ぼくぜい》記録。墓主人の名は卲固《しょうこ》といい、悼《とう》を氏とする楚国の王族の出身で、楚悼王の曾孫にあたる。卲固は生前、疾病を患い、三ヵ月にわたって繰り返し卜筮祭禱《さいとう》を行っていたことが、その記録から読みとれる。傍らに越王勾践剣《えつおうこうせんけん》が置かれていたが、商承祚《しょうしょうそ》（一九〇二～一九九一）は、楚墓から出土する勾践剣は楚が越を滅ぼした際の戦勝品として楚国へ持ち帰り、功臣に賜ったものである、と指摘する。

竹簡の文字は楚国の実用通行体で書かれているものの、整斉な書きぶりである。ただし、筆法からみれば

すべてが必ずしも一致しないことから、複数の人の手になるものと考えられる。

二号墓の墓主は女性で、推定年齢は五〇歳以上とされる。この墓は早い時期に盗掘に遭っていたが、副葬品は比較的多く残されている。竹簡の編綴の紐はすでに朽ち果て、出土時は断簡となってあちこちに散乱していた。整理した結果、総数は六六枚、完全な簡（五枚）の長さは約六四㎝になる。内容は遣策《けんさく》で、そこに記された器物名は三二〇種に達する。

文字は一号墓と同じ書きぶりであり、書者も同様に複数の手によって書かれたものと考えられる。

有字簡、無字簡（空白簡）

出土する簡牘の全てに文字が書かれているわけではない。文字が記されている簡を有字簡、全く文字が記されていない簡を無字簡、または空白簡とよぶ。例えば、郭店楚墓からは八〇四枚の竹簡を出土したが、そのうち有字簡は七三〇枚であった。つまり、残りの七四枚は無字簡で、初めから何も書かれていなかったものと考えられるが、一方で長い年月を経て文字が消えてしまった可能性も完全には否定できない。

望山楚簡（二号墓）

編組之童□報絶
純兩馬皆又（有）[今]耑翆□

天星観楚簡《てんせいかん》

名称：江陵天星観一号楚墓出土竹簡
時代：戦国中期（前三六一～前三四〇の間）
出土年月・地：一九七八年一月～三月、江陵県観音壋五山
本数と内容：七〇枚余り。卜筮祭禱記録・遣策
サイズ：整簡は長さ六四～七一×幅〇・五～〇・八cm
字体：楚系文字
所蔵：湖北省荊州博物館
参考資料：『考古学報』82―1

天星観《てんせいかん》墓群のある観音壋《かんのんとう》五山境内天星観村は、荊州市沙市区の北端に位置し、紀南故城《きなんこじょう》から東へ約三〇kmの距離にある。近代にいたってこの墓の封土上に〝天星観〟という道観を建てたことからこの名がある。第一号墓はすでに盗掘に遭っていたが、北室の遺物の保存状態は比較的良好で、銅器・陶器・漆器・玉器・銀器などの随葬品およそ二五〇〇件を出土した。西室から出土した竹簡の文字は比較的鮮明に残っており判読が可能である。その中の卜筮《ぼくぜい》記録には「為邸鴋君番勅貞」という句が繰り返し記されているが、それ以外の名は見あたらないため、この竹簡は邸鴋君《ていしょうくん》の疾病を占卜した際の記録であると断定された。「邸鴋君」は墓主を指し、「番勅《ばんちょく》」は墓主の名であると考えられる。史書に載せる番氏は楚国における有力な一族であることから、天星観墓群はおそらく番勅の家族墓地であろう。

また、卜筮記録中にみえる四種の紀年のうち、「秦客公孫鞅（鞅《おう》）聞（問）王于蕆郢之歳」が三回現れる。文献に拠れば、戦国時期で秦楚両国の関係において重要な役割を果たした秦の人物はただ「相秦十八年」の商鞅《しょうおう》（約前三九〇～前三三八年）だけである。商鞅は衛国公族の後代で、史書には公孫鞅、あるいは衛鞅といい、その後、商に封《ほう》ぜられて商鞅と称した。ここから推測して一号墓の年代はおおむね前三六一～前三四〇の間であろう。

遣策《けんさく》の内容は、①葬儀に用いる車馬・儀仗の記録、②弔いの贈品リストの二種である。①は、車馬部品の名称とその性質を詳細に記録している。

整簡は七〇枚余りで、長さは六四～七一cm、幅〇・五～〇・八cm、簡の左側上下に契口《けいこう》が施されている。楚国の実用通行体で書かれたものであるが、別字や通仮字の使用がやや多い。

〈卜筮祭禱簡〉（部分）

習之以白鼋占之恆…
尙毋又（有）咎占之恆貞吉無…
軋䩕志習之以承豪占…
□睪（擇）日冬栾至嘗（嘗）於…
古（故）敚之壄禱卓公訓（順）至…

曾侯乙墓《そうこういつぼ》竹簡

名称：随州擂鼓墩曾侯乙墓出土竹簡
時代：戦国早期（前四三三～前四〇〇）
出土年月・地：一九七八年九月、随県（現在の随州市）の西北三kmの擂鼓墩
本数と内容：二四〇枚（すべて有字簡）。遣策
サイズ：整簡は長さ七〇～七五×幅約一cm
字体：楚系文字
所蔵：湖北省博物館
参考資料：『曾侯乙墓（上・下）』（文物出版社、一九八九年）

曾侯乙墓《そうこういつぼ》は、墓口から墓底まで最深部は一一mに達する戦国早期の大型木槨墓《もっかくぼ》である。墓穴内には木炭が敷き詰められ、木炭の上には白膏泥、その上には地固めされた土の層があり、土層の中間には一枚の大きな石板が挟まれていた。主棺の人物は四二～四五歳の男性とされるが、これ以外に二一の陪葬棺があり、そのすべてが若い女性のものである。銅器・漆器・陶器・皮革・金・玉・竹・絹織物・麻製品などあわせて一万五千件にのぼる品が副葬されていた中で、もっとも耳目を集めたものは大型の編鐘《へんしょう》である。これは大小六四個の銅鐘を三段に架けたもので、最大の鐘は三〇八kgもある。編鐘・編磬《へんけい》・編鎛《へんはく》の銘文に「楚恵王五十六年（前四三三）に作る」とあることで、この墓の下葬年代は前四三三年、あるいはそれよりやや遅れるころとされる。だとすれば、曾国はすでに楚国の属国となっていた時期である。ちなみに、曾国は文献中に現れる随国と考えられる。

これらの文字資料は豊富で、竹簡と各器物上の文字を合計すると一二六九六字になる。竹簡や漆塗り衣装箱上に書かれた文字はほとんどが当時の通行体によるものと考えられるが、石磬《せっけい》と漆塗り衣装箱に刻されている文字はやや規範性がある。なお、石磬の文字中には朱の漆が塗られてあった。銅器上に鋳刻された文字の大部分は装飾性豊かな長脚体で丁寧に作られており、美術的要素が強く感じられる。

竹簡に話題を移そう。発掘時、竹簡はすでに散乱しており、いくつかは分断されていた。整簡の長さは最大で七五cm、幅は一cmで、これまで出土した簡牘の中では極めて長い簡といえよう。内容は四種に分けられる（簡No.は報告書の番号）。

①No.1～121：車馬器と車上の兵器装備を記録したもの。

②No.122～141：車上配備の人と馬に着ける甲冑を記録したもの。
③No.142～209：馬車用の馬を記録したもの。
④No.210～215：馬と木俑を記録したもの。

二四〇枚の竹簡の書風をおおまかに分類すると、次の二種類になる。

曾侯乙墓の墓坑全景

A：No.1～141

縦画の起筆を強く打ち込み、勢いよく直線的に引き放つ。縦画から横画に連続する線は大回りでゆったりしなやかに引いているが、こうしたしなやかな造型感覚は編鐘の刻銘文に類似している。結体は縦長、横画は右肩上がりで、一文字の点画中には曲線と直線とが適度に混ざり合っている。なお、侯馬盟書《こうばめいしょ》の中にはこの書風と類似したものが見られる。

B：No.142～215

縦画の起筆はAと同様に強く打ち込んでいるが、運筆の呼吸はやや短い。連続する横画の間隔を詰めることによって、縦画や横画が強調されて見え、より構築的である。右肩上がりの造型はA簡よりややきついが、A簡ほどの縦長な結構ではない。長い横画の起筆はやや軽く入れて湾曲させ、中間もしくは収筆部に厚みを加えている。

A〈遣策〉

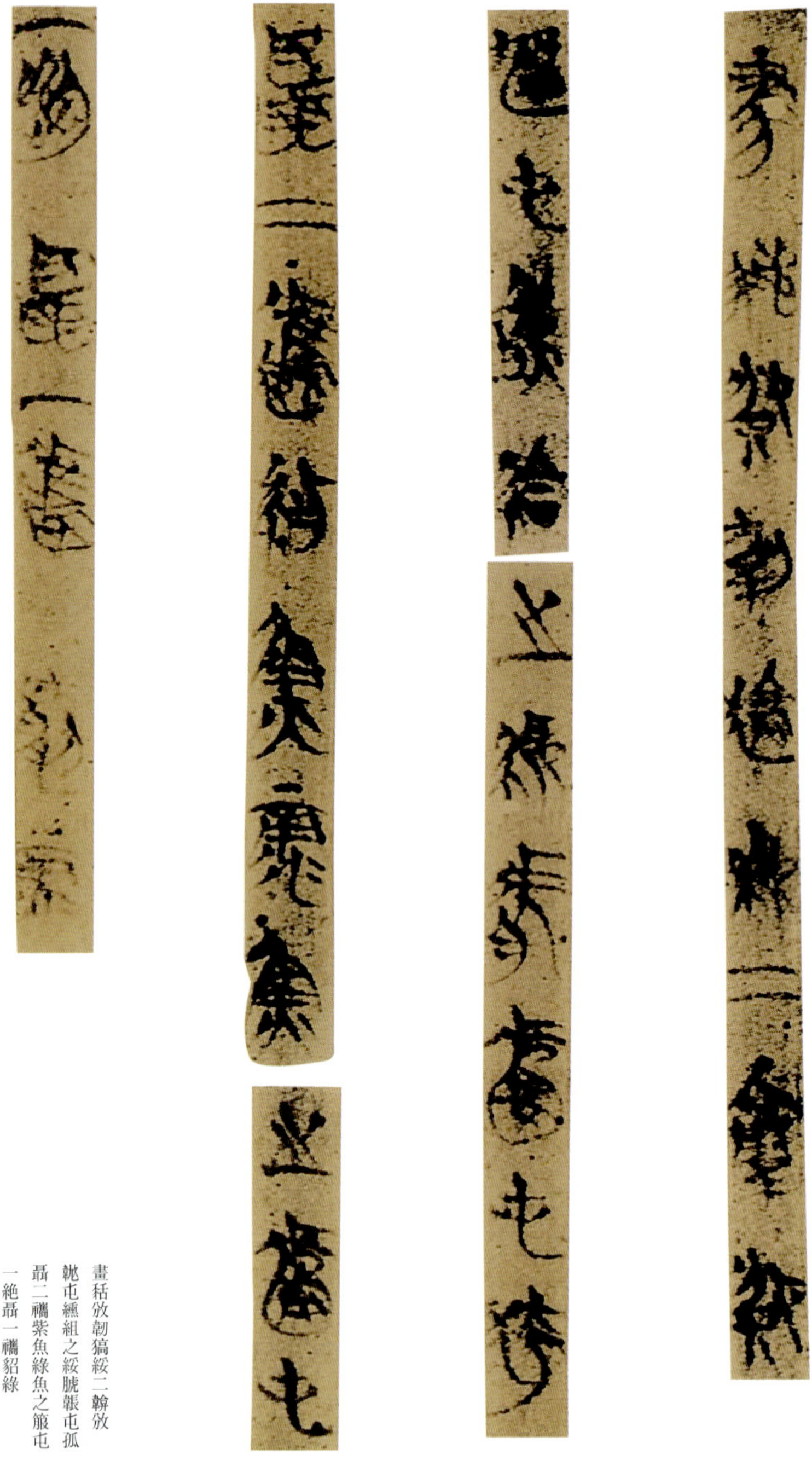

畫秙攷韌犒綏二韓攷
鞉屯纁組之綏䏰韔屯孤
聶二襽紫魚綠魚之箙屯
一絶聶一襽貂綠

B〈遣策〉

右𦫵徒之騏爲左驂鄗君之騮爲左驌(服)右司馬之騮爲右驌新造尹之騠爲右驂大官之駟馬左輾(殿)

包山《ほうざん》楚簡

名称：荊門包山二号楚墓出土竹簡
時代：戦国時代（前三一六）
出土年・地：一九八七年、荊門市十里鋪鎮王場村包山
本数と内容：竹簡二七八枚。内容は司法文書・卜筮祭禱・遣策。竹牘一枚
サイズ：司法簡は長さ六二・〇～六九・五×幅〇・六～〇・八五cm。卜筮簡は長さ六七・八～六九・一×幅〇・七～〇・八五cm。遣策簡は長さ七二・三～七二・六×幅〇・八～一・〇cm
字体：楚系文字
所蔵：湖北省博物館
参考資料：『包山楚簡』（文物出版社、一九九一年）、『包山楚墓』上・下（文物出版社、一九九一年）

一九八六年十一月～八七年一月、湖北省荊門《けいもん》市十里鋪鎮王場村の包山《ほうざん》で戦国墓五座を発掘した。その中の第二号墓は未盗掘だったため、銅器・陶器・漆木器・竹類など二千件近い文物を出土し、竹簡四四八枚（有字簡二七八枚）を得た。内容は卜筮祭禱《ぼくぜいさいとう》記録・司法文書・遣策《けんさく》である。保存状態は比較的よく、字跡ははっきりしており判読が可能である。墓主は三五～四〇歳の間に亡くなった「左尹《さいん》・邵舵《しょうだ》」とみられる。左尹とは楚国の高級行政官の一つで、宰相の補佐官にあたるため、竹簡の内容から見て司法関係の仕事に携わっていたものと考えられる。第二六七簡に「大司馬悼滑救郙之歳」の紀年がみられるが、これは墓主「邵舵」を下葬した年にあたり、考証によって前三一六年であることがわかっている。

司法文書は編題にある「集箸」「集箸言」「受期」「疋獄」とそれ以外の計五つの部分で構成されている。

「集箸」：一三枚。三年間の戸籍調査の記録。
「集箸言」：五枚。紛糾した訴訟記録。
「受期」：六一枚。規定を授受した記録。
「疋獄」：二三枚。訴訟案件に関する摘要記録。

このほかに編題のない簡九四枚があるが、その内容はやはり訴訟案件である。

卜筮祭禱記録は墓主のために疾病を占ったもので、二六組に分けられる。簡文の体裁はおおむね第一次占卜（前辞・命辞・占辞）、第二次占卜（命辞・占辞）から成り立っている。遣策は二七枚。これは種類とその用途によって記録された副葬品のリストである。

包山楚簡の字体は、古文を基調とした当時の通行書

包山楚墓墓坑全景

〈卜筮祭禱簡《ぼくぜいさいとうかん》〉と〈日書《にっしょ》〉

これまで発見された〈卜筮祭禱簡〉には、①新蔡《しんさい》葛陵《かつりょう》楚簡、②天星観《てんせいかん》楚簡、③望山《ほうざん》楚簡、④包山《ほうざん》楚簡、⑤秦家嘴《しんかし》楚簡があるが、これらは主として墓主の疾病を問い占ったものである。ところが戦国後期になると、〈九店《きゅうてん》楚簡〉のように、吉凶禍福を占った〈日書〉中にも疾病占が見られる。これ以降、①睡虎地《すいこち》秦簡、②王家台《おうかだい》秦簡、③放馬灘《ほうばたん》秦簡（以上、戦国時代）、④周家台《しゅうかだい》秦簡、⑤岳山《がくざん》秦墓（以上、秦代）、⑥張家山《ちょうかざん》漢簡、⑦阜陽双古堆《ふようそうこたい》漢簡、⑧虎渓山《こけいざん》漢簡、⑨睡虎地漢簡、⑩印台《いんだい》漢簡、⑪孔家坡《こうかは》漢簡⑫北京大学蔵漢簡、⑬定州《ていしゅう》前漢簡、⑭敦煌懸泉置《とんこうけんせんち》漢簡、⑮水泉子《すいせんし》漢簡（以上、漢代）中に、同様の〈日書〉が多数確認できる。あたかも〈卜筮祭禱簡〉に替って〈日書〉が副葬されたかのような状況について、工藤元男《くどうもとお》氏は、出土資料を詳細に分析した上で、卜筮祭禱習俗の一部が〈日書〉に継承されたものではないかと指摘している（『占いと中国古代の社会発掘された古文献が語る』）。

古代簡牘を知るには、占卜習俗を基礎に置く古代社会のあり方をきちんと把握する必要がある。

体、いわゆる円転様式を具えた楚系文字である。これらの簡の書風にはいくつものバリエーションがあり、司法文書は二〇種以上、卜筮祭禱記録は一〇種以上、遣策は三種の書風に分類できる。横画の起筆を強く打ち込み、収筆にも重厚さを加えているもの、起筆はゆるやかだが送筆を肉太に書いているもの、あるいは細線を用いて軽やかな筆致のものなど、さまざまな書風が見られる。

なお、当該墓からは、筆と筆套が伴出している。筆管（葦製）の長さは一八・八cm、鋒長は三・五cm。毛の種類は不詳だが、鋒先がシャープな毛筆である。

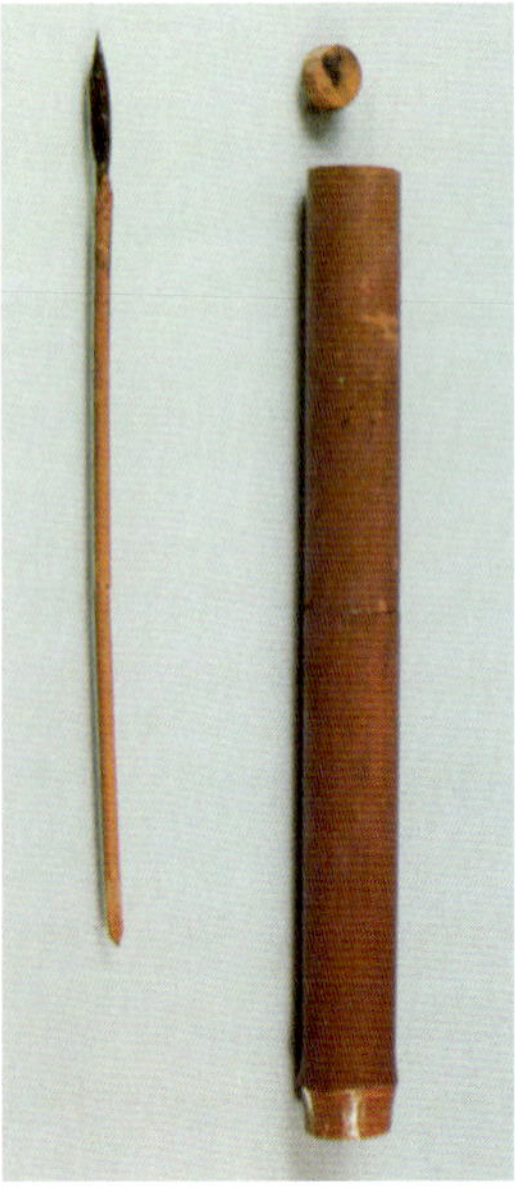
包山楚墓出土の毛筆と筆套

簡牘を加工する工具

簡牘を加工するには鑿《のみ》・斧・鋸《のこぎり》などが必要である。鑿は柄の先に刃がついたもので、斧は比較的大きな木材を加工するのに役立つ。

河南省信陽長台関《しんようちょうだいかん》で工具箱が出土したが、その中に毛筆・筆套以外に、銅削刀・刻刀・鋸・手斧・錐などが入っていた。敦煌馬圏湾《とんこうばけんわん》では簡牘とともに斧が二つ出土したが、その内の一つの刃は残長八・一cm×幅五・〇cmであった。

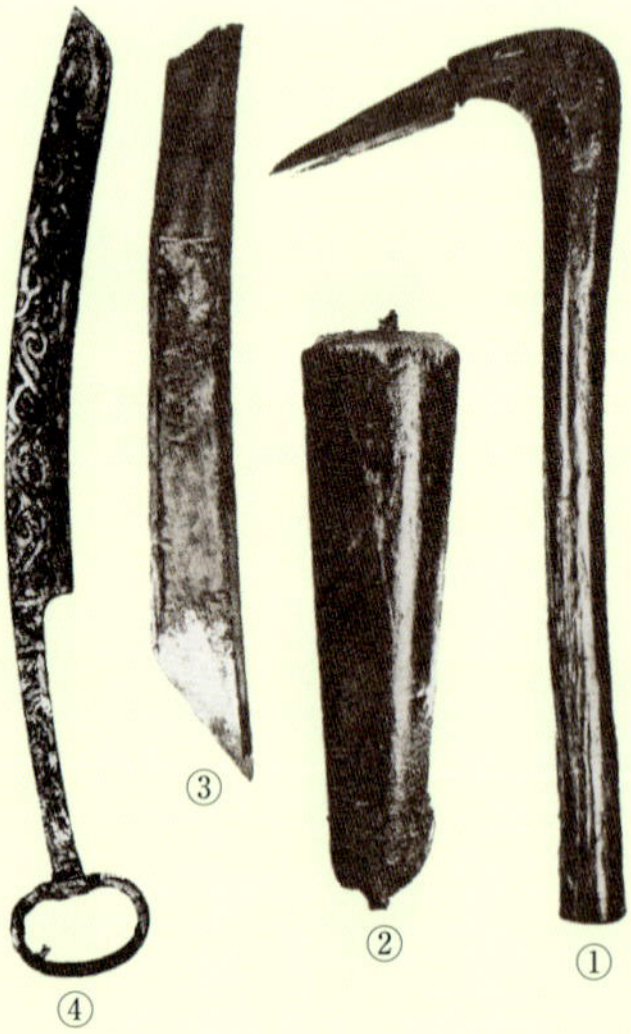

信陽長台関出土の工具　①手斧《ちょうな》　②錐　③刻刀　④削刀

〈卜筮祭禱簡〉

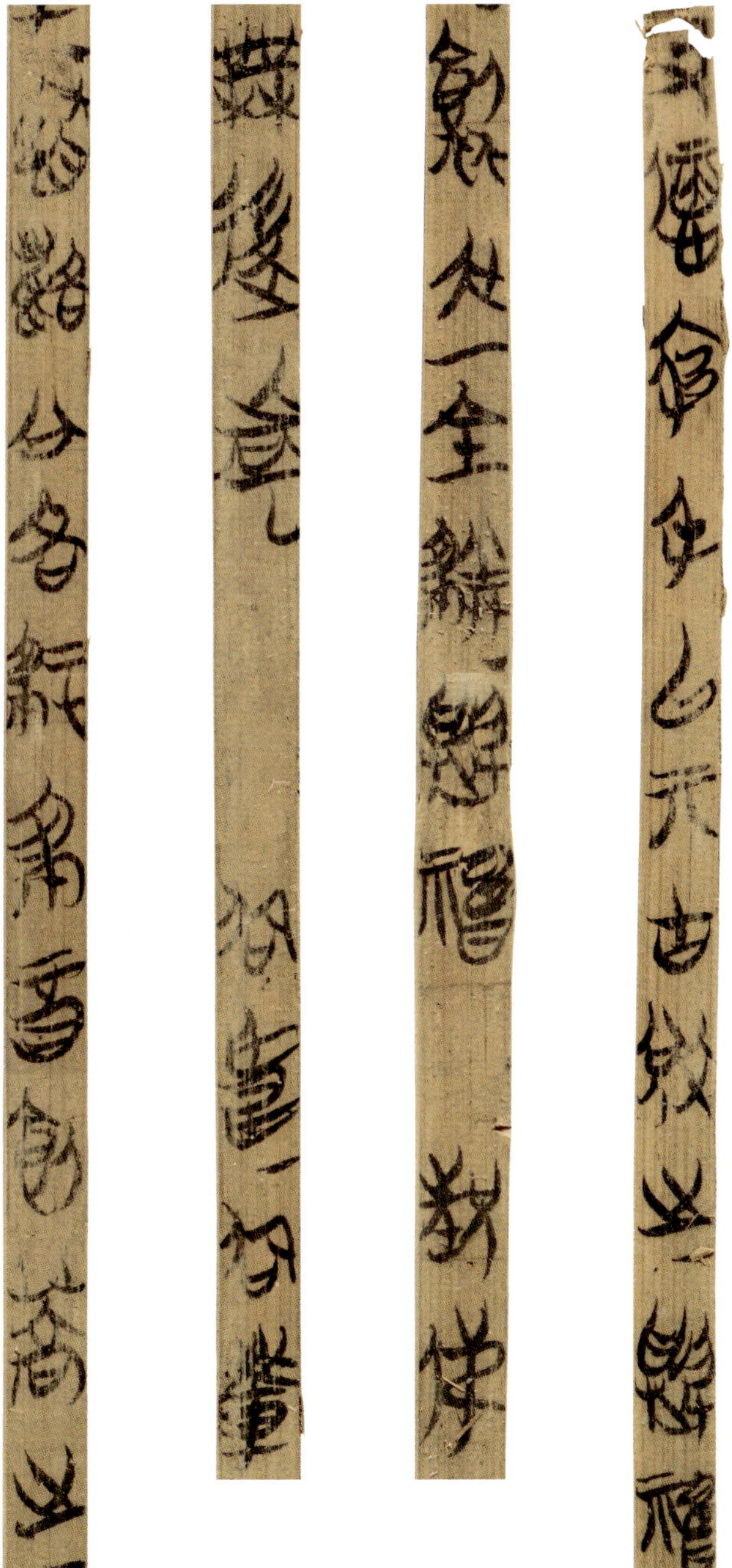

有慼躬身。以其故敓之。與禱
𩺊大、一全豢。與禱兄弟
無後者卲良、卲乘、
縣貉公、各冢豕、酒食、蒿之。
盬吉占之曰：吉。

〈司法文書（疋獄）〉

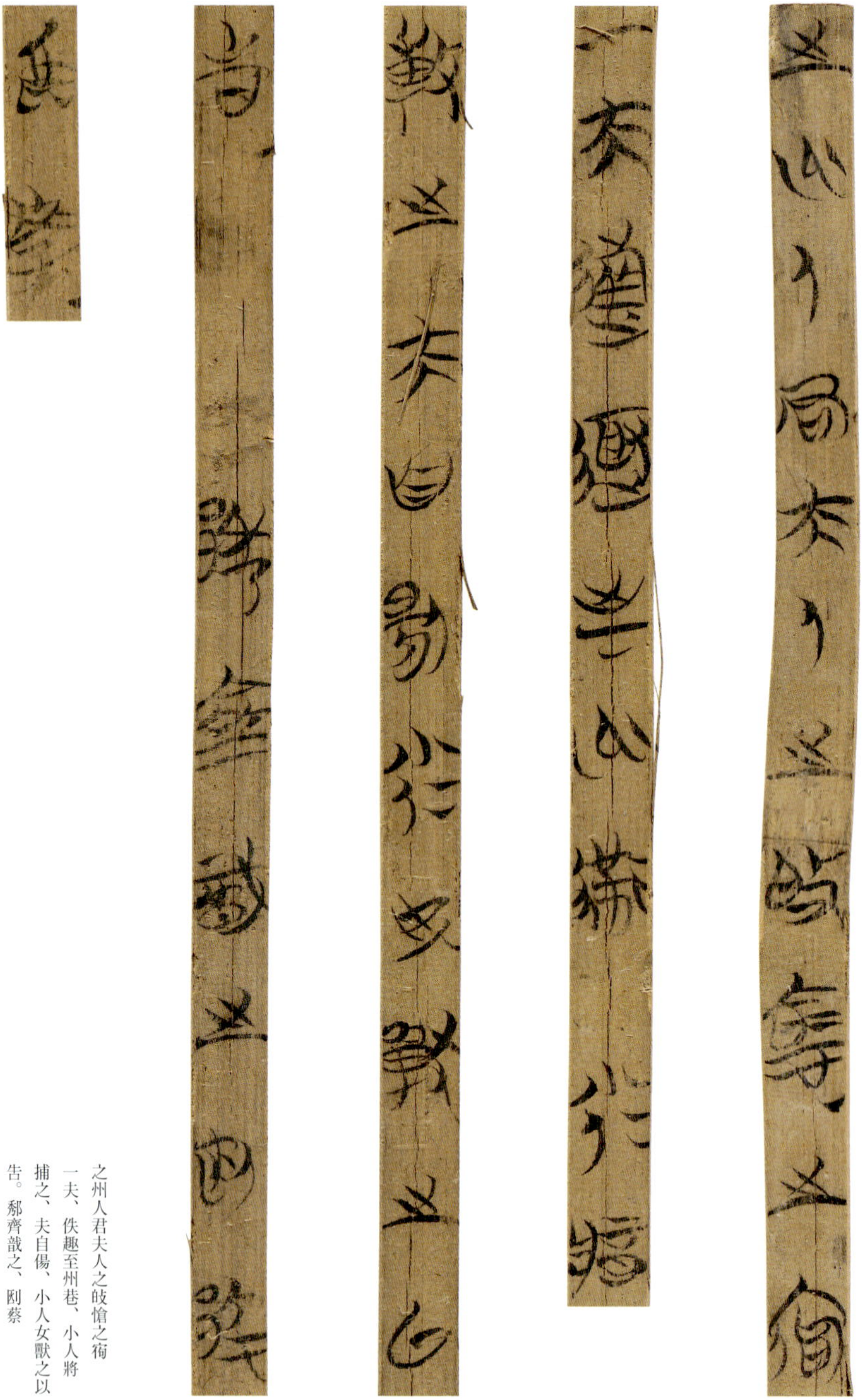

之州人君夫人之敀愴之宿一夫、佚趣至州巷、小人將捕之、夫自傷、小人女獸之以告。郗齊戠之、剄蔡爲李。

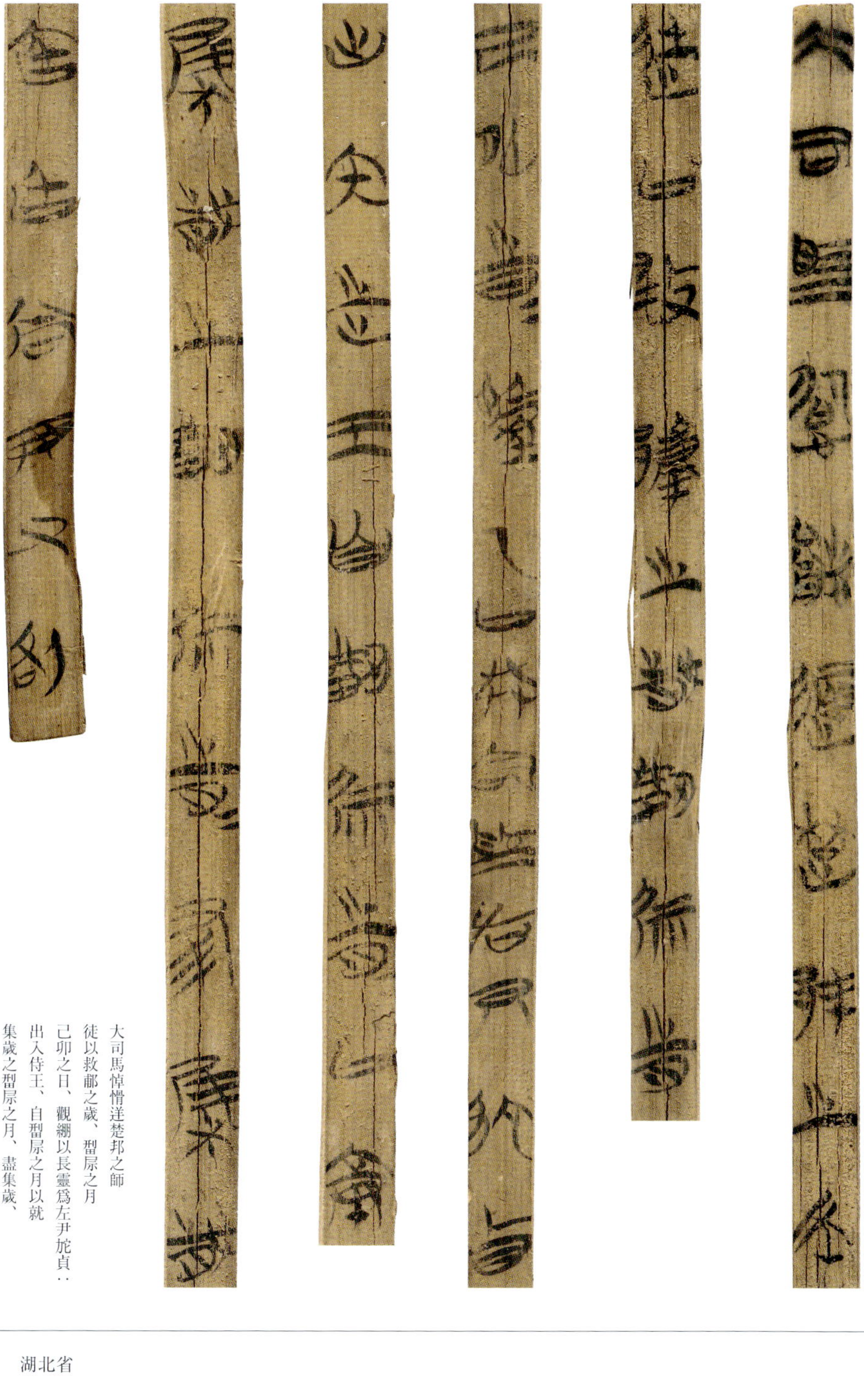

大司馬悼愲逹楚邦之師
徒以救郙之歲、型层之月
己卯之日、觀綳以長靈爲左尹舵貞：
出入侍王、自型层之月以就
集歲之型层之月、盡集歲、
躬身尚毋有咎。

九店《きゅうてん》楚簡

名称：江陵九店五六・六二一号楚墓出土竹簡
時代：戦国中晩期
出土年月・地：一九八一年五月～八九年末、荊州市区九店村
本数と内容：五六号墓は有字簡一四六枚。①農作物と関係ある内容、②〈日書〉・六二一号墓は八八枚。内容は〈季子女訓〉
サイズ：五六号墓の整簡は長さ四六・六～四八・二×幅〇・六～〇・八cm、厚さ〇・一～〇・一二cm。六二一号墓の残簡は長さ二二・二×幅〇・六～〇・七cm、厚さ〇・一～〇・一三cm
字体：楚系文字
所蔵：湖北省文物考古研究所
参考資料：『九店楚簡』（中華書局、二〇〇〇年）

九店《きゅうてん》墓群は紀南城《きなんじょう》の東北一・二～一・五km、雨台山墓群のほぼ東三～四kmのところにある。一九八一年五月～八九年末にかけて、湖北省文博チームはこの地にある戦国墓地あわせて五九六座のうち、五六号墓と六二一号墓からそれぞれ有字簡一四六枚と八八枚の竹簡を出土した。五六号墓は、発掘前にはすでに破壊されていたものの、副葬品は、陶器・漆木・竹器・皮革製品などおよそ三〇点あまりがそのまま遺されてあった。墓葬年代は戦国晩期のやや早い時期であろう。出土時、竹簡は褐色に黒ずみ大部分は残欠していたが、字跡は窺える。内容は、①農作物に関係する簡と、②〈日書〉の二種である。前者は、No.1～12の簡で、主として奮、䊕などの数量を記録したもの。この奮、䊕は「田」「米」の部首から判断して農作物に関係すると思われる。後者の〈日書〉は吉凶禍福を占う数術書のことで、No.13～146の簡がこれに該当する。内容は「建除」「相宅」「占出入盗疾」「十二月宿位」など一五組に分けられる。このいくつかは雲夢睡虎地《うんぼうすいこち》秦簡の内容と共通するものがあるため、相互に比較して研究することが可能である。『漢書』（藝文志）によれば、数術の学は戦国・秦漢時代に大いに盛行したというが、これらに関する書籍はほとんど失われ後世に伝わらなかった。近年、こうした発掘によって古代における数術の学問がしだいに明らかにされつつある。

六二一号墓は有字簡八八枚、うち五四枚の文字は不鮮明で読み得ないものの、残りの三四枚の文字は判読可能である。その中に古佚書と考えられる簡冊《かんさく》の編題「季子女訓」の四字が見える。なお、墓葬年代は戦国

中期の比較的遅い時期とみられている。

〈日書〉

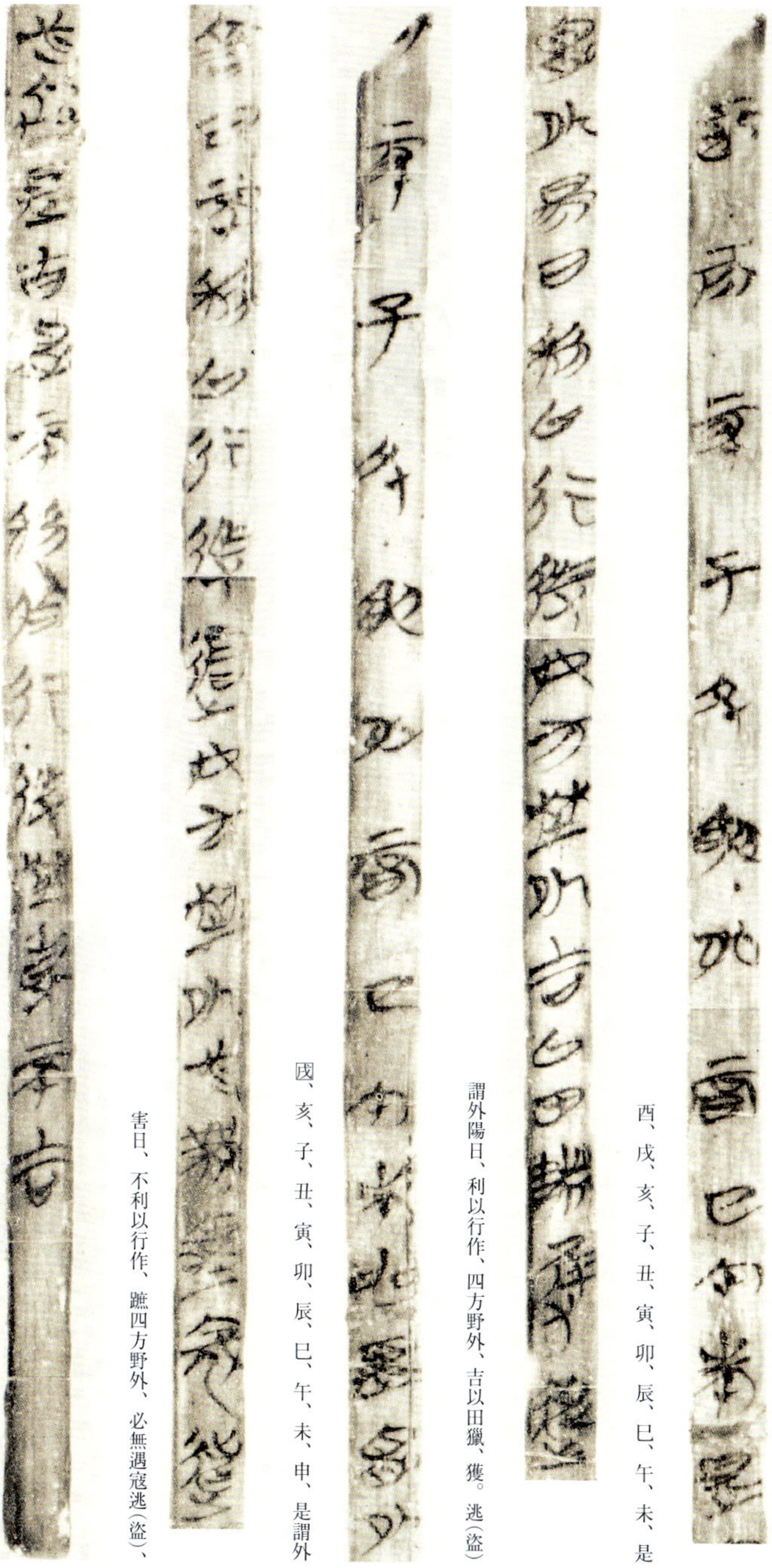

酉、戌、亥、子、丑、寅、卯、辰、巳、午、未、是

謂外陽日、利以行作、四方野外、吉以田獵、獲。逃(盜)

[戌]、亥、子、丑、寅、卯、辰、巳、午、未、申、是謂外

害日、不利以行作、蹠四方野外、必無遇寇逃(盜)、

必兵。是故謂不利於行作、野事、不吉。

睡虎地11号墓出土の硯と研墨石と墨塊

古代の筆記用具

筆墨硯紙は、古くから文房四宝として珍重されてきた。硯と墨のもっとも古い実例は睡虎地《すいこち》一一号墓出土の硯と研墨石、それに墨塊である。平たい板状の石の上に墨塊を載せ、研墨石で磨りつぶして墨液を作ったものと考えられる。

紙は植物性の繊維を叩いて分解し、それを漉いたものと定義できるが、こうして造られた紙が世の中に登場するのはいつ頃であろうか。一九八六年、甘粛省天水《てんすい》市の放馬灘《ほうばたん》から出土した紙、いわゆる天水紙が前漢早期に比定され、現段階では紙の最古の実例となっている。こうした出土例によって後漢の蔡倫《さいりん》が発明した蔡侯紙《さいこうし》より以前に紙があったことが証明された。つまり蔡倫が造った紙とは、より書写に適した改良紙であったと考えるべきである。

さて、筆記する際にもっとも重要な役割を果たすのは毛筆である。一九五七年、河南省信陽長台関《しんようちょうだいかん》で戦国墓が発見され、竹簡に書かれた当時の筆記文字とともに一本の筆が出土した。毛先はすでに朽ちていて、筆鋒の状態をつぶさに窺うことはできないが、戦国中期に比定される貴重な文物である。

〝蒙恬造筆《もうてんぞうひつ》〟という俗語がある。秦の蒙恬将軍が筆を造った意であるが、これを「初めて筆を造った」と解釈するのが誤りであることは、信陽長台関出土の実例によって証明されている。さらに言えば、甲骨に刻まれた文字に「聿」字があり、筆で書かれたと考えられる刻し残しの朱線も発見されているほか、殷代のものと考えられる玉片に朱書された「東于丁」字、白陶に墨

天水紙（天水放馬灘出土）

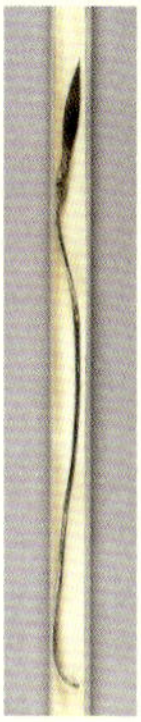
長沙筆

書された「祀」字もある。少なくとも殷代から細い竹木の先に動物の毛のようなものをつけて筆として使用していたと考えられるのである。つまり、蒙恬がほんとうに筆を造ったかどうかは別として、秦代に改良筆が造られた意と解釈できる。これまで出土した戦国から秦漢代の毛筆は二〇本以上にのぼる。例えば、前三〇〇年頃の墓葬から出土したいわゆる長沙《ちょうさ》筆の材質は、報告によれば兎の毛であるという。居延《きょえん》筆の筆頭はすでに朽ちてしまって、兎毫なのか鹿毫なのか、あるいは別の動物か判断できないが、毫端の白色状のものは羊毛の被《おおい》だとみる考え方がある。「被」について、晋の崔豹《さいひょう》『古今注』に興味深い記述がある。これは、〝蒙恬造筆〟に関する質問に「蒙恬初めて造るは即ち秦筆なるのみ。枯木（一説に柘《しゃく》木）を以て管と為し、鹿毛を以て柱と為し、羊毛を皮と為す。いわゆる蒼毫にして、兎毫竹管に非ざるなり。」と答えたものだが、これを踏まえれば、秦代に〝秦筆〟とよばれる有芯筆が造られたことになる。ちなみに武威《ぶい》筆の仕立て方は有芯筆と報告されている。

もう一つ、鋒長について考えてみよう。包山《ほうざん》筆の鋒長は三・五cm、長沙筆は二・五cmというように楚には鋒の長さが違う筆があったし、秦筆も同様に複数の種類があった。漢代に入ると鋒の短いものが現れることから、しだいに短鋒が歓迎されたものと思われる。ちなみに、短鋒筆の場合、手の力が書写する面に直接伝わりやすいため線質は硬めになるが、運筆の動作は楽になり、捷《はや》書きに適すると考えられる。「出土毛筆一覧」（276頁）参照。

郭店《かくてん》楚簡

名称：荊門郭店一号楚墓竹簡
時代：戦国中期（前四世紀末）
出土年月・地：一九九三年十月、荊門市郭店村
本数と内容：竹簡八〇四枚（有字簡七三〇枚）。〈老子〉甲・乙、〈太一生水〉など一八編の書籍
サイズ：三類（長さ①三二・五cm前後、②二六・五～三〇・六cm、③一五～一七・五cm、幅〇・四五～〇・六五cm）
字体：楚系文字
所蔵：荊門市博物館
参考資料：『郭店楚墓竹簡』（文物出版社、一九九八年）

一九九三年十月、荊門《けいもん》市郭店《かくてん》村の一号墓で緊急処置による発掘が行われた。その理由は、数ヵ月前から二度にわたり盗掘に遭ったからである。ただし、その被害は比較的軽く、銅器・陶器・漆木器・竹器など二九〇件の副葬品、それに八〇四枚（有字簡七三〇枚）の竹簡を出土した。竹簡の内容は戦国時代の典籍一八編の写本、主として道家と儒家の書籍である。道家は〈老子〉甲・乙・丙併せて七一枚、〈太一生水〉一四枚の合計四編の書籍であり、儒家は〈緇《し》衣〉四七枚、〈魯穆公問子思〉八枚、〈窮達以時〉一五枚、〈五行〉五〇枚、〈唐虞之道〉二九枚、〈忠信之道〉九枚、〈成之聞之〉四〇枚、〈尊徳義〉三九枚、〈性自命出〉六七枚、〈六徳〉四九枚、〈語叢〉（一～四）併せて二六五枚の合計一四編の書籍である。竹簡には、①三二・五cm前後、②二六・五～三〇・六cm、③一五～一七・五cmの三種類のサイズがある。また、その形状には二種類がある。ひとつはこれまで出土した他の簡と同様に切り口が平らなものと、もうひとつは簡の両端を台形にカットしたものである。このほか竹簡には、天地二ヵ所に編み紐を固定するための刻み（契口《けいこう》）が施されているが、〈語叢〉だけは一枚の竹簡に契口が三ヵ所刻まれている。

書体は、当時楚国で通行していた円転を主とする、いわゆる楚系文字であり、書法的にも優れていることから、専門の書写集団によって抄写されたものと考えられる。ただし、仔細に観察すると、独特な造形感覚で装飾性が際だっているもの（〈成之聞之〉〈尊徳義〉など）や、やや稚拙なもの（〈忠信之道〉）も含まれていて、おおよそ四類に分類できる。

[第一類]：〈老子〉甲・乙・丙、〈太一生水〉〈緇衣〉〈魯穆公問子思〉〈窮達以時〉〈五行〉〈語叢四〉…楚国で通行していた筆写体。ただし、〈五行〉は、早い時期

に楚国へ伝入し、訓化を受けた典型的な楚国の写本といえるが、「者（）→（）」字などには、なお外来文字の痕跡を残存している。

［第二類］：〈唐虞之道〉〈忠信之道〉：結構はやや縦長、穏やかな起筆と紡錘形の縦画を多用。周鳳五氏は「斉国文字の形体・結構と書法の風格をかなり残している」と指摘する（『郭店楚簡国際学術研討会』参照）。

［第三類］：〈成之聞之〉〈尊徳義〉〈性自命出〉〈六徳〉：起筆と収筆を細くし、一画の中間を肥筆に作ってひねりを加えている。装飾性に富んだ独特の風格である。

［第四類］：〈語叢一・二・三〉：起筆は細く丁寧な運筆で結構は縦長である。第一類に比べると沈着かつ秀麗で、中山王嚳《さく》青銅器銘文を想起させる字形と結構である。

以上、大まかに分類すると四類に分けられるが、同じ墓葬から出土した竹簡でこれほど書きぶりを異にしているものも珍しく、ただ単に書き手が違うというだけでは説明のつかない状況を呈している。

書写と編綴《へんてい》

一本の簡牘に記録できる文字数には限度があるため、長文を記録する場合、紐で簡と簡とを編んで冊に仕立てたが、これを編綴という。一般に上下二ヵ所、あるいは三～五ヵ所を紐で編んでいる。例えば、「王杖十簡」（二三㎝）は三ヵ所、「儀礼簡」甲本・乙本（五〇～五六㎝）は四ヵ所、「儀礼簡」丙本（五六㎝）は五ヵ所を編綴している。編綴されているものの多くは、紐が移動しないように小さな三角形の刻み（契口）が彫られてある。なお、出土例をみると、編綴に用いる紐はほとんど麻製のものである。

ところで、『史記』（孔子世家）に「韋編三絶」という故事がある。韋編は「なめし革で編んだもの」と解釈されてきたが、「韋」は「緯」と音通で「よこいと」の意、つまり横に編まれたものとみる解釈（『中山大学学報』一九七八―四）がある。また一説に、「韋編」は多数の簡を束ねるときに用いたもので、簡牘を横に編綴する際のものではないとする解釈もある。まだ結論は出ていない。

〈老子甲〉

絕智棄辯、民利百倍。絕巧棄利、盜賊亡有。絕僞棄詐、民復孝慈。三言以

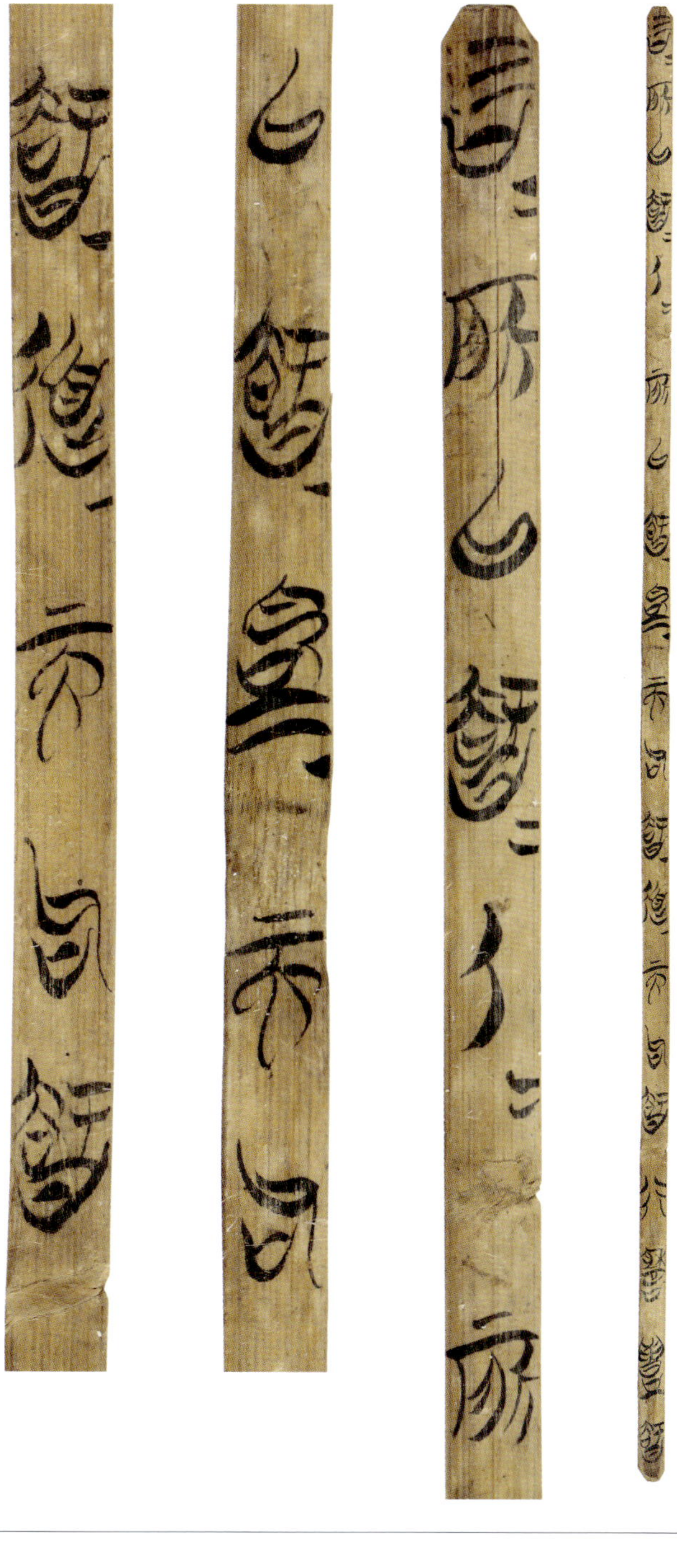

□□所以知人、〔知人〕所以知命、〔知命〕而后〔後〕知道、〔知道〕而后〔後〕知行。由禮知

睡虎地《すいこち》秦木牘（四号墓）

名称：雲夢睡虎地四号秦墓出土木牘
時代：戦国晩期（秦王政二十四年〈前二二三〉前後）
出土年・地：一九七六年、雲夢県睡虎地
本数と内容：木牘二枚。内容は士卒の黒夫と驚とが書いた家書（家族への手紙）
サイズ：木牘Aは長さ二三・四×幅三・七cm、厚さ〇・二五cm。木牘Bは長さ一六×幅二・八cm、厚さ〇・三cm
字体：秦隷
所蔵：湖北省博物館
参考資料：『文物』76―9、『雲夢睡虎地秦墓』（文物出版社、一九八一年）

一九七五～七六年、湖北省博物館は雲夢《うんぼう》県睡虎地《すいこち》四号秦墓で両面に書写された二枚の木牘を発見した。文字が比較的鮮明な整簡である木牘Aは、長さ二三・四×幅三・七cm、厚さ〇・二五cm、もう一枚の木牘Bは下段が残欠していて、長さ一六×幅二・八cm、厚さ〇・三cmである。木牘の内容は、前線を警備する兵士の黒夫と驚の二人が家族（衷）に宛てた二通の書簡で、書き出しは「二月辛巳、黒夫と驚は敢えて再拝問中す。母は恙《つつが》なきや。黒夫と驚はともに恙なきなり云々」と母の安否を気遣いながら、衣服を作るために、急いでお金と布を送るよう要請したものである。中国でこれまで発見された家族への書簡のうち、もっとも古いものといえる。「衷」という人物は、四号墓の墓主であろう。おそらく二通の書簡が届いて間もなく葬儀が執り行われたため、一緒に殉葬したものと考えられる。考証によれば、これら二通の書簡は、秦始皇二四年（前二二三）前後に書かれたものであるという。

字体は秦隷であるが、やや草卒な運筆、いわゆる草隷風の筆致も交じる。字間をやや空け、右下へ長く引き出して運筆のリズムをとっているため、結構は縦長にみえる。なお、木牘A・Bともに、当時の捷書きした簡牘に散見される右肩下がりの筆法である。

草隷風の筆致

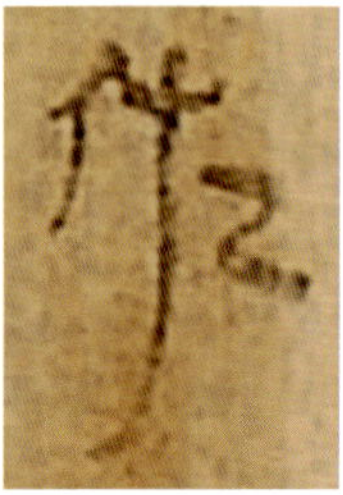
「佐」

「遺」

〈"家信"木牘〉A

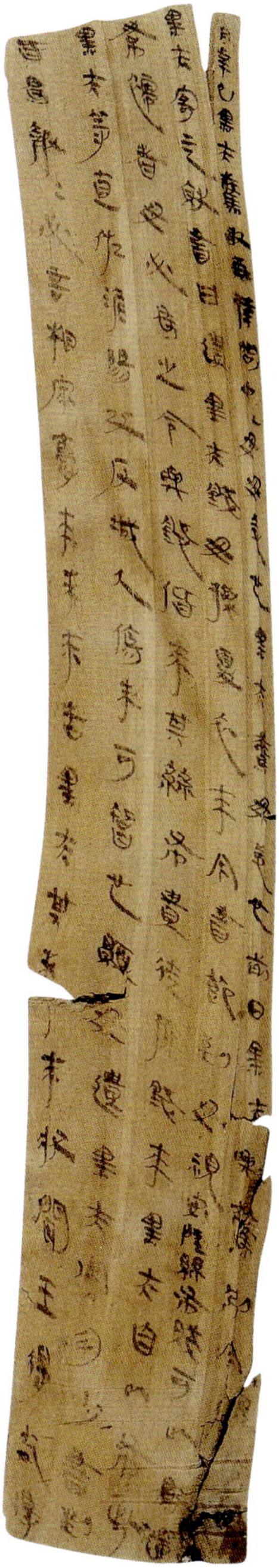

〔正面〕…二月辛巳、黑夫、驚敢再拜問中、母毋恙也。黑夫、驚毋恙也。前日黑夫與驚別、今復會矣。黑夫寄益就書曰、遺黑夫錢、母操夏衣來。今書即到、母視安陸絲布賤、可以爲禪裙襦者、母必爲之、令與錢與偕來。其絲布貴、徒操錢來、黑夫自以布此。黑夫等直佐淮陽、攻反城久、傷未可知也、願母遺黑夫用勿少。書到皆爲報、報必言相家爵來未來、告黑夫其未來狀。聞王得苟得

〔背面〕…文字はすでに薄れてしまっている。

睡虎地《すいこち》秦簡（一一号墓）

名称：雲夢睡虎地一一号秦墓出土竹簡
時代：秦代
出土年・地：一九七五年、雲夢県睡虎地
本数と内容：竹簡一一五五枚（別に残片八〇片）。内容は〈編年記〉〈語書〉〈秦律十八種〉〈效律〉〈秦律雑抄〉〈法律答問〉〈封診式〉〈為吏之道〉〈日書〉甲種・〈日書〉乙種
サイズ：長さ二三・〇～二七・八×幅〇・三～〇・七㎝
字体：秦隷
所蔵：湖北省博物館
参考資料：『雲夢睡虎地秦墓』（文物出版社、一九八一年）、『睡虎地秦墓竹簡』（文物出版社、一九九〇年）

一九七五～七六年、雲夢《うんぼう》県睡虎地《すいこち》で戦国末年から秦代にかけての一二座の墓葬が発掘されたが、その中の一一号墓からは大量の秦代竹簡と毛筆（三本）・硯・研墨石（90頁参照）などが出土した。

一一号墓の副葬品は漆器・銅器・陶器など七〇件余りのほか、総計一一五五枚（別に残片八〇片）にのぼる竹簡も出土した。その内容は、〈編年記〉〈語書〉〈秦律十八種〉〈效律〉〈秦律雑抄〉〈法律答問〉〈封診式〉〈為吏之道〉〈日書〉甲種・〈日書〉乙種の一〇種である。〈編年記〉の記述によれば、墓主の名は喜（秦昭王四五年〈前二六二〉生まれ）、秦始皇時期に安陸御史・安陸令史・獄吏などの司法と関係のある職務に就いていた人物で、秦始皇三〇年（前二一七）、四六歳で亡くなったと推定される。

〈編年記〉：五三枚。秦昭王元年（前三〇六）から秦始皇三〇年（前二一七）にかけての交戦記事と喜の平生のことやその関連記事を記したもので、後世の年譜に類似する。文字は竹簡の上下二欄に分けられて書写されており、上欄は秦昭王元年から五三年にかけて、下欄は昭王五四年から秦始皇三〇年までが記されている。

〈語書〉：一四枚。旧楚地には秦法の浸透を阻む固有の習俗があり、法の適用は容易ではないという内容の文が記されている。

〈秦律十八種〉：二〇一枚。〈田律〉〈金布律〉〈置吏律〉など、秦の各種法律文書の抄録。

〈效律〉：六〇枚。第一枚目の簡に標題として「效」字が記されていることからの命名。軍事に用いる物品規定に詳しい。

〈秦律雑抄〉：二四枚。秦律中の重要な律文を摘録したもの。

〈法律答問〉：二一〇枚。問答形式を採用した法律文の解釈書。治獄の吏であった喜が持っていた業務上のマニュアルにあたるもので、喜自身が手控えとして書写したものと考えられる。
〈封診式〉：九八枚。案件に対して当事者が現場で行った調査や尋問などのプロセスを記した文書で、案件を執行する際の参考書である。「封」は封印、「診」は調査、「式」は手本のこと。
〈為吏之道〉：五一枚。官吏としての品格および当時の道徳観念を説いたもの。
〈日書〉甲乙種：日書は日々の占いの書。甲種一六六枚。表裏両面に文字が記されているが、まず表面を読んだあと、裏面へ続く。小さめの文字で密に書いている。乙種二五七枚。やや大きめの文字を用いて表面にだけ記している。

　以上一〇種の書体は秦隷。結構はやや扁平で、点画は直線を主とする方折様式で書かれている。ただし、〈日書〉甲種の右回りの点画には曲線的要素が見られるし、〈秦律十八種〉には収筆を右上へ跳ね上げる波勢が感じられる点画があるなど、その書風は必ずしも一括りにはできない。

簡牘に見える秦代の刑罰

睡虎地秦簡「法律答問」にみえる秦代の刑罰には、労役刑と肉刑とがあった。労役刑は、男の場合、城旦（城壁の見張りと修築、5年）・鬼薪（宗廟の祭祀用の薪を拾い集める、3年）・隷臣（官府の雑役、刑期なし）・司寇（捕盗や辺防に当たる、2年）・候（偵察・斥候《せっこう》、刑期なし）があり、女の場合、舂《しょう》（官の穀物を舂《つ》く、4年）・白粲《さん》（祭祀に供する穀物をより分ける、3年）・隷妾（官府の雑役、刑期なし）がある。肉刑は、黥《げい》（いれずみ）・劓《ぎ》（はなきり）・斬趾《ざんし》（足斬り）・刑（肉刑全般を指すものか？不明）・鋈足《よくそく》（足枷と足斬りの二説）がある。

　以上が睡虎地秦簡にみえる刑罰の例であるが、実際は肉刑が単独で用いられることはなく、労役刑と肉刑とを組み合わせて施行した（参照：松崎つね子『睡虎地秦簡』明徳出版社、二〇〇〇年）。

〈法律答問〉

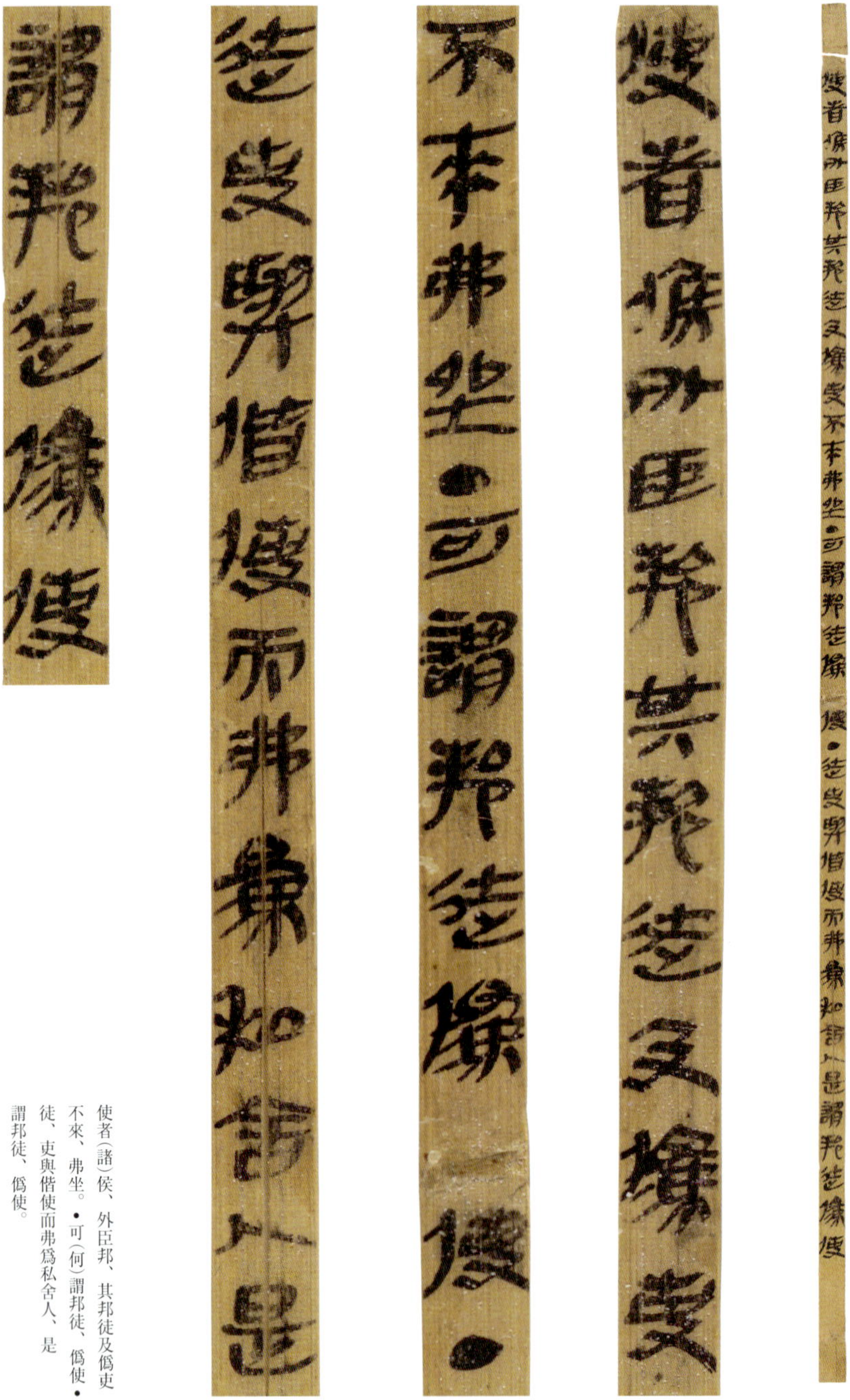

使者(諸)侯、外臣邦、其邦徒及僞吏
不來、弗坐。•可(何)謂邦徒、僞使•
徒、吏與偕使而弗爲私舍人、是
謂邦徒、僞使。

〈效律〉

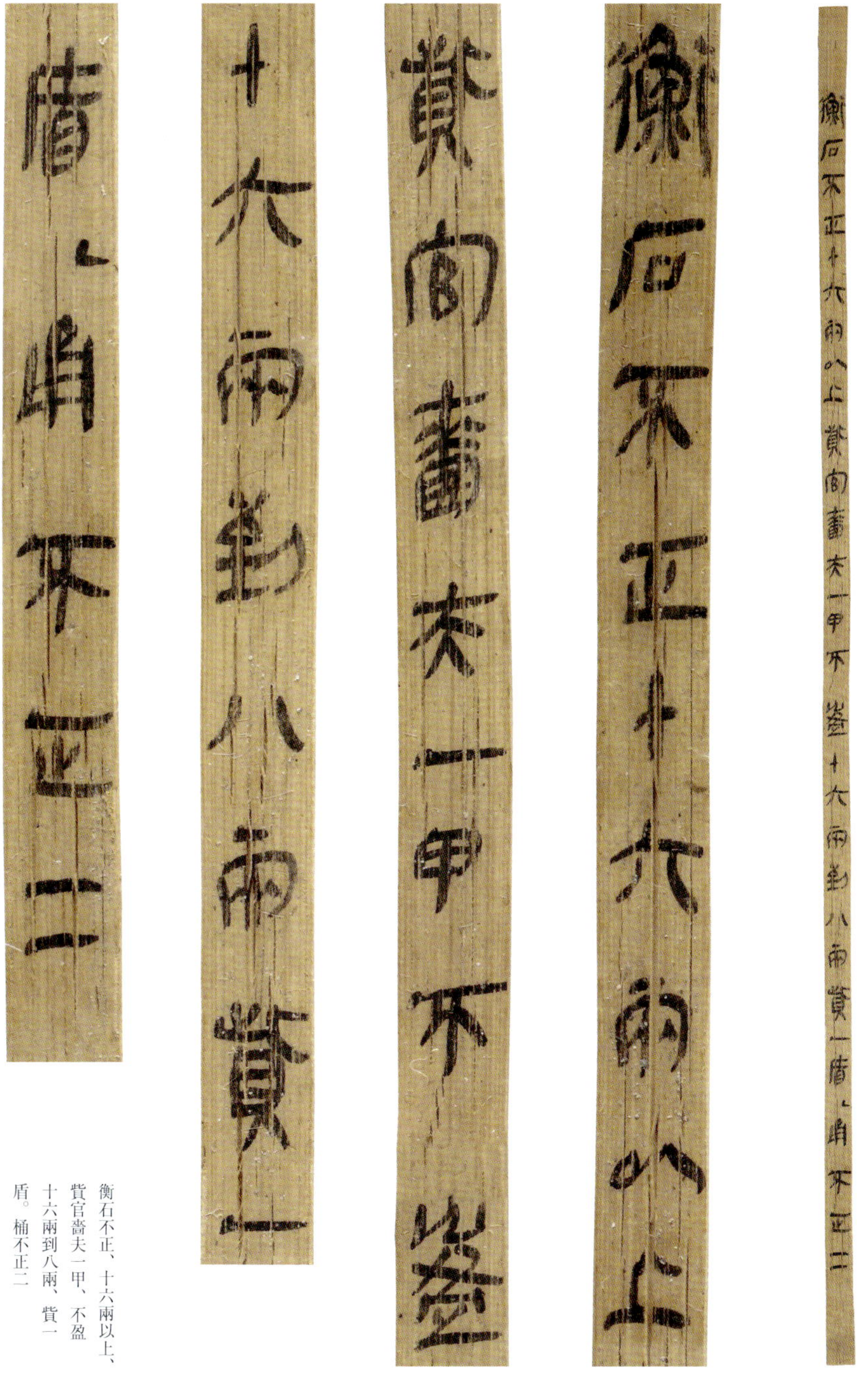

衡石不正、十六兩以上、貲官嗇夫一甲、不盈十六兩到八兩、貲一盾。桶不正二

〈秦律雜抄〉

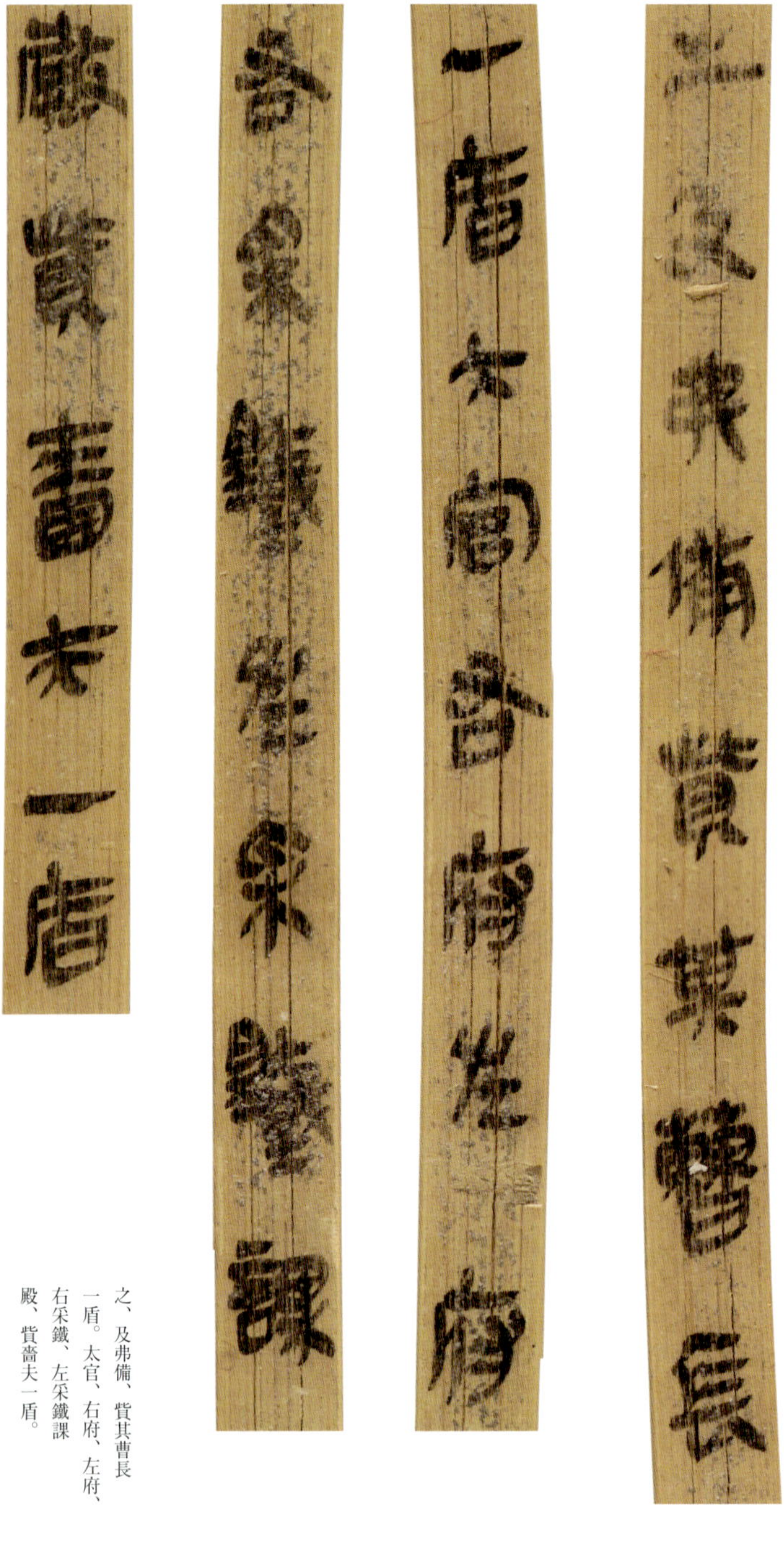

之、及弗備、貲其曹長一盾。太官、右府、左府、右采鐵、左采鐵課殿、貲嗇夫一盾。

〈為吏之道〉

•凡爲吏之道、　欲富太甚、貧不可得、
毋罪、〔毋罪〕可赦　敬而起之、
•凡治事、敢爲固、謁私圖、畫
局陳畀以爲

睡《すい》虎《こ》地《ち》秦簡（七七号墓）

名称：雲夢睡虎地七七号秦墓出土竹簡
時代：前漢・文帝末年～景帝期（前一五七年以降）
出土年・地：二〇〇六年、雲夢県睡虎地
本数と内容：竹簡二二三七枚。内容は〈質日〉〈日書〉〈書籍〉〈算術〉〈法律〉。木牘・竹牘六組一二八枚。内容は司法文書と古籍簿
サイズ：竹簡〈書籍〉長さ九～一五×幅〇・六cm。〈算術〉長さ二六～二八・二×幅〇・四～〇・五五cm。〈法律〉長さ二七～二七・九×幅〇・五～〇・五五cm。木牘・竹牘は長さ二二～四四cm
字体：隷書・草隷
所蔵：湖北省文物考古研究所
参考資料：『江漢考古』08―4、『出土文献研究（第九輯）』（中華書局、二〇一〇年）

二〇〇六年十一月、ある鉄道工事チームが雲夢《うんぼう》駅付近でのレールの敷設作業中に前漢墓葬を発見したため、湖北省文物考古研究所と雲夢県博物館は合同で発掘調査にあたった。この七七号墓のすぐ西側には、かつて一一〇〇枚以上の秦簡を出土した雲夢睡《すい》虎《こ》地《ち》一一号秦墓がある。今回出土した副葬品の総数は三七件と少ないものの、出土簡牘の総数は残簡も含めて二二三七枚、内容は〈質日〉〈日書〉〈書籍〉〈算術〉〈法律〉の五種に分類できる。

①〈質日〉：一〇種の簡一組を一年として、干支の下の空欄にちょっとした事件を記入できる形式のもの。

②〈日書〉：残簡が多く、整簡はほとんどない。簡No.C組八二番の背面に「日書」と題されている。

③〈書籍〉：二〇五枚。長さ九～一五cm。文中に「仲《ちゅう》尼《じ》」「越王勾践《こうせん》」「伍子胥《ごししょ》」などの歴史人物が記されている。

④〈算術〉：二一六枚すべてが整簡。「算術」の書名が第一番目の簡の背面に記されている。これは張家山《ちょうかざん》漢簡の〈算数書〉とおおむね共通した内容である。

⑤〈法律〉：八五〇枚で、ほぼ整簡。V組は盗・告・具・捕・亡律など一六種の法律文。W組は金布・戸・田・工作課・祠・葬律など二四種の法律文。この中で〈葬律〉は初めて目にするものだが、他のほとんどは張家山漢簡や睡虎地秦墓竹簡の法律文書に見えるものである。竹簡の文字も張家山漢簡の字体とだいたい同じで整斉な書きぶりである。

木牘および竹牘は六組一二八枚。長さ二二～四四cm。内容は司法文書と戸籍簿で、いくつかの牘には両面に

墨書されている。牘の文字はやや草卒に書かれた、いわゆる草隷であるが、筆致は暢達している。このほか、竹製の筆套と研墨石を伴った石硯が出土している。

当該墓の埋葬年代は、出土物の形状や牘文に記された「七年十一月壬申朔」などから文帝末年〜景帝期（前一五七年以降）と考えられる。

簡牘出土時の状況

石硯と研墨石

竹製の筆套

〈法律簡〉

同部分

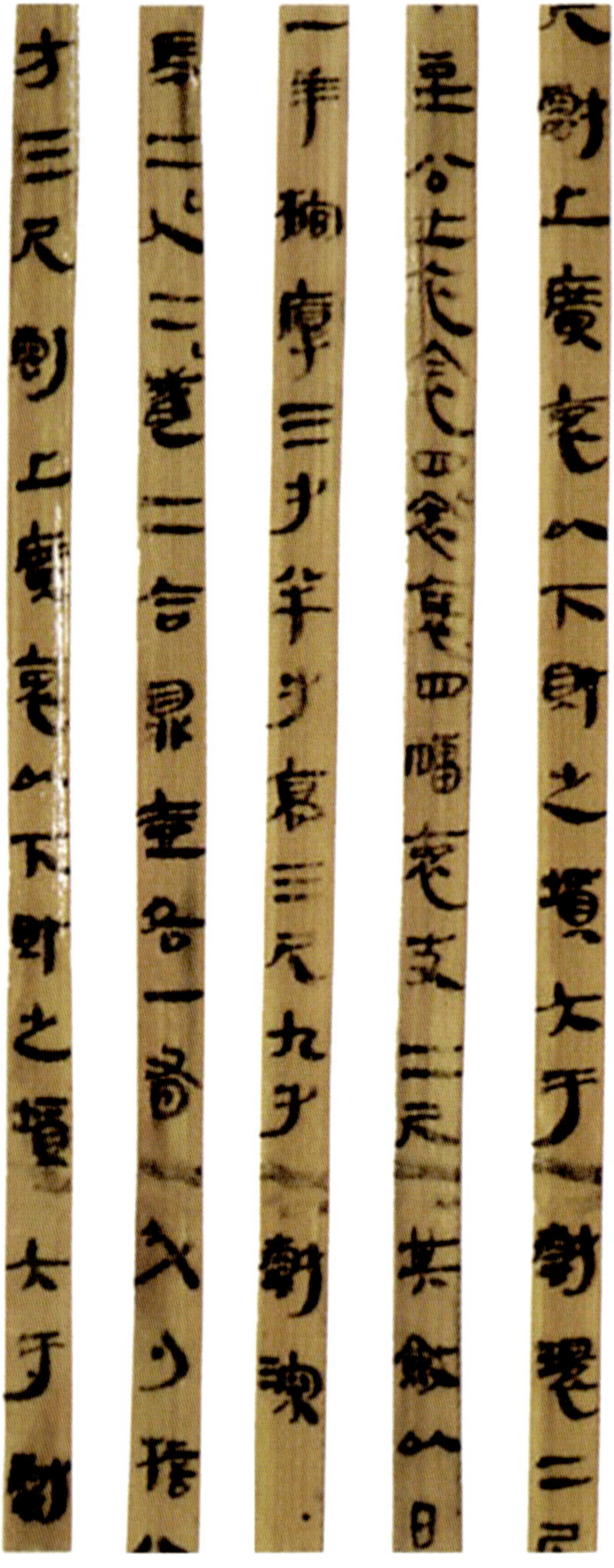

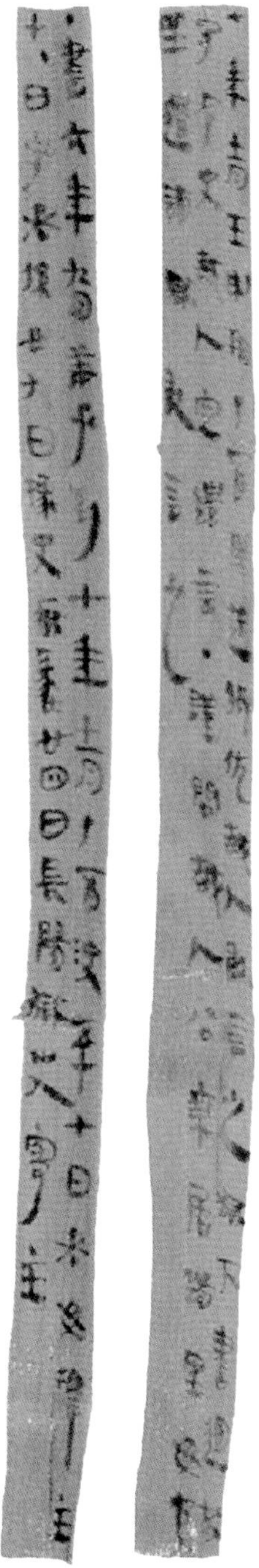

〈竹牘〉

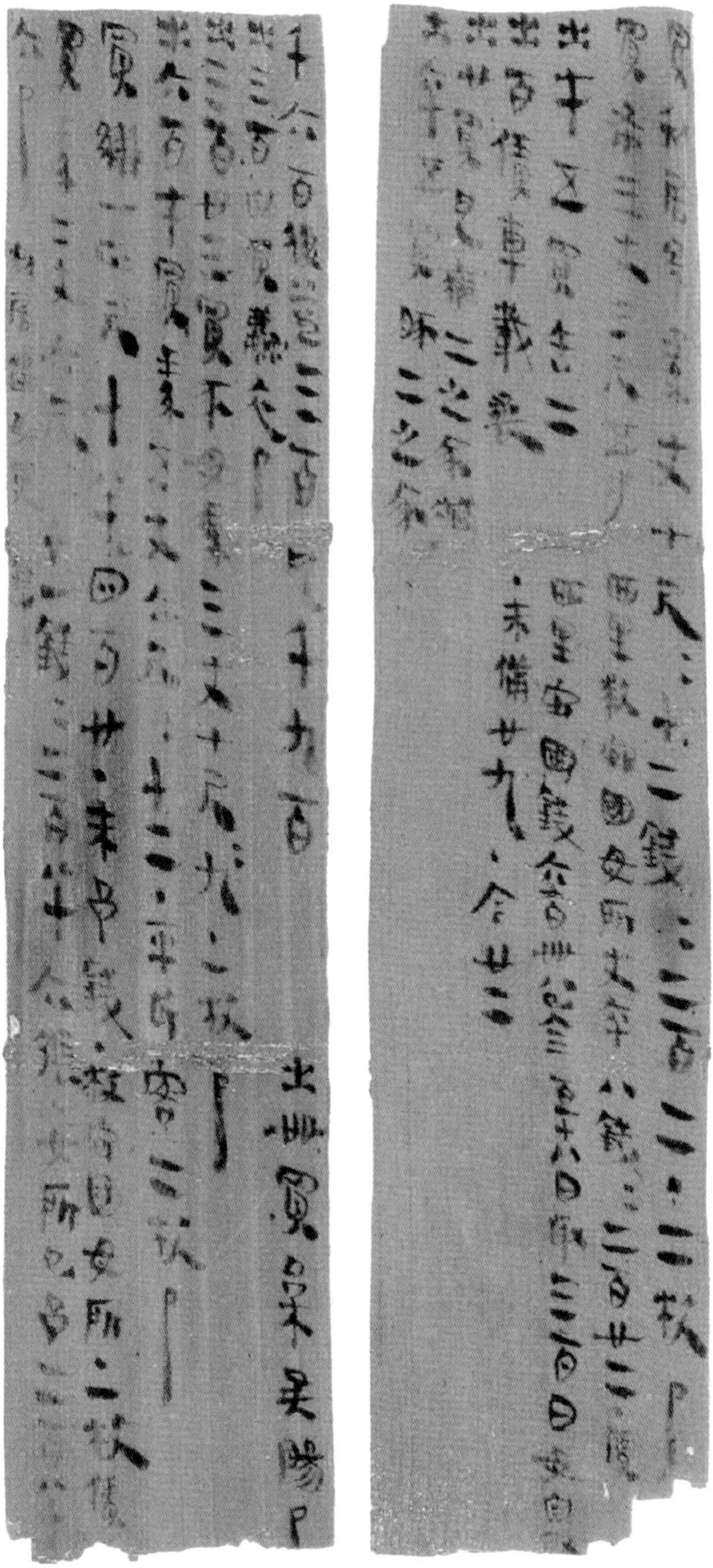

〈木牘〉

龍崗《りゅうこう》秦簡

名称：雲夢龍崗秦墓出土簡牘
時代：秦
出土年月・地：一九八九年十～十二月、雲夢県龍崗
本数と内容：竹簡一五〇枚余り。内容は秦代の法律。木牘一枚
サイズ：竹簡は長さ二八・〇×幅〇・五～〇・七cm、厚さ〇・一cm。木牘は長さ三六・五×幅三・二cm、厚さ〇・五cm
字体：秦隷
所蔵：湖北省文物考古研究所
参考資料：『龍崗秦簡』（中華書局、二〇〇一年）

一九八九年の十月～十二月にかけて、雲夢《うんぼう》県龍崗《りゅうこう》において秦漢墓九座を発掘し、第六号墓から木牘一枚、竹簡二九三片を得た。これらの簡牘は秦統一後に公布された法律文書であり、その多くは睡虎《すいこ》地《ち》第一一号墓から出土した秦律（統一前に公布）と共通点がある。なお、墓葬年代は秦代末年と考えられ、簡牘の字体は秦隷に属す。

当該簡の内容は、秦律の「禁苑（帝王の御苑）」管理に関するものを中心に抄写したもので、①禁苑と直接関係がある内容、②禁苑と間接的に関係がある内容、③禁苑事務と関係があると考えられる内容。以上の三点に分けられる。

出土時、竹簡は残簡が散乱していて、当初二九三番の編号が与えられたが、整理の結果、もともとは一五〇枚余りの竹簡であることがわかった。簡の長さは二八cm、これは秦制一尺二寸にあたる。上中下の三ヵ所に契口《けいこう》（簡を紐で固定するための小さな切り込み）を付け編綴《へんてい》されていた。

竹簡の字体は秦隷。横画の起筆を強く打ち込み、収筆ではスッと引き抜いている。結構は右肩が下がり、筆致は伸びやか、書き手は一人と考えられる。

出土した木牘は、墓主の腰部に置かれていた一枚だけで、内容は〝辟死《へきし》〟という名の刑徒の再審に関するものである。文字の保存状態は比較的よい。長さ三六・五×幅三・二cm、厚さ〇・五cm。表面に三五字、裏面に三字が墨書されているが、円勢を加味した秀麗な筆致で、竹簡の書風とは大きく異なる。

なお、墓主は足の骨が見あたらないことから、生前ある犯罪によって足切りの刑を受けた人物で、受刑後、禁苑の警護に派遣された男性と考えられる。

〈木牘〉

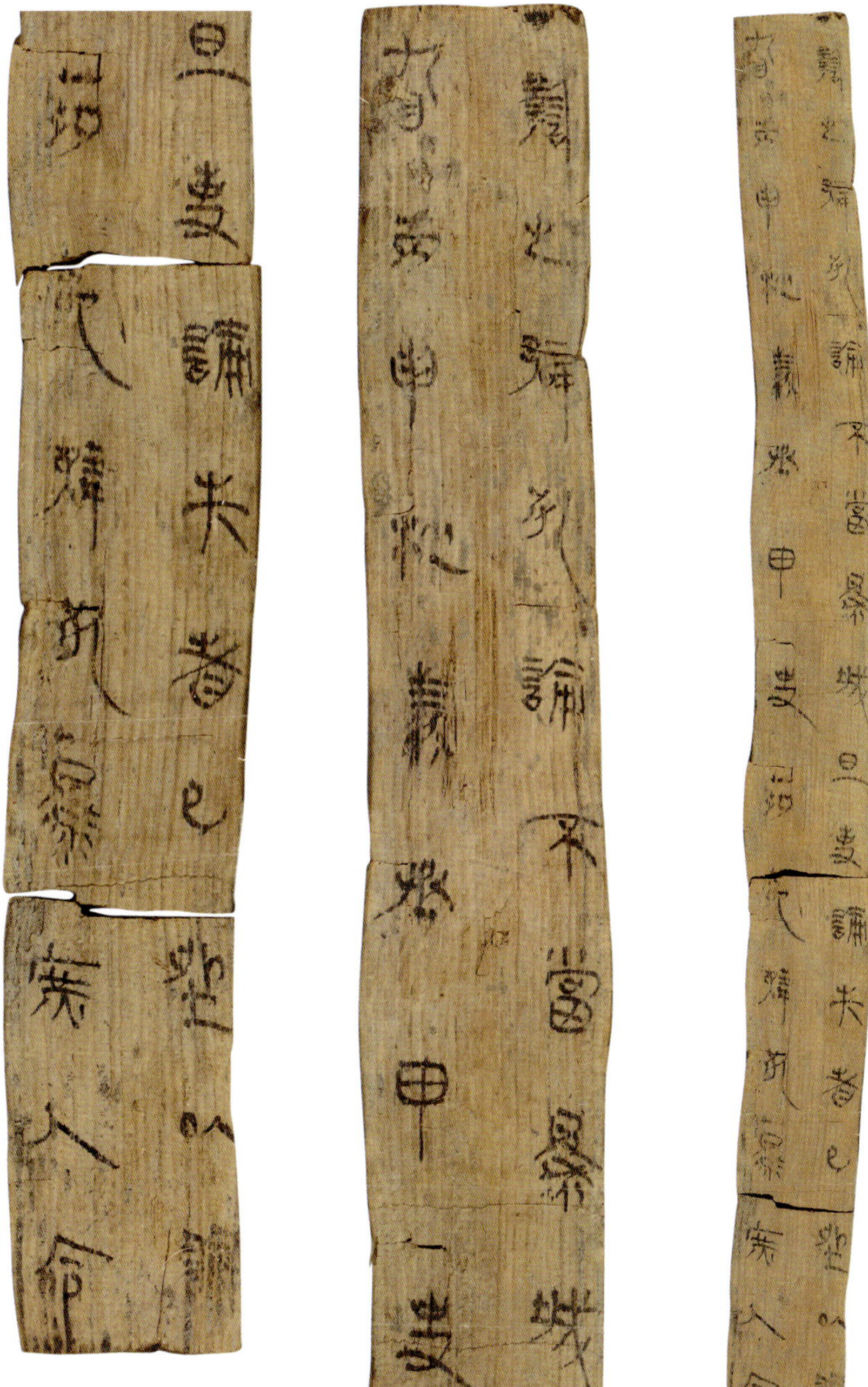

鞫之、辟死論不當爲城／旦、吏論失者已坐以論。九月丙申、沙羨丞甲、史／丙免辟死爲庶人。令

周家台秦簡《しゅうかだいしんかん》

名称：関沮郷周家台三〇号秦墓出土簡牘
時代：秦二世元年（前二〇九）以後
出土年月・地：一九九三年六月、荊州市沙市区関沮郷の周家台
本数と内容：竹簡三八一枚。〈暦譜〉〈日書〉〈病方その他〉、木牘一枚
サイズ：〈暦譜〉は長さ二九・三～二九・六×幅〇・五～〇・七cm、厚さ、〇・二五cm。〈日書〉は一七八枚。長さ二九・三～二九・六×幅〇・五～〇・七cm、厚さ〇・二五cm。〈病方その他〉は長さ二一・七～二三・〇×幅〇・四～一・〇cm、厚さ〇・〇六～〇・一五cm
　木牘は長さ二三・〇×幅四・四cm、厚さ〇・二五cm
字体：秦隷
所蔵：荊州市周梁玉橋遺址博物館
参考資料：『関沮秦漢墓簡牘』（中華書局、二〇〇一年）

一九九三年六月、周家台《しゅうかだい》三〇号秦墓で副葬品四四件（漆器・木器・竹器・陶器・銅器など）、竹簡三八一枚、木牘一枚を出土した。長簡は上中下三ヵ所を、短簡は上下二ヵ所を編綴《へんてい》してある。竹簡の内容は〈暦譜〉〈日書〉〈病方その他〉、の三つに分けられる。

①〈暦譜〉：一三〇枚。秦始皇三十四年（前二一三）、三十六年（前二一一）、三十七年（前二一〇）の暦譜。

②〈日書〉：一七八枚。日書は日々の占いの書。「二十八宿」占、「吏五時段」占、「戎暦日」占、「五行」占などがある。

③〈病方その他〉：七三枚。医薬病方、祝由術、択吉避凶の占卜、農事などが含まれる。医薬病方とは、各種疾病を治療し保養する調合剤について記したもの。その他農事の簡には〈先農編〉〈浴蚕編〉があるが、〈先農編〉はこれまで未発見の礼制（民間で農神を祭祀する儀礼）資料であった。

これとは別に秦二世元年（前二〇九）の木牘があり、表裏に隷書で一四九文字が墨書されている。表面は十二ヵ月の朔日干支と月の大小が記された秦二世元年の暦譜であり、裏面はこの年の十二月分の日・干支が記されているため、墓葬年代を推定できる。

竹簡・木牘ともに、書体は秦隷。睡虎地《すいこち》秦簡〈秦律雑抄〉などと同系の結構を有している。

このほか、毛筆・筆套・墨盒・鉄削刀・かけら状の墨などの文具も出土している。ただし、毛筆はすでに筆鋒が朽ちて筆管（長さ二八・一cm×直径一・一cm）だけしか残っていない。

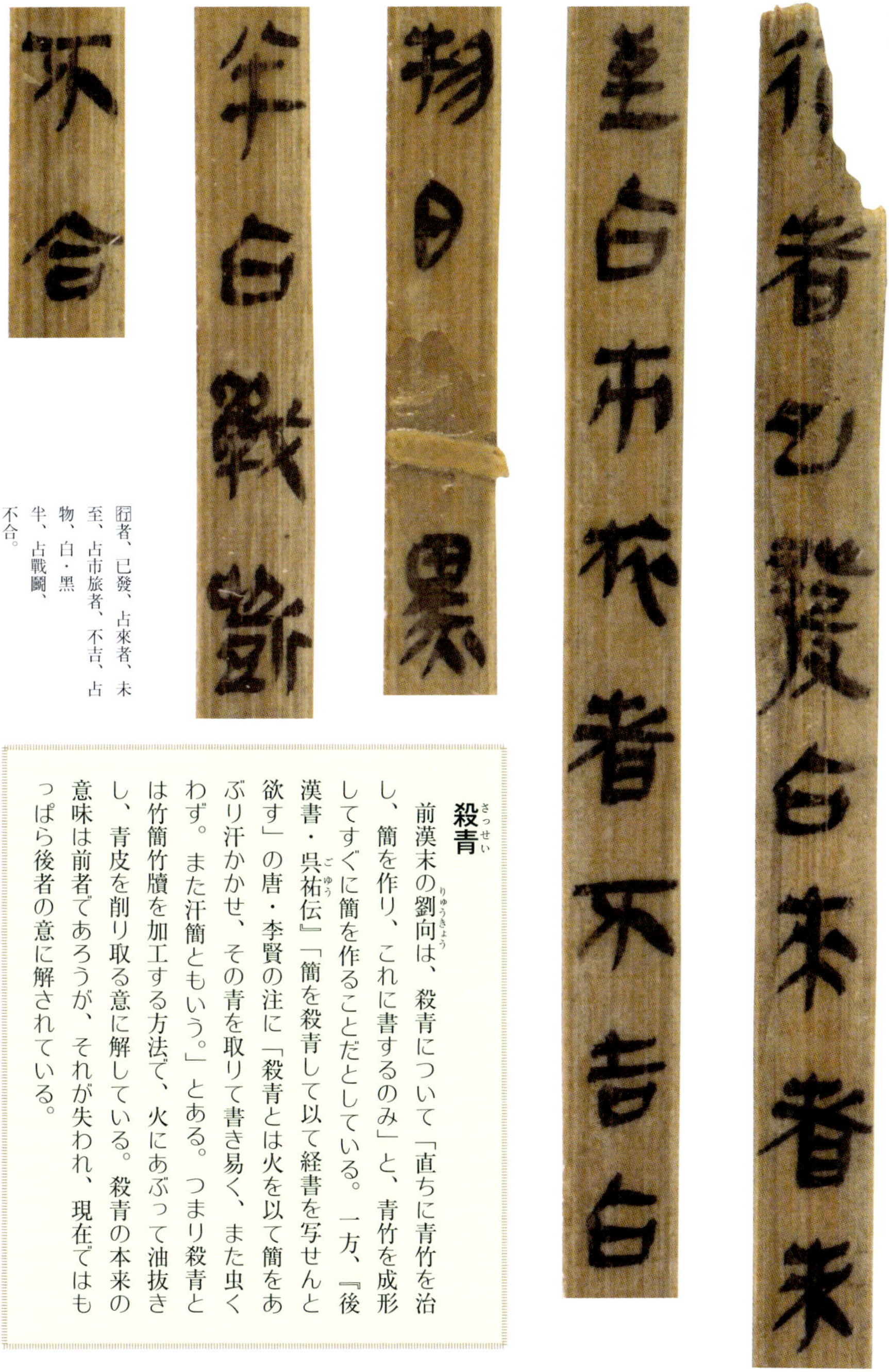

[石]者、已發、占來者、未至、占市旅者、不吉、占物、白・黒牛、占戰鬬、不合。

殺青《さっせい》

前漢末の劉向《りゅうきょう》は、殺青について「直ちに青竹を治し、簡を作り、これに書するのみ」と、青竹を成形してすぐに簡を作ることだとしている。一方、『後漢書・呉祐《ごゆう》伝』「簡を殺青して以て経書を写せんと欲す」の唐・李賢の注に「殺青とは火を以て簡をあぶり汗かかせ、その青を取りて書き易く、また虫くわず。また汗簡ともいう。」とある。つまり殺青とは竹簡竹牘を加工する方法で、火にあぶって油抜きし、青皮を削り取る意に解している。殺青の本来の意味は前者であろうが、それが失われ、現在ではもっぱら後者の意に解されている。

王家台《おうかだい》秦簡

名称：江陵王家台一五号秦墓出土簡牘
時代：前二七八年～秦統一以前
出土年月・地：一九九三年三月、江陵王家台
本数と内容：竹簡八一三枚。内容は〈帰蔵〉〈效律〉〈日書〉〈政事之常〉など。竹牘一枚、内容不詳
サイズ：竹簡は二種あって一種は長さ四五×幅〇・七～一・一cm。竹牘は長さ二一・〇×幅四・〇cm
字体：秦隷
所蔵：荊州博物館
参考資料：『文物』95―1、『新出簡帛研究』（文物出版社、二〇〇四年）

一九九三年三月、江陵県荊州《けいしゅう》鎮郢北《えいほく》村王家台《おうかだい》で一六座の秦漢墓が発掘され、一五号墓から秦代の簡牘が出土した。副葬品は陶器・木器・占卜用具など九〇件ほどである。墓葬年代は前二七八年の「白起抜郢《はくきばつえい》」以後から秦統一以前までの間であろうとされる。内容は〈帰蔵《きぞう》〉〈效律《こうりつ》〉〈日書《にっしょ》〉〈政事之常《せいじのじょう》〉などがある。

〈帰蔵〉：三九四枚。当初〈易占〉とされたが、そののち〈帰蔵〉に修正。〈帰蔵〉に関しては古文献中に多くの記述があるものの、『漢書』（藝文志）には著録されていないことから、漢以後の偽作と疑われていたが、馬王堆《まおうたい》帛書の『周易《しゅうえき》』と共通点が見られ、その字体も戦国楚簡の文字に近いものがあるため、戦国末期の抄本と考えられる。

〈效律〉：九六枚。雲夢睡虎地《うんぼうすいこち》秦簡の〈效律〉と比較すると配列順序に多少の違いはあるが、内容は同じ。

〈日書〉：建除《けんじょ》編一一枚。稷辰《しょくしん》編二五枚。いずれも睡虎地秦簡の〈日書〉「秦除」「稷辰」と同じ内容である。このほか、啓門編・啓閉編・置室門編・生子編・病編・疾編・死編・諸良日忌日編が記されている。

〈政事之常〉：六五枚。方形の図表。役人が用いた占卜道具とみる説があるが、詳細は不明。

〈邦有《ほうゆう》〉：さまざまな自然現象と国家の災害・事変あるいは繁栄などを予言したことを記述したもので、当初〈災異占《さいいせん》〉と命名されたが、書き出しがすべて「邦有…」で始まることから、胡平生《こへいせい》氏らはひとまず〈邦有〉と名付けた。

字体は秦隷。〈效律〉は字間をあけて整斉に書いているが、〈帰蔵〉は字間を詰め気味で、やや草卒な筆致で終始している。

竹牘一枚。字跡は不鮮明のため、内容も不詳。

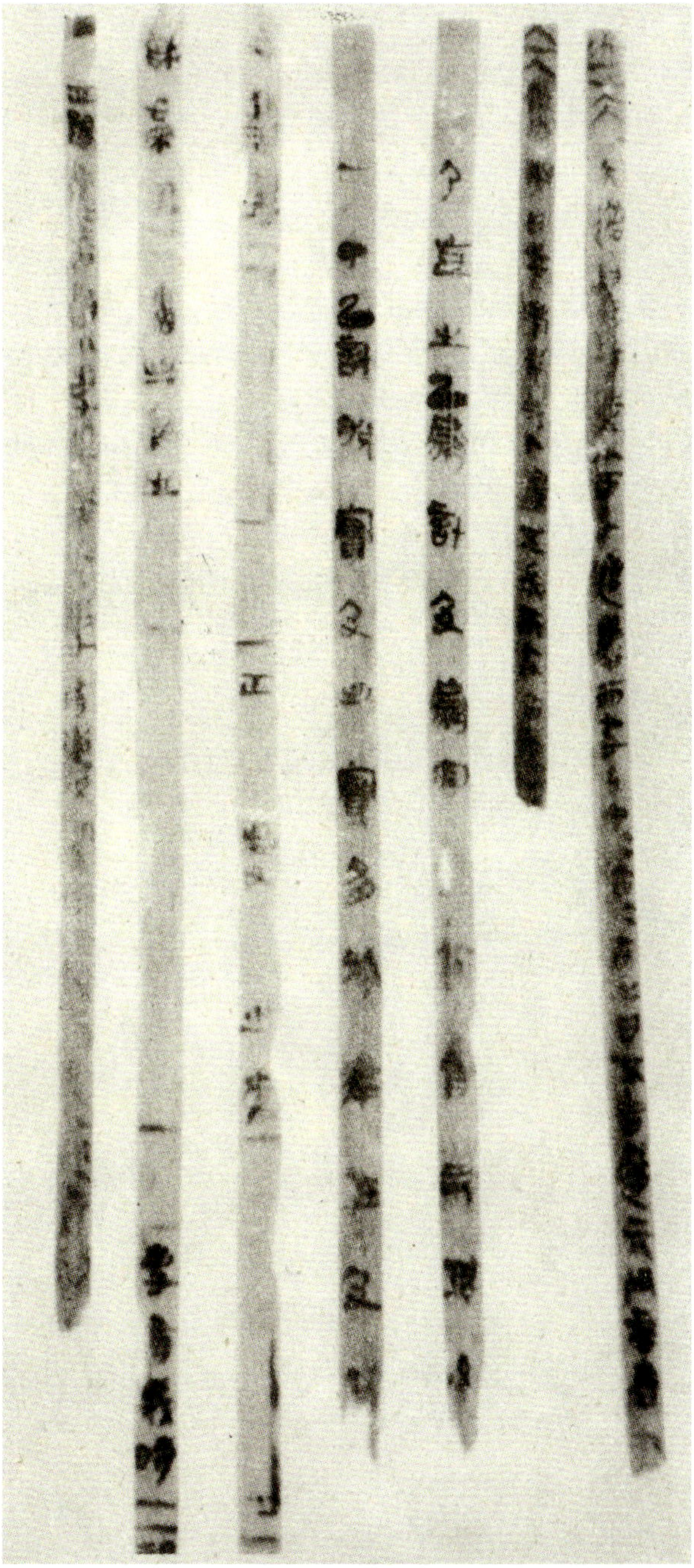

〈竹簡〉

鳳凰山《ほうおうざん》前漢簡（八・九・一〇号墓）

名称：江陵鳳凰山八・九・一〇号前漢墓出土簡牘
時代：前漢時代
出土年・地：一九七三年、江陵鳳凰山
本数と内容：八号墓＝竹簡一七五枚。内容は遣策
　九号墓＝竹簡八〇枚、木牘三枚。安陸守丞文書、遣策
　一〇号墓＝竹簡一七〇枚、木牘六枚。遣策ほか
サイズ：八号竹簡＝長さ二二・〇～二三・八×幅〇・五五～〇・八cm、厚さ〇・一cm
　九号木牘＝長さ一六・五×幅三・八～四・九cm、厚さ〇・二五～〇・四cm
　一〇号竹簡＝長さ二三×幅〇・七cm、厚さ〇・一五cm（二枚のみ長さ約三七・三×幅二・九cm、厚さ〇・二五cm）
字体：八分・草隷
所蔵：荊州博物館
参考資料：『文物』74-6・7、76-6、『古文字論集』（中華書局、一九九二年）

一九七三年、江陵《こうりょう》紀《き》南城《なんじょう》鳳凰山《ほうおうざん》古墓区の八号・九号・一〇号墓で簡牘を出土した。

八号墓出土の簡牘は一七五枚。内容は遣策《けんさく》で、衣物・奴婢俑《ぬひよう》・食器などのリストだが、興味深いことは、四〇件以上の奴婢俑の身分と名字が併記されていることである。たとえば、「大婢庳養《だいひひよう》」とあるが、「養」は炊事人のことを指す。このほか謁者・侍女・船夫・牧牛童などの名称があり、漢代の地主の日常生活がかいま見られる。墓葬年代は、前漢・文帝から武帝時期である。字体は草隷。運筆がリズミカルで線に抑揚がある。なお、墓内から石硯と研墨石が出土している。

九号漢墓出土の竹簡は八〇枚。出土時、簡文はすでに模糊としていたが、内容は遣策である。このほか木牘が三枚。これは安陸守丞が上級官府に差し出した文書だと考えられる。書体は重厚な八分で、脚部を長く延ばした縦長の結構である。

一〇号漢墓は前漢・文帝から景帝時期の墓葬にあたる。一号木牘に「四年後九月辛亥」とあるが、これは墓主の死亡もしくは埋葬年月と考えられる。よって当該墓の下限はおそらく前漢・景帝四年（前一五三）であろう。出土の竹簡は一七〇枚。中の二枚だけは、幅二・九cmもある竹簡だが、書かれている文字は小さめである。また、六枚の木牘の内容は、遣策・服役規定などで、字体は隷書だが、草卒な筆致、いわゆる草隷も交じる。

〈九号墓出土木牘〉

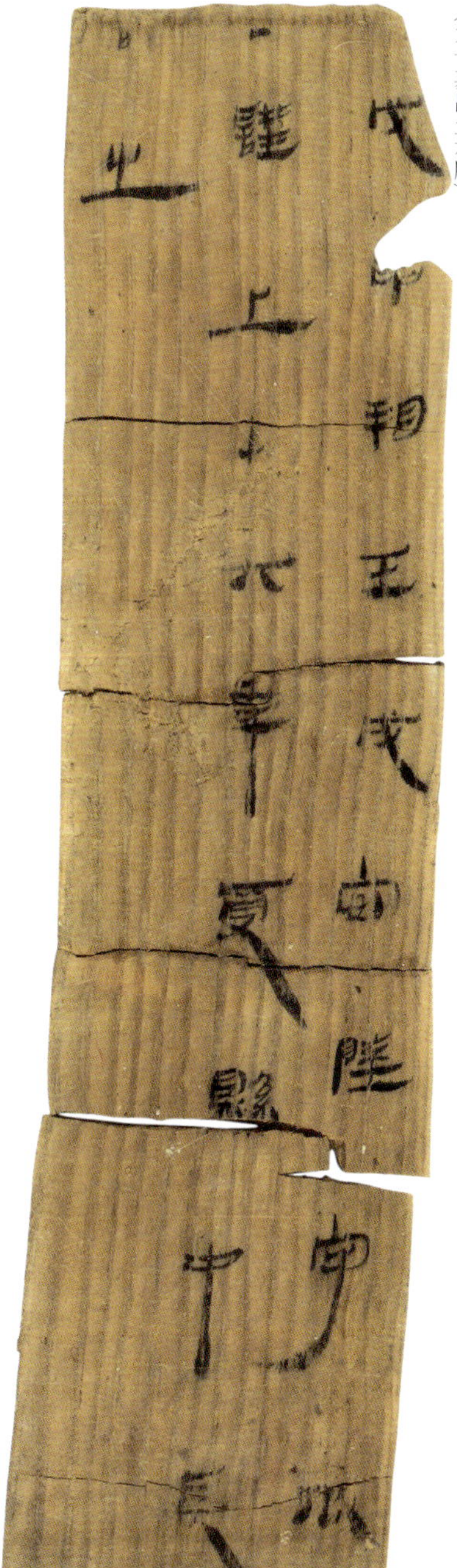

戊申朔壬戌、安陸守丞
謹上十六年受縣中長
之

〈十号墓出土竹簡〉

戸人公士田能田三人口六人田廿一
畝十卩　貸二石一斗

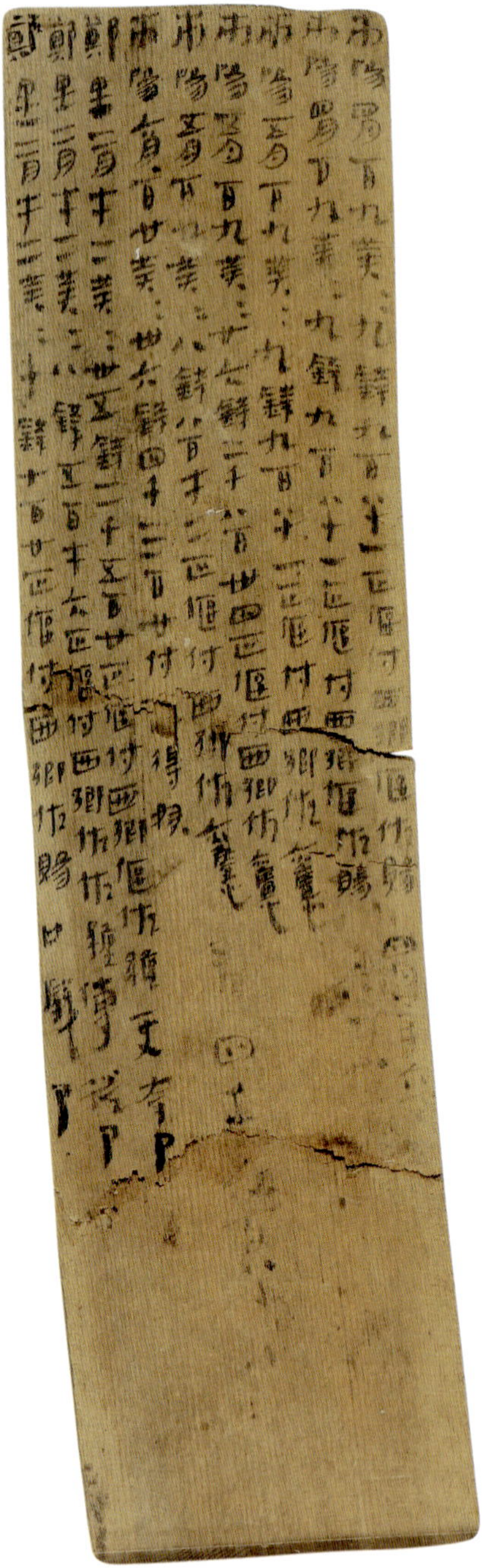

背

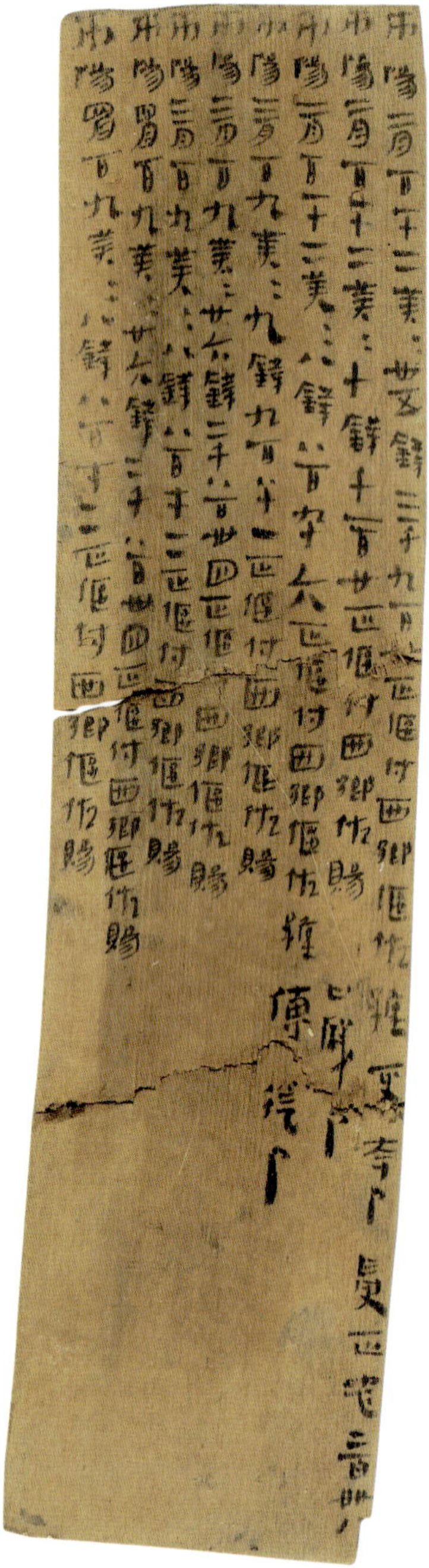

正

鳳凰山前漢簡（一六七号墓）

名称：江陵鳳凰山一六七号前漢墓出土簡牘
時代：前漢時代（前一七九～前一四一の間）
出土年月・地：一九七五年十～十一月、江陵鳳凰山
本数と内容：木簡七四枚。遣策。木楬（簽牌）五枚
サイズ：長さ二三・〇×幅一・〇～一・五cm、厚さ〇・二～〇・三cm
字体：草隷
所蔵：荊州博物館
参考資料：『文物』76―10

一九七五年十月～十一月、吉林大学歴史系考古学チームが湖北省江陵《こうりょう》の紀南城《きなんじょう》へ赴き、当地の文物工作者とともに一六七号漢墓を発掘した。漢の文帝・景帝期（前一七九～前一四一）の墓葬で、墓主は老年の女性とみられる。副葬品は漆木器一一〇余件・竹器一〇余件・陶器一〇余件・銅器一〇件などである。

木簡は七四枚。内容は遣策。簡の長さ二三・〇cm、幅一・〇～一・五cm、厚さ〇・二～〇・三cmで、簡の上端から七cmのところに麻紐による編綴《へんてい》が残されていた。字跡ははっきりしており、そこに記された名称と実際の出土文物とを対照してみるとほぼ一致する。なお、簡文中に「緒卑虒一隻」「食卑虒一隻」とあるものは、みな一対であったことから、「隻」字は「双」の意味に解せる。『史記』にもこうした例が見られるため、「雙《そう》（双）」を「隻」と簡略化するのは漢代の習慣であったことが窺える。字体は草隷。暢達した筆致である。

木楬《もっけつ》（簽牌《せんぱい》）は五枚。食品名やその数量を記し、食品を入れた絹袋の口部に括り付けられていた。

なお、通長二四・九cmの毛筆が伴出している。軸は竹製で筆鋒に墨が残存しているが、毛の材質は不明。出土時、筆套の中に入れられていた。

〈遣策〉

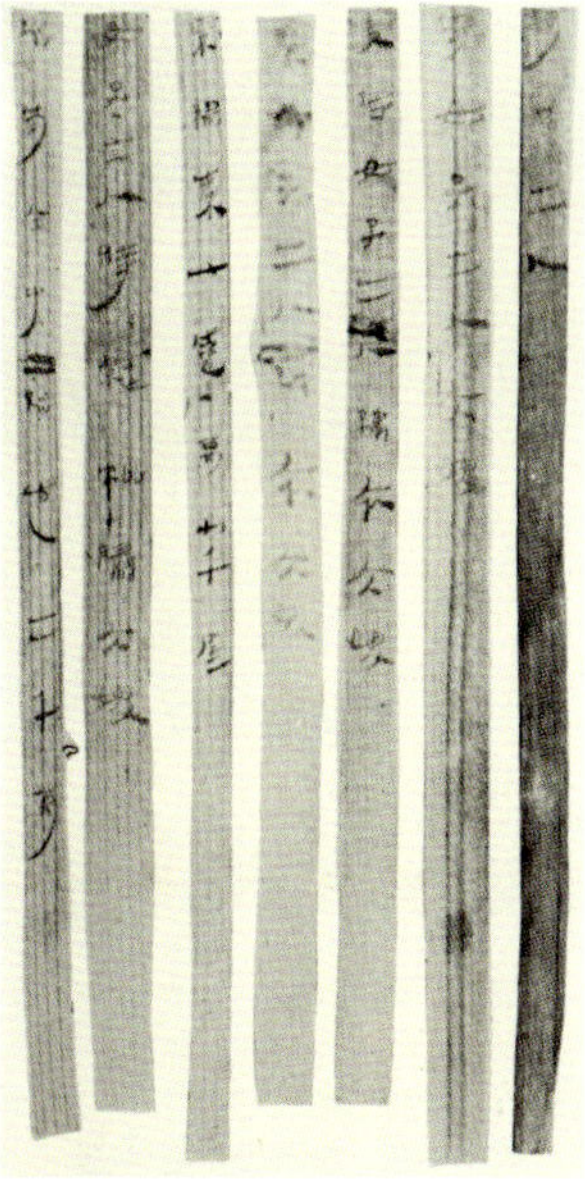

鳳凰山《ほうおうざん》前漢簡（一六八号墓）

名称：江陵鳳凰山一六八号前漢墓出土簡牘
時代：前漢・文帝十三年（前一六七）
出土年月・地：一九七五年三月、江陵鳳凰山
本数と内容：竹牘一枚（告地書）、竹簡六六枚。遣策
サイズ：竹牘は長さ二三・二×幅四・一～四・四㎝、竹簡は長さ二四・二～二四・七×幅〇・七～〇・九㎝、厚さ〇・一㎝
字体：隷書
所蔵：荊州博物館
参考資料：『文物』75―9、『考古学報』93―4

一九七五年三月、紀南城《きなんじょう》鳳凰山《ほうおうざん》において一六八号墓の発掘が行なわれた。北には一六七号墓、南には一六九号墓があり、当該墓はその中間に位置する。副葬品は五百件余りにのぼるが、その中に竹牘一枚、竹簡六六枚、それに天秤一件、筆・墨・硯・削刀・無字木牘などの書写工具も含まれていた。注目される点は、馬王堆《まおうたい》一号墓の軑侯《たいこう》夫人の遺体より保存状態のよい湿屍体が出土したことであろう。墓主は、身長一六五㎝、体重五二・五kg、その口内に「遂」字と陰刻された玉印が含められてあり、死亡年齢は約五五歳の男性であることが判明した。

竹牘の内容は草隷で書かれた、いわゆる〝告地書《こくちしょ》（地下丞に宛てた文書＝冥土への通行証）〟で「十三年五月庚辰、江陵丞敢告地下丞：市陽五大夫遂、自言與大奴良等廿八人、大婢益等十八人、軺車二乗、牛車一両、騶馬四匹、駟馬二匹、騎馬四匹、可令吏以従事。敢告主。」と記されている。これによって墓主は市陽五大夫の遂、墓葬の時期は文帝十三年〈前一六七〉であったことが推し量られる。竹簡六六枚の内容は遣策《けんさく》（副葬品のリスト）で、簡ごとに二～一四字、左払いを強調した隷書体で書かれている。なお、竹製の天秤（長さ二九・二×幅一㎝、厚さ〇・三㎝）は中央の上側に小さな銅環がついており、竿の三面に隷書四二字が墨書されている。字体は篆体の要素がいくらか残る隷書である。

筆鋒は竹製で長さ二四・八×径〇・三㎝。筆套に入れられ毛頭はすでに朽ち果てた状態で出土。石硯、研墨石と墨の小さな塊（墨丸）が五個伴出した。

〈竹牘〉

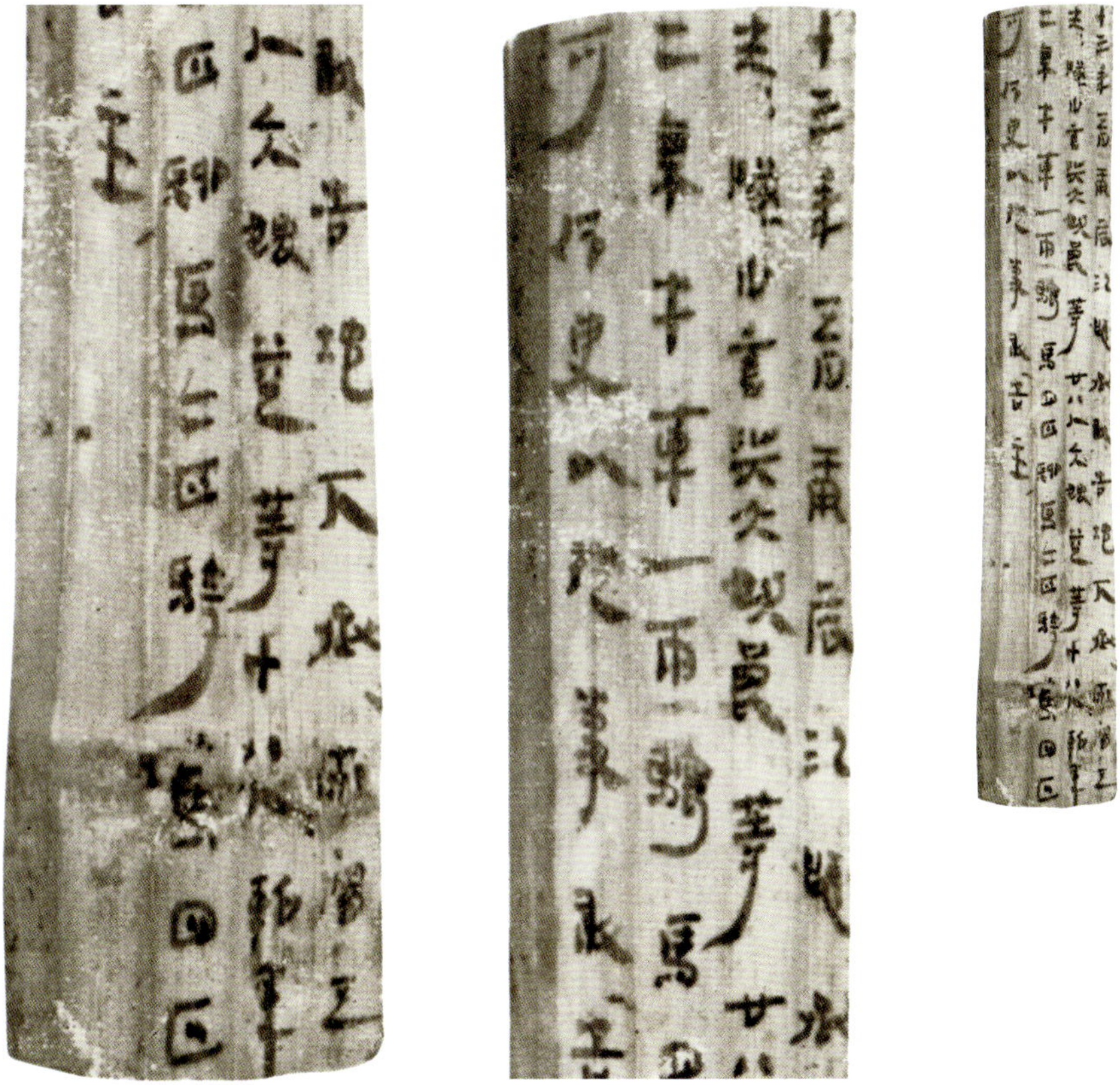

毛筆・筆套

石硯・研墨石・墨丸

張家山《ちょうかざん》前漢簡（二四七号墓）

名称：江陵張家山二四七号前漢墓出土簡牘
時代：前漢・呂后二年（前一八六）以後
出土年月・地：一九八三年十二月〜八四年一月、江陵張家山
本数と内容：竹簡一二三六枚。〈暦譜〉〈二年律令〉など八種
サイズ：長さ二三〜三四・六cm。内容によって異なる
字体：隷書
所蔵：荊州博物館
参考資料：『文物』89―7、90―10、93―8、95―3、00―9、『張家山漢墓竹簡（二四七号墓）』（文物出版社、二〇〇一年）、『二年律令與奏讞書』（上海古籍出版社、二〇〇七年）

一九八三年十二月〜一九八四年一月に、江陵張家山《ちょうかざん》で二四七号墓・二四九号墓・二五八号墓の三座の漢墓の発掘を行った結果、合計約一七〇〇枚の簡牘を得た。

二四七号墓：墓主の姓名はわからないが、墓中の副葬品の内容から推測して、もと関中から来た秦人であり、法律や計数に詳しく、経脈や疾病に関心のある官吏だったと考えられる。竹簡の内容は次の八種がある。

①〈暦譜〉：竹簡一八枚。長さ二三・〇cm。高祖・劉邦の五年（前二〇二）四月から呂后二年（前一八六）九月までの暦譜であることから、墓主が亡くなったのは紀元前一八六年以後と考えられる。これまで発見されたなかでは、もっとも早い暦譜である。

②〈二年律令〉：竹簡五二六枚。簡の長さ三一・〇cm。第一簡目の背面に書題「二年律令」（律［法律の大綱］・令［条文］）と記し、最後の簡に「律令二十□種」と結んでいる。この中には、睡虎地秦簡《すいこち》〈秦律十八種〉に見える法律名「金布律」「効律」「行書律」などもあれば、「史律」「告律」「銭律」など、はじめてみる名称もある。〈二年律令〉は暦譜からみて、呂后二年（前一八六）に施行された法律と考えられる。なお、注目すべきことに簡No.81〈盗律篇〉の下部に抄写者の署名「鄭奘（？）書」を記している。

③〈奏讞書《そうげんしょ》〉：竹簡二二七枚。「讞」とは罪を審議すること、〈奏讞書〉とは裁判の判例集。ここには春秋から前漢に至るまでの二二の判例が収められている。

④〈算数書〉：竹簡一九〇枚。長さ二九・六〜三〇・四×幅〇・六〜〇・七cm。〈算数書〉とは、算術（分数・加減乗除）と幾何（体積・面積）の二つを基礎とした数学の問題と解答集である。第一簡の背面に黒い方形のマークとともに「算数書」と墨書され、竹簡の末端には、校讎《こうしゅう》者と考えられる「楊」「王」の署名「楊已

讎」「王已讎」と記されているものがある。
⑤〈蓋廬《がいろ》〉：竹簡五五枚。全九章、各章の末簡の背面に題名がある。〈蓋廬〉とは『左伝』に見える呉王の闔《こう》閭《りょ》を指す。闔閭と伍子胥《ごししょ》との問答を記載したもので、伍子胥の軍事思想を記述した、兵家の著作である。
⑥〈脈書〉：竹簡六六枚。長さ三四・二～三四・六㎝。各種疾病や経脈を論じたもの。馬王堆《まおうたい》帛書の〈五十二病方〉はかなり欠落していたが、この脈書と内容が近いため、これによって補完できるようになった。
⑦〈引書〉：竹簡一一二枚。長さ三〇・〇～三〇・五㎝。第一簡の背面に題名がある。「引」は導引（古代の養生法＝気功）のこと。馬王堆帛書の「導引図」は図が描かれたものだが、その示す内容はこれと関連がある。
⑧〈遣策〉：竹簡四一枚。副葬品のリスト。衣類・食品・器具のほか、筆や硯などの文房具も記されている。
これら八種の字体は隷書であるが、複数の書きぶりが見られる。〈脈書〉〈蓋廬〉〈引書〉はかちっとした方折体（秦隷の系統）に作り、〈奏讞書〉〈算数書〉は縦長の結構で、点画に抑揚をつけている。

亭駅・亭長

亭駅とは古代の宿場をいう。『漢旧儀』によれば「設けるに十里に一亭、亭長・亭侯あり。五里に一郵、郵人、間に居る」とあるように、十里ごとに一亭を置く。その宿場の長が亭長である。亭長は盗賊の逮捕や取り調べなどをつかさどることに加え、旅館を管理し、民事を統治する。秦代にはすでに咸亭・河南亭・安邑亭などの亭が設置されたことが知られており、客舎として利用されただけでなく、中央と郡国との間の文書伝達の際、亭駅から亭駅への受け渡しに活用された。有事の際は、同一人が亭駅ごとに馬だけ乗り換えて一日五〇〇里を駆けることもあった。なお、張家山漢簡〈二年律令〉行書律には「十里一郵」とあって『漢旧儀』の記述と矛盾するが、冨谷至氏は「広義においては亭（郵亭）の郵といえるのであり、そこから〈十里一郵〉は〈十里一郵亭〉と同じだとの解釈が成り立つ（『木簡・竹簡の語る中国古代』岩波書店）」とみる。

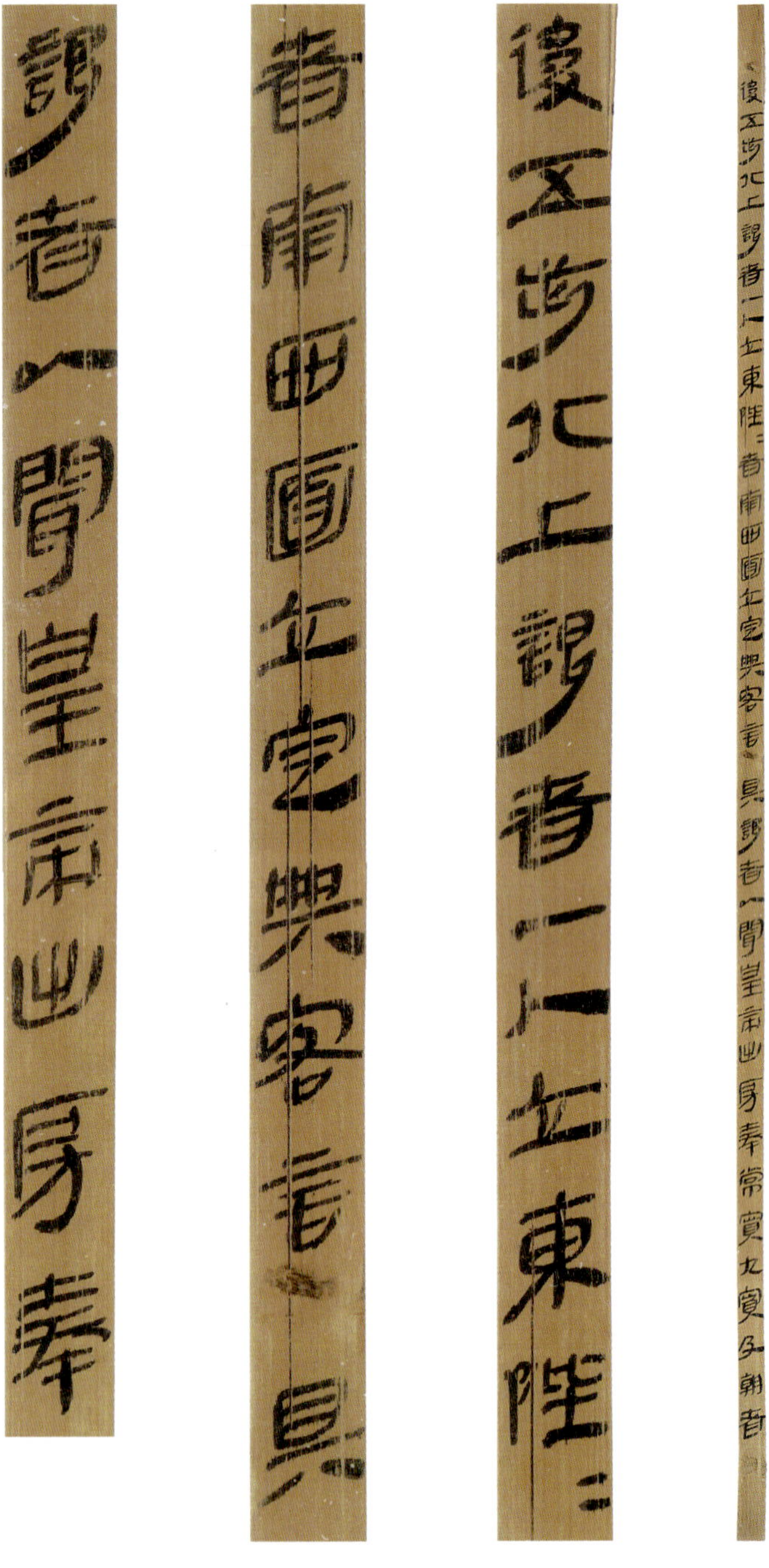

後五步北上、謁者一人立東陛、〔陛〕
者南、西面立定、典客言、具
謁者以聞、皇帝出房、奉
常賓九賓及朝者

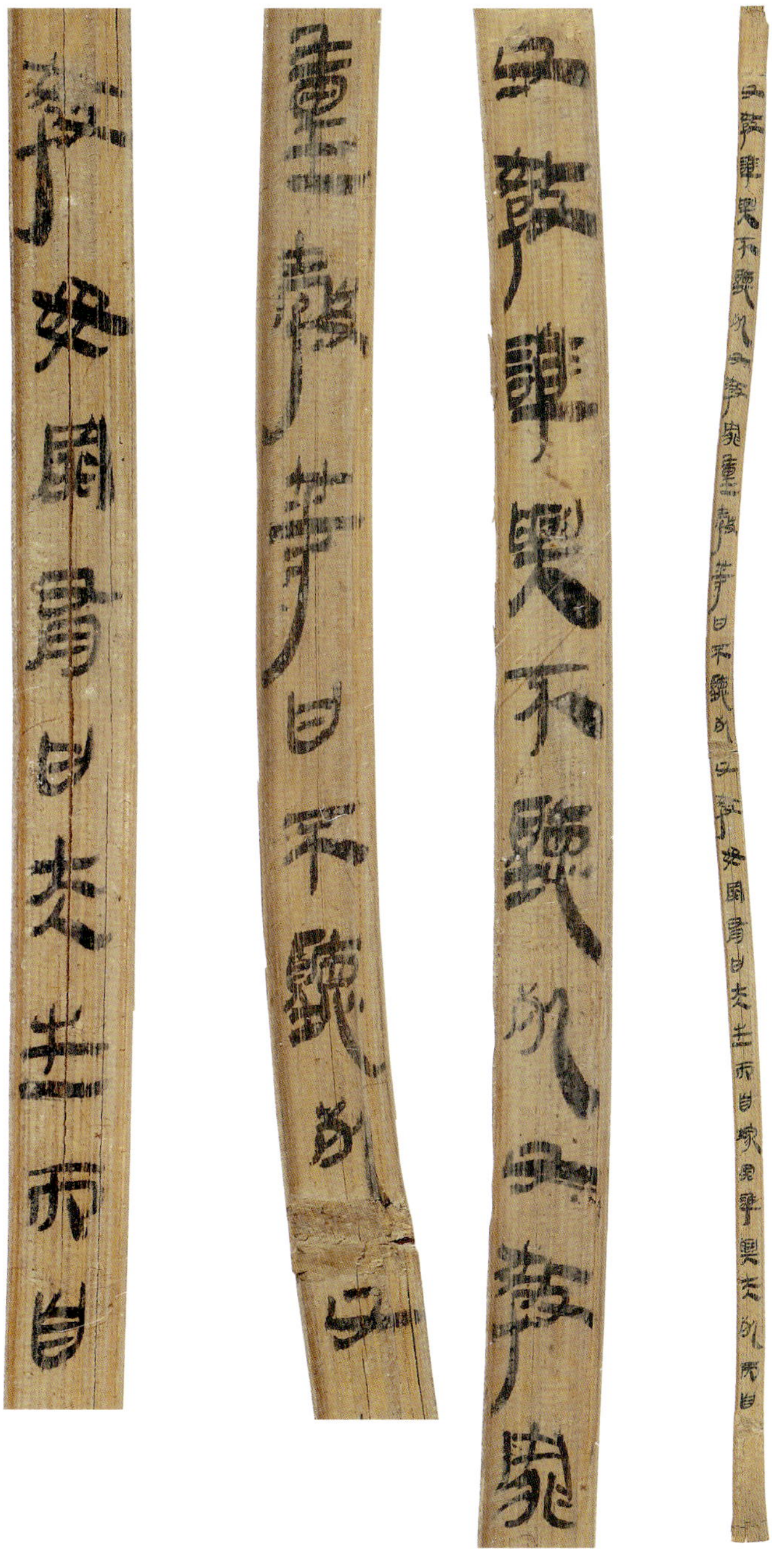

父教、誰與不聽死父教罪
重。教等曰、不聽死父
教毋罪。有(又)曰、夫生而自
嫁、罪誰與夫死而自

〈算数書〉

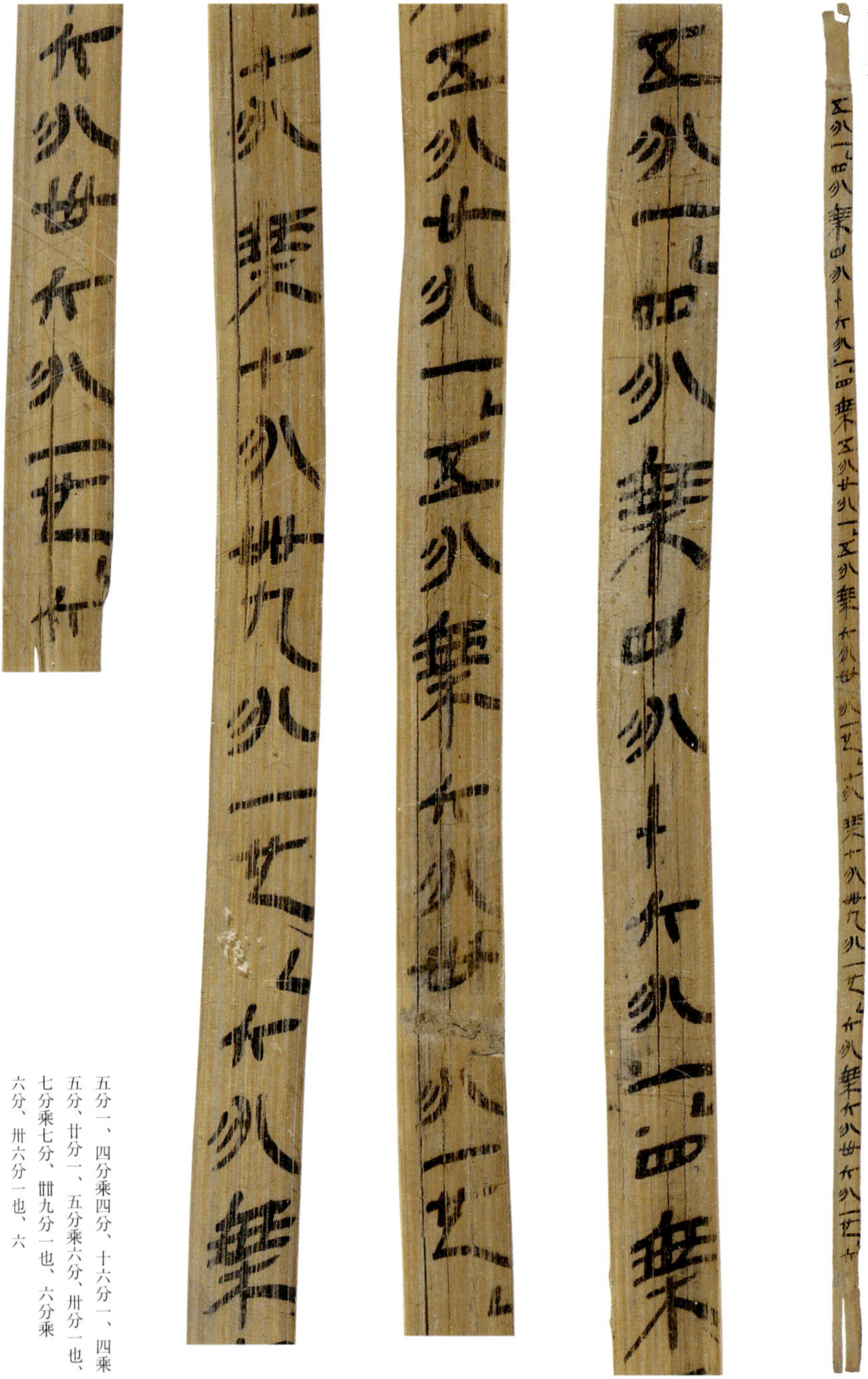

五分一、四分乘四分、十六分一、四乘
五分、廿分一、五分乘六分、卅分一也、
七分乘七分、卌九分一也、六分乘
六分、卅六分一也、六

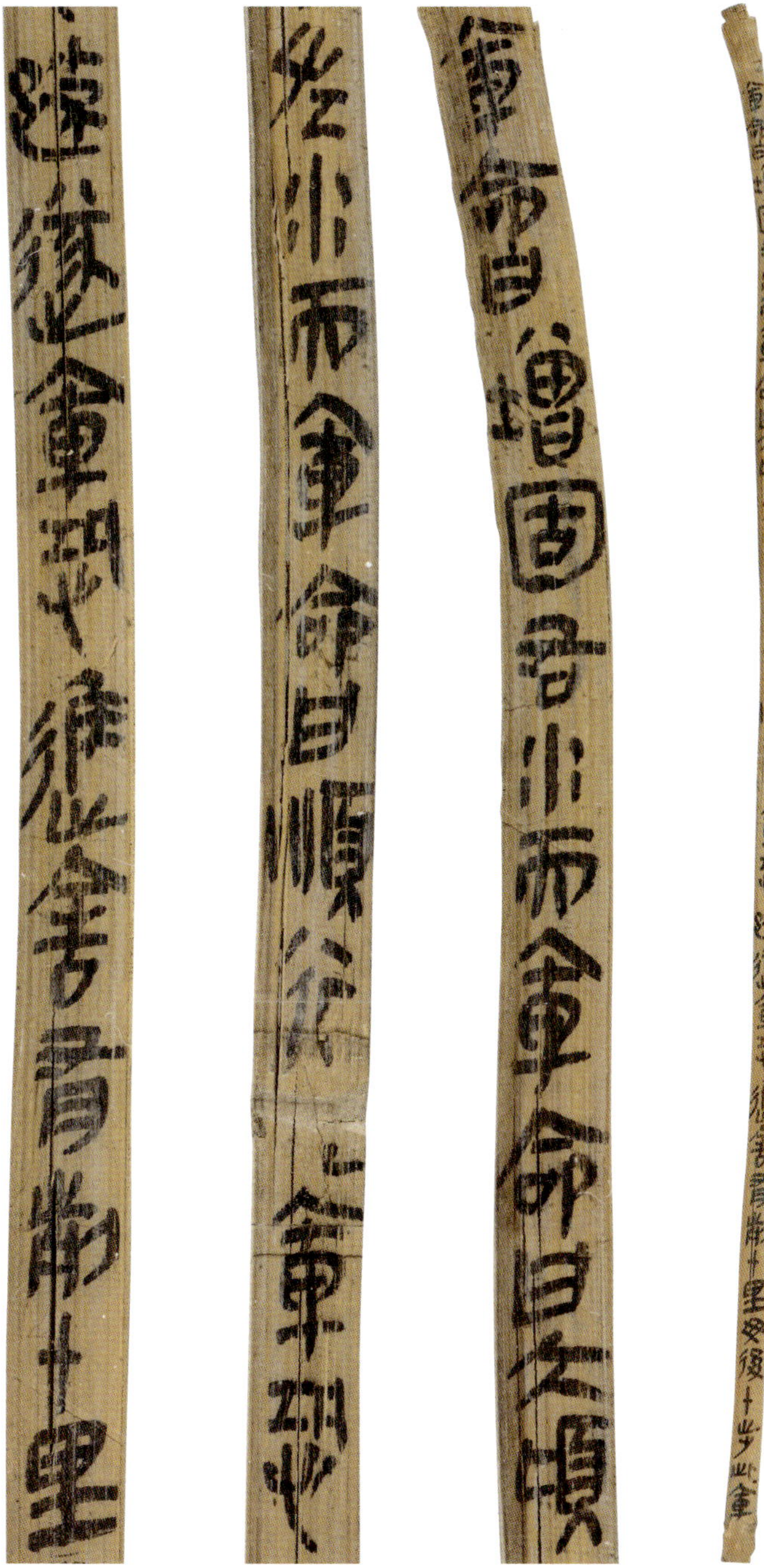

軍、命曰增固、右水而軍、命曰大頃、
左水而軍、命曰順行。軍恐
疏遂、軍恐進舍、有前十里、
毋後十步。此軍

張家山墓群遠望

◉史となるための規定「張家山漢簡〈二年律令〉」◉

『漢書』（藝文志）に「太史 学童を試し、能く九千字以上を諷《ふう》すれば、乃ち史と為るを得。又た六体を以て之を試し、課の最たる者は以て尚書・御史の*史書令史と為す。」とあり、『説文』序には「尉律に 学童十七已上にして始めて試す。書九千字を諷籀《ふうちゅう》して乃ち史と為るを得。又た八体を以て之を試す。郡より太史に移して併せて課し、最たる者を以て尚書の史と為す。」という。両者の字句に多少の異同が見られるが、大意は、尉律の定めるところによれば、太史が十七歳以上の学童に文字の試験を課して九千字以上を暗誦していれば史（一定の水準を満たした書記官）となることができ、さらに八体（または六体）の文字の試験をして成績が最も優れている者を尚書（御史）の史書令史に採用した。というのである。

さて、一九八三年、湖北省の江陵張《ちょう》家《か》山《ざん》二四七号前漢墓で出土した竹簡の中に「二年律令」が含まれており、そこには上述の内容とほぼ同様の〈史律〉が記されていた。「史の学童に十五篇を以て試すに、能く五千字以上を諷書すれば乃ち史と為るを得。又た八体を以て之を試すに、郡は其の八体を移して太史に課す。太史は誦課し、最たる一人を取りて以て其の県令と為す。」とある。つまり、史の学童に対して『十五篇』で試験を行い、五千字以上を暗誦し正確に書くことができて始めて、史の資格を得られる。さらに八体について試験を行い、郡はその八体を太史のもとへ送り、太史は暗誦によって審査して最優秀者を県の令史とした。」というのである。『漢書』と『説文』の内容にはいくつか相違が見られたが、この張家山漢簡の出土によって当時の史律（下級書記官になるための規定）の実際を知ることが可能となった。なお、池田雄一氏は文献に見える九千字の「九」について、三・四・五など類似の字形を伝抄の段階で書き誤ったためであろうと指摘している（「漢代の有用大字について―官吏と識字―」、一九八九年）。

＊史書：大西克也氏は、秦～漢初における「史書」は、秦系文字の特徴を備えた、一種の地域的な文字であり、前漢中期以後、「史書」は漢隷の同義語となったと指摘する。〔「〈史書〉とは何か」〔『出土文献と秦楚文化　第5号』所収、二〇一〇年〕〕

〈二年律令〉

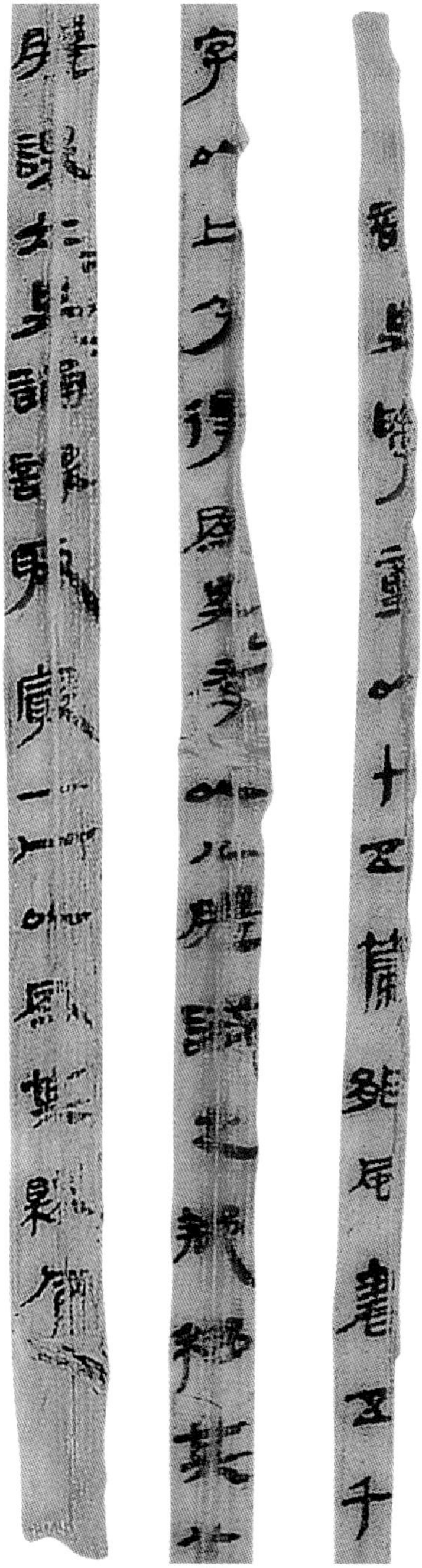

試史學童以十五篇、能諷書五千字以上、乃得爲史。有〔又〕以八體試之、郡移其八體課大史、〔大史〕誦課、取最一人以爲其縣令

高台《こうだい》前漢簡（一八号墓）

名称：江陵高台一八号前漢墓出土簡牘
時代：前漢・文帝の前元七年（前一七三）以後
出土年月・地：一九九二年三月、江陵高台
本数と内容：木牘（甲・乙・丙・丁）四枚。封検・告地書・名数・遣策
サイズ：甲＝長さ一四・八×幅三・一五cm、厚さ〇・四cm
乙＝長さ二三・〇×幅三・七cm、厚さ〇・四cm
丙＝長さ二三・二×幅四・五cm、厚さ〇・四cm
丁＝長さ二三・一×幅五・五～五・七cm、厚さ〇・四cm
字体：草隷・篆隷
所蔵：荊州博物館
参考資料：『文物』93―8、『荊州高台秦漢墓』（科学出版社、二〇〇〇年）

一九九二年三月、高台《こうだい》一帯から四四座の秦漢墓を発掘し、一八号墓から簡牘を出土した。出土した四枚の木牘（甲～丁）は順に重ねられた状態で、背面には絹糸で束ねられた痕が遺されていた。内容は、三枚の墓主である大女燕（新安の人）の〝冥判《めいはん》〟（告地書）、いわゆる冥土へのパスポートと一枚の遣策である。副葬品は主として陶器と漆木器で合計三八件。

甲は表面の上部に「安都」、下部には手書きで印に見立てて「江陵丞印」四字が記されている。乙は表面に墨書四行六三字で「七年十月丙子朔庚子・・・／亭手」と記されていることから、漢の文帝前元七年（前一七三）か、それ以後の墓葬だと推定される。背面の上部には二ヵ所にシルクで縛った痕跡が遺されており、左下には「産手」と墨書されている。「亭手」は「亭長」「亭父」、または「亭」という名の人物の署名と考えられ、「産手」も同じ意味であろう。湖南省の里耶出土秦牘にも同様の「〇手」と署名されているものがあって、これらと同種の意味を持つものと考えられる（134頁参照）。丙は表面に大女燕が大奴甲・乙、大婢妨を連れてみずから安都へ遷りたいと願っている内容で、四行二六字が墨書されている。なお、「安都」とは冥土のことである。丁は遣策（副葬品のリスト）で、表面には墨書二段六行で「壺一双」「検一合」「脯一束」などの物品名が書かれてある。

字体は甲～丙がいずれも草隷、丁はやや篆書を意識した篆隷風の文字がベースになっている。

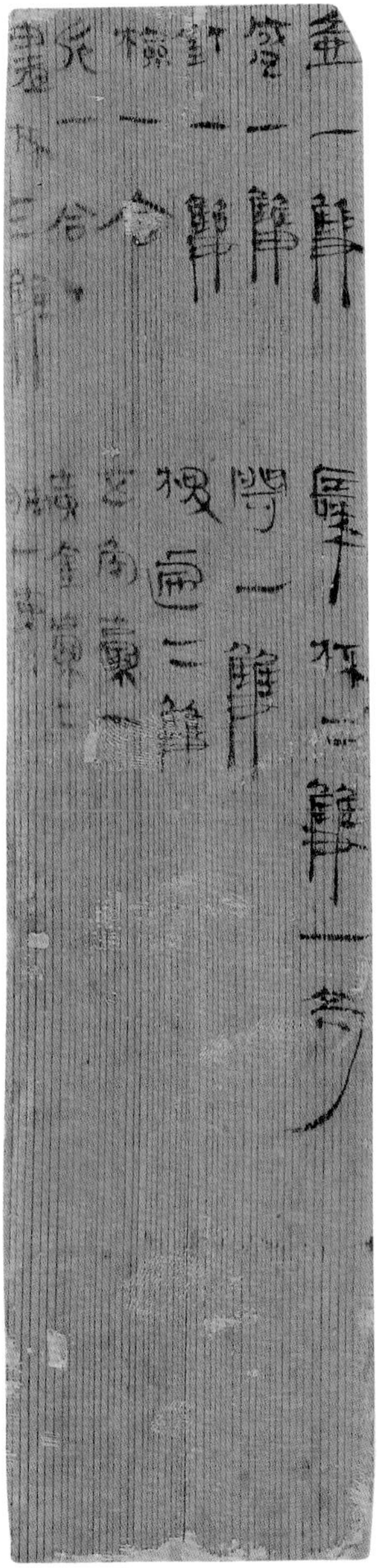

丁〈遣策〉

丙〈名数〉

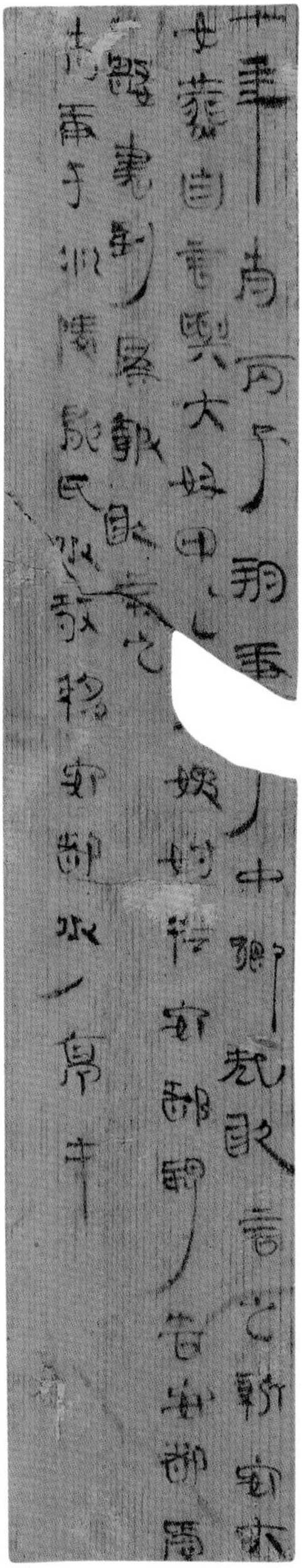

乙〈告地書〉

蕭《しょう》家《か》草《そう》場《じょう》前漢簡（二六号墓）

名称：沙市蕭家草場前漢二六号墓出土簡牘
時代：前漢早期～文帝・景帝期（前一七九～前一四一）の範囲
出土年月・地：一九九二年十一月、荊州市沙市区蕭家草場
本数と内容：竹簡三五枚。遣策
サイズ：長さ二三・七～二四・二×幅〇・六～〇・九㎝、厚さ〇・一～〇・一一㎝
字体：草隷
所蔵：荊州市周梁玉橋遺址博物館
参考資料：『関沮秦漢墓簡牘』（中華書局、二〇〇一年）

一九九二年十一月、荊州《けいしゅう》市沙市区蕭《しょう》家《か》草《そう》場《じょう》で竪穴式土坑木槨《もっかく》墓（一槨一棺）が発掘された。墓葬内から、漆木器・竹器・陶器・銅器などの副葬品一〇七件と三五枚の竹簡を出土した。簡の上下に編綴《へんてい》の痕が見られ、文字はすべて竹の内側面に書かれていた。内容は遣策《けんさく》（副葬品のリスト）で、簡ごとに三～六字、一物品名と数量・単位を記している。なお、簡の中央に「方」や「⊕」字が書かれているが、おそらく副葬品が棺槨内に収められたことを確認した際のマークではないかと考えられる。このほか、漆器には烙印が押されていたり文字符号が刻されたりしているものがある。墓葬から出土した器物や竹簡等の文字資料には年代を決定づける材料は見られないため、当地区で発見された墓葬の形態や出土品によって年代を検討しなければならない。この墓葬の形態は毛《もう》家《か》園《えん》一号漢墓（前漢・文帝一二年〈前一六八〉）とほぼ一致し、張《ちょう》家《か》山《ざん》二四九号漢墓（前漢早期〈前漢初年～景帝〉）や長沙馬《ま》王《おう》堆《たい》一号漢墓と槨室の蓋板の構築形式ともほぼ同じことから考えて、前漢早期～文帝・景帝時期より以前の可能性が高い。

墓主の姓名はわからないが、考証によれば、四〇～四五歳の男性であり、中小の地主か商人、あるいは第五級爵以下の郷官であろうと見られている。

字体は草隷。点画は方折をベースにしながらも、右回りの線に曲線が加味され、伸びやかで闊達な結構を生み出している。

家草場前漢墓の蓋板をはずす

〈遣策〉

大卑匳一具　小卑匳一具　畫卮一　小醬卮一
食于（盂）一雙　沐器一枚　金鼎一雙

孔家坡《こうかは》前漢簡（八号墓）

名称：随州孔家坡八号前漢墓出土簡牘
時代：前漢早期
出土年月・地：二〇〇〇年三月、随州市孔家坡
本数と内容：竹簡五二〇枚余り（〈日書〉整簡約四六〇枚＝編号は七〇三。〈暦譜〉整簡約六八枚、編号は七八）。木牘（告地書）四枚
サイズ：竹簡〈日書〉長さ三四×幅〇・七〜〇・九cm、厚さ〇・二cm。〈暦譜〉長さ二七×幅〇・五〜〇・七cm、厚さ〇・二cm。木牘は長さ二三×幅三・五〜五・五cm
字体：隷書
所蔵：随州博物館
参考資料：『文物』01-9、『随州孔家坡漢墓簡牘』（文物出版社、二〇〇六年）

湖北省随州《ずいしゅう》といえば、一九七八年に曾侯乙墓《そうこういつぼ》が発見され、二四〇枚の簡牘が出土したことで知られるが、孔家坡《こうかは》は、この曾侯乙墓の東側四〜五kmの所に位置する。孔家坡煉瓦工場が土を採取時に古墓葬を発見したため、一九九九年に整理を始め、翌年三月に八号墓から簡牘を出土した。竹簡につけた編号は〈日書〉が七〇三番、〈暦譜〉が七八番だが、完整簡でみるとそれぞれ約四六〇枚、約六八枚で、合計約五二八枚になると考えられる。

〈日書〉が記された竹簡は、大部分がバラバラになって散乱していた。簡には上下それぞれ2cmのところを紐で編んでおり、さらに真ん中にもう一ヵ所、計三ヵ所に紐痕がある。字跡ははっきり確認でき、結構も整っている。〈日書〉とは、古代における吉凶や日時を占う数術書で、戦国から秦漢にかけて各地へ広く伝播したが、時代や地域によって内容に多少差異がある。孔家坡出土の〈日書〉を雲夢睡虎地《うんぼうすいこち》秦簡や天水放馬灘《てんすいほうばたん》秦簡のそれと比較してみると〈生子〉〈艮山《こんざん》〉など、いくつかの篇目に違いがみられる。

〈暦譜〉は〈日書〉に比べると簡の長さが七cmほど短い。内容は、例えば「甲辰・冬至・正月大」のように、上段に干支、中段に節気名、下段に月朔と月の大小など、どの簡も三段に分けて事跡を記している。

このほか木牘が四枚出土した。その中の一枚には「二年正月壬子朔甲辰、都郷燕佐戎敢言之。庫嗇夫辟與奴宜馬、取、宜之、益衆、婢益夫、末衆、車一乘、馬三匹。正月壬子、桃侯國丞萬移地下丞、受数／（以

孔家坡墓地遠望

古代における簡牘出土の事例
壁中書と汲冢書

古代の簡牘出土を記した文献がある。一つは『説文解字』序ほかに見える「壁中書《へきちゅうしょ》」(「孔子旧宅の書」)と呼ばれるもので、漢の武帝時代、魯の恭王が孔子の旧宅を壊して宮室を拡張しようとしたとき、壁中から古文の経典が発見されたことを指す。なお、その経典が当時通行していた隷書体(今文とよぶ)とは異なる古い字体で書かれていたため古文と呼ばれた。

もう一つは、汲冢書《きゅうちょうしょ》のことである。晋の太康二年(二八一)、汲郡(今の河南省汲県)の戦国墓葬で発見された竹簡の書を指す。この墓は魏の襄王(一説に安《あん》釐《り》王)のもので、王隠《おういん》『晋書』(束皙《そくせき》伝)によれば、発見された書物は『竹書紀年』『穆天子伝』など七五編を数え、車数十台分にのぼったという。これらはのち散佚し、現在はわずかに『穆天子伝』だけが伝えられている。ここで注目すべきことは汲冢書の文字を科《か》斗《と》文字と称している点である。科斗の呼称は、『晋書』(同)に「その字、頭麤《あら》く尾細く、科斗の虫に似たり」とあるように、文字の筆画がおたまじゃくしの形状と似ていることによる。

下裏面）母報。」とあり、その裏面の右側下部に書写人の署名「定手」を記している。死者が車や馬などの副葬品をともなって地下世界に向かうときには、生前の戸籍がある場所の地方官から冥土の役人へ引き継ぎの手続きをする必要があり、このような文書を「告地書（冥土へのパスポート…大庭脩氏の命名）」と呼んでいるが、これは葬儀上の習俗であって、もちろん虚構のものである。報告書によれば、木牘に記された「正月壬子朔甲辰」は、後半に記された別月の箇所にも「正月壬子」の期日があるため、前者の紀年「正月壬子朔甲辰」は本来なら「正月甲辰朔壬子」とすべきところ、順序を書き誤ったものという。これが正しければ、木牘の書写年代は前漢景帝の後元二年（前一四二）であり、それが下葬された時期にあたる。陶器や漆器など他の器形上の特徴から見ても前漢早期に属するものといえる。

字体はいずれも隷書。起筆を蔵鋒で入り、細太・肥痩の変化を遺憾なく発揮した伸びやかな書風で、当時の通行体の一斑が知られる。なかには、捷書《はやが》きの結果、草隷風の筆画を有するものもある。

署名三種

孔家坡前漢簡「定手」

里耶秦簡「敬手」

高台前漢簡「亭手」

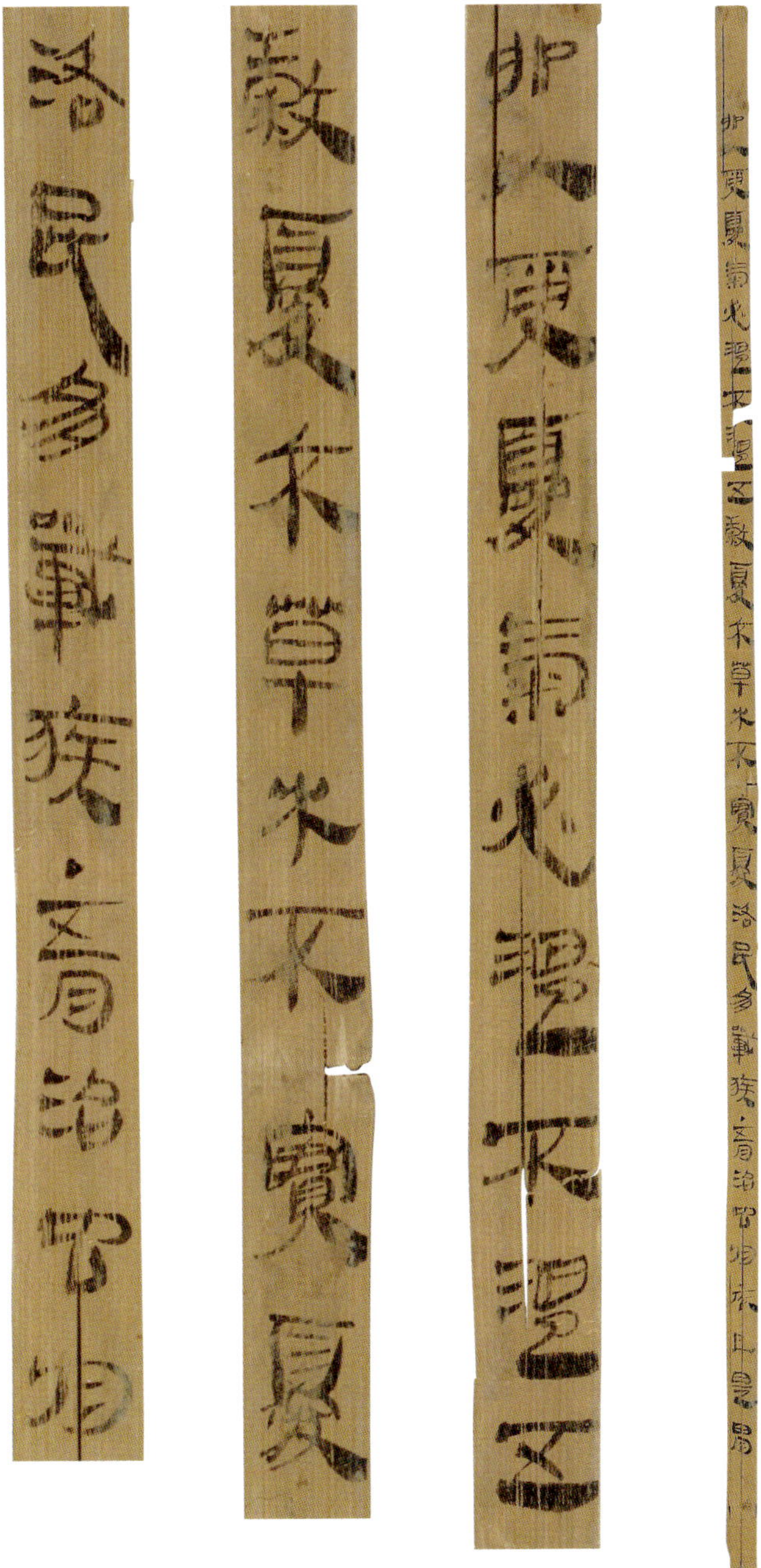

卯、以受夏氣。必溫、不溫、五
穀夏夭、草木不實、夏
洛(落)、民多戰疾。五月治虫於
辰巳、是胃(謂)

午、鹿也。盜者長頸、細胻、其身不全、長躁〔躁〕然、藏之草木下、販險。盜長面、高耳有疵、男子也。

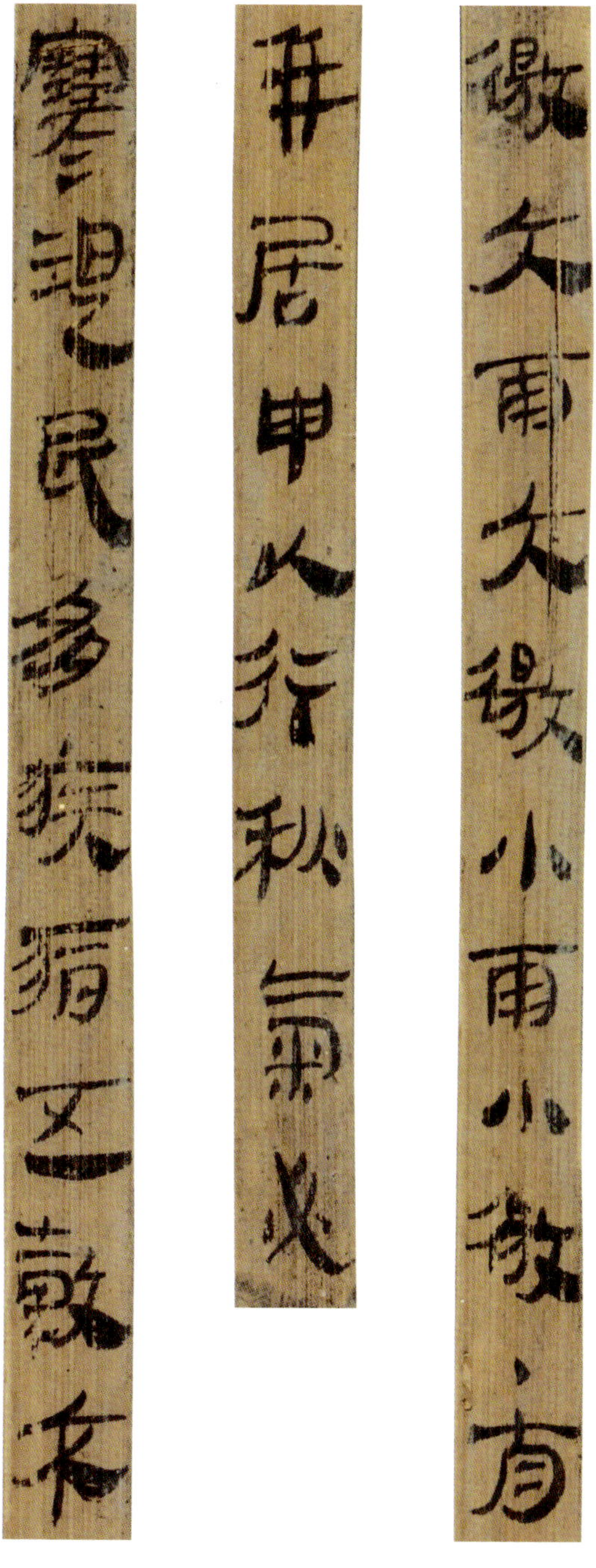

徹。大雨大徹、小雨小徹。七月幷居申、以行秋氣。必寒、溫、民多疾病、五穀夭死。八月止陽氣

印台前漢簡《いんだい》

名称：荊州印台前漢墓地出土簡牘
時代：前漢・前元二年（前一五五年）以降
出土年月・地：二〇〇二年九月、荊州市沙市区関沮郷岳橋村
本数と内容：竹簡・木簡計二三〇〇枚余り、木牘六〇枚余り。内容は〈文書〉〈卒簿〉〈暦譜〉〈編年記〉〈日書〉〈律令〉〈遣策〉〈器籍〉〈告地書〉など。
サイズ：竹簡は長さ二三〜二三・六×幅〇・四五〜〇・七五㎝、厚さ〇・二〜〇・三五㎝。竹牘は長さ二三・六五×幅二・八〜二・八五㎝、厚さ〇・三五㎝。
字体：隷書
所蔵：荊州博物館
参考資料：『文物』09—10、『荊州重要考古発見』（文物出版社、二〇〇九年）

荊州《けいしゅう》博物館は、二〇〇二年一月に岳橋《がくきょう》考古隊を組織し、約二年間にわたって岳橋古墓群内の麻子塘《ましとう》墓地と印台《いんだい》墓地および岳家草場《がくかそうじょう》墓地を発掘した。このうち印台漢墓については二〇〇二年九月中旬より発掘を開始し、前漢時期の簡牘二〇〇〇枚余りを得た。印台とは、太湖港南岸に位置する、高さ約一m、底径一〇m余りの封土を指す。

この印台墓地を中心とする岳橋古墓群で発見された九座の前漢墓（五九号〜六三号・八三号・九七号・一一二号・一一五号の各墓葬）から出土した竹簡・木簡は総計二三〇〇枚余り、木牘は六〇枚余りにのぼる。内容は、〈文書〉〈卒簿（当地の適齢の丁卒の人数と服役・力田などの状況を記載したもの）〉〈暦譜〉〈編年記〉〈日書〉〈律令〉のほか、〈遣策〉〈器籍〉〈告地書〉などに分けられる。

暦譜は欄を上下に分け、干支の下には多く節気と当該者の行動を記している。編年記の体裁は睡虎地《すいこち》秦簡のものと類似しており、文書中には景帝・前元二年（前一五五）、臨江国丞相が中央政府丞相の申屠嘉《しんとか》から下された文書（下達文書）を受け取った記録が含まれている。これによって、当該墓の下葬年代は、少なくとも前元二年以降になることがわかる。

書体は隷書。竹簡に記された〈日書〉は肥瘦の少ない筆線で、やや円勢に運筆している。これらの筆法は、睡虎地秦簡中の一部の書風に共通している。

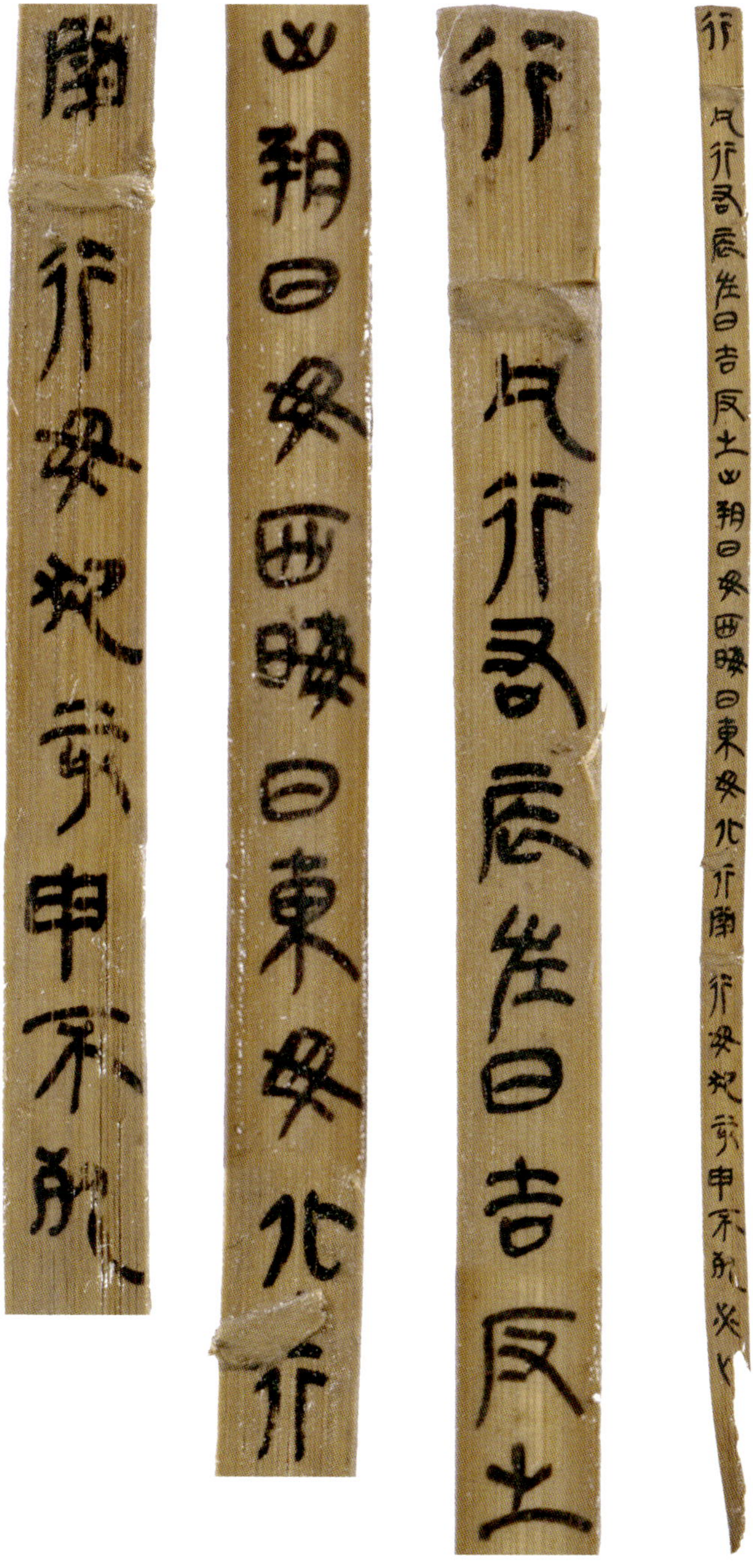

行　凡行、右辰左日吉、反之凶。朔日毋西、晦日東毋北行。南行毋犯亥申、不死必亡。

松柏《しょうはく》前漢簡

名称：荊州紀南鎮松柏一号前漢墓出土簡牘
時代：前漢（武帝期の前半）
出土年月・地：二〇〇四年末、荊州市紀南鎮松柏村
本数と内容：木牘六三枚（有字牘五七枚）、木簡一〇枚（M一）。内容は〈遣策〉〈簿冊〉〈牒書〉〈律令〉〈暦譜〉、墓主人の功労記録と昇進記録など
サイズ：木牘は長さ二二・七〜二三・三×幅二・七〜六・五cm。厚さ〇・二cm。木簡は長さ一九・七〜二二・八×幅一・三〜一・四cm、厚さ〇・一五cm
字体：隷書
所蔵：荊州博物館
参考資料：『文物』08―4、『荊州重要考古発見』（文物出版社、二〇〇九年）

荊州《けいしゅう》市紀南城《きなんじょう》松柏《しょうはく》村の村民がブルドーザーで池の泥を取り除いていた際、偶然にも古墓葬を発見したため、二〇〇四年七月、荊州博物館は急遽、発掘を開始し、松柏一号墓と命名した。この墓葬は、荊州古城から約五kmの地に位置するが、かつてその付近で鳳凰《ほうおう》山《ざん》一六八号墓も発見されている。木牘は六三枚（有字牘五七枚）であるが、うち三一枚は片面だけに、二六枚は両面ともに記されている。内容は、〈遣策《けんさく》〉〈簿冊〉〈牒書〉〈律令〉〈暦譜〉、周偃《しゅうえん》の功労記録、前漢・景帝〜武帝時期に至る周偃の昇進記録と昇進文書などの公文書の抄録…の七種に分類できる。

漢武帝（在位前一四一〜前八七）の年号である建元〜元光年間（前一四〇〜前一二九）の干支が記された〈暦譜〉の出土によって、松柏一号漢墓の下装年代は漢武帝の前半期になると考えられる。墓主人の名は「周偃」、官職は江陵西郷の有秩《ゆうちつ》・嗇夫《しょくふ》（ともに官名）であり、爵位は漢爵第四級にあたる公乗《こうじょう》（爵位の名）である。『漢書』（百官公卿表）に「十亭一郷、郷有三老・有秩・嗇夫・游徼。三老掌教化。嗇夫職聴訟、収賦税。游徼徼循禁賊盗」とあることから、墓主の周偃は司法・税収を管理する地方役人であったと考えられる。

両面に書写されている木牘の内容は、漢代の労役に関するもので、「南郡新傅簿《しんふぼ》（新傅は新たに傅籍年齢に達した者のこと）」「南郡免老簿（免老は老人の労役を免除すること）」「南郡罷癃簿《ひりゅうぼ》（罷癃は身体に障害がある者のこと）」に分けられる。睡虎地《すいこち》秦墓竹簡『秦律雑抄・傅律』中にも同様に、免老・罷癃に関して不正行為が

あった場合の厳罰が記されているが、松柏木牘の記載と比べると、労役問題を重視する精神は一致しているものの、人数や表現に相違がみられる。なお、張《ちょう》家《か》山《ざん》漢簡『二年律令・徭律《ようりつ》』にも前漢における免老・罷癃など特殊な者への権利を保障する記載がある。

字体は隷書。伸びやかな点画で、字間・行間にゆとりを持たせたものと、木牘の一面全体に細字で記してあるものとがある。後者は十数行、一行最大およそ七〇字を記しているが、やや硬質な筆致である。

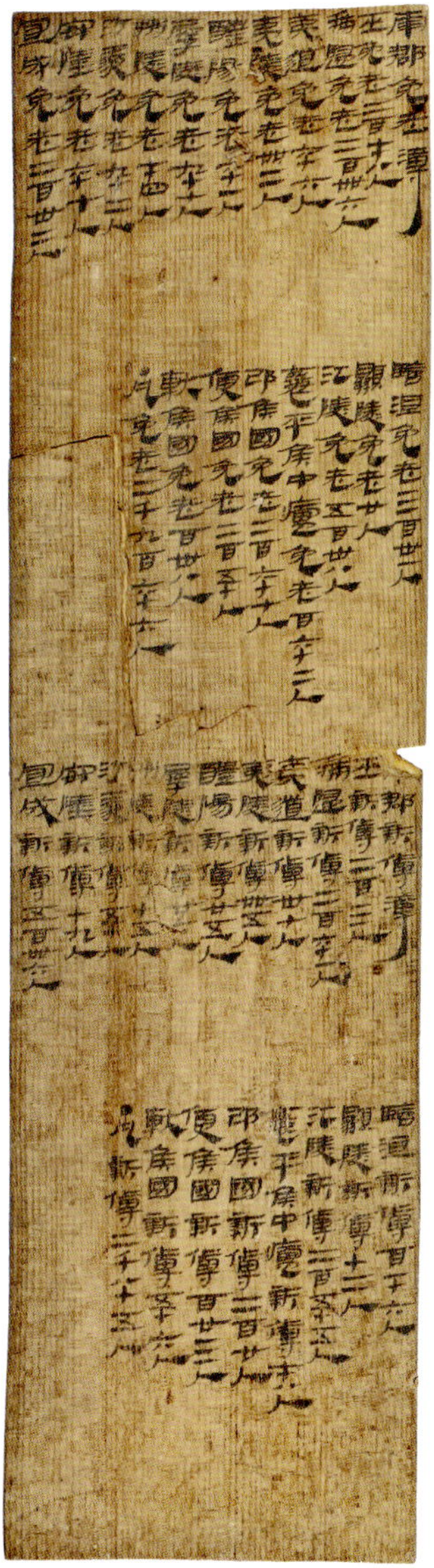

〈35 号木牘〉(表面)

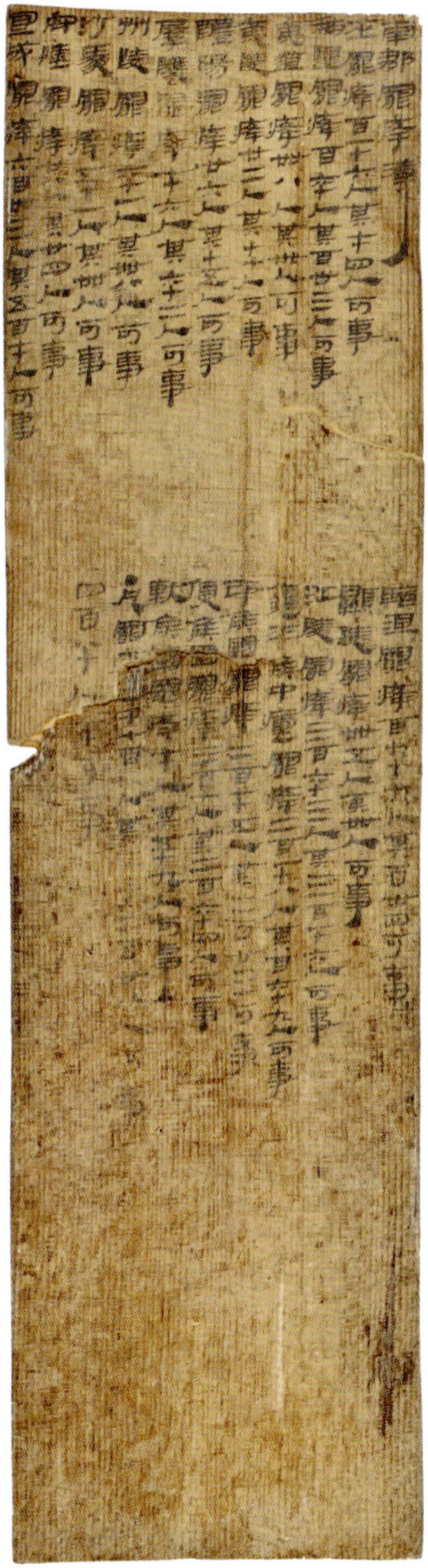

〈35 号木牘〉(背面)

謝家橋《しゃかきょう》前漢簡

名称：荊州謝家橋前漢墓出土簡牘
時代：前漢（呂后五年〈前一八三〉）
出土年月・地：二〇〇七年十一月、荊州市沙市区関沮郷清河村六組謝家橋
本数と内容：竹簡二〇八枚〈遣策〉〈統計〉、竹牘三枚〈告地書〉
サイズ：竹簡は長さ二三～二三・六×幅〇・四五～〇・七五cm、厚さ〇・二～〇・三五cm。竹牘は長さ二三・六五×幅二・八～二・八五cm、厚さ〇・三五cmほか
字体：隷書・草隷
所蔵：荊州博物館
参考資料：『文物』09―4、『荊州重要考古発見』（文物出版社、二〇〇九年）

二〇〇七年十一月七日、荊州《けいしゅう》市沙市区関沮郷《かんそきょう》にある謝家橋《しゃかきょう》西北崗の土砂を採取中、たまたま巡回していた考古隊員がその土に混ざっていた青黒い石灰層と砕かれた木片を目撃し、古墓の墓壙《ぼこう》を発見した。この地は秦漢時期の南郡江陵県城《こうりょうけんじょう》、つまり郢城《えいじょう》の東側約二kmのところにある。楚の紀南城《きなんじょう》遺址からだと東南約五・五kmの地点である。発見された一週間後の夜に盗掘されたことがわかったため、緊急処置として当月二〇日から正式な発掘調査を行った。竪穴式木槨墓《もっかくぼ》の墓葬は、副葬品に陶器・銅器・鉄器・漆木器・簡牘のほか、鮮やかな絹製品なども残されており、合計八六〇件にのぼる。出土品の中には雲雷紋に蟠螭《ばんち》紋を施した銅鏡もあるが、これらには戦国末期から秦代にいたる特徴が見えており、このことから墓主人は楚文化と秦文化両者の深い影響を受けていることが窺える。

竹簡は二〇八枚。そのうち副葬品名を具体的に記した、いわゆる遣策が一九七枚、残りの一一枚はその統計を記したものである。竹牘は三枚。内容は〈告地書〉で、三枚中の一枚に「五年十一月癸卯朔庚午、西郷辰敢言之。郎中五大夫昌自言、母大女子恚死、以衣器、葬具及従者子、婦、偏下妻、奴婢、馬、牛、物、人一牒：百九十七枚。昌家復、毋有所與。有詔令謁告地下丞以従事、敢言之」とあり、このことから墓葬年代は前漢・呂后五年（前一八三）だと判断される。このほか、棺や槨の形制、尺寸、名称、あるいは墓主人とその子息に関しての記述もある。墓主は名を恚《い》という女性で、息子四人と女子一人の計五人の子供をもうけた。五大夫にのぼった長子の昌をはじめとして、以下みな一定の爵位を有していることがわかる。竹牘の字

謝家橋１号漢墓発掘現場（『荊州重要考古発見』より）

体は草隷で、右肩下がりに書かれている。同じく右肩下がりに書かれた里耶《りや》秦牘の編号J⑧157の点画にもう少し柔らかさを加味すれば、この竹牘の書風に近くなる。

なお、仰天湖《ぎょうてんこ》楚簡と同様に、遣策簡の下部に「巳」や「句」が記されている。これらの文字は下葬時に副葬品と照らし合わせた確認のしるしを表しているとされる（仰天湖楚簡の項、166頁参照）。

この地区は秦漢時期の重要な古墓群が点在しているが、その理由は、前二七八年、白起抜郢《はくきばつえい》のあとも郢城がひきつづき荊州の政治・経済・文化の中心となっていたからであり、周辺からは蕭家草場《しょうかそうじょう》、周家台《しゅうかだい》、楊家《ようか》山《ざん》などの古墓葬が多数発見されている。

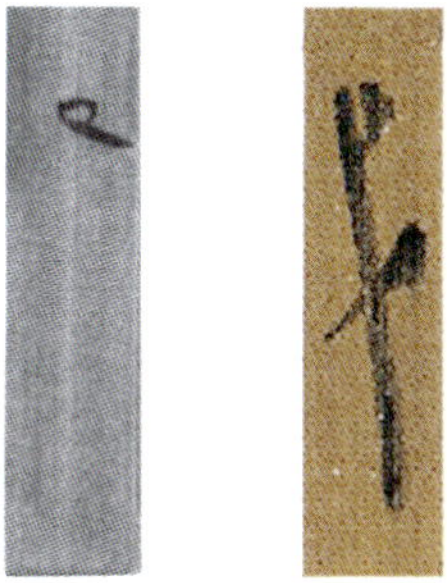

B　　A

A：謝家橋竹簡に
記される「巳」
B：仰天湖楚簡に
記される「巳」

〈告地書〉（竹牘）

郎中五大夫昌母家屬當復毋有所與。

十一月庚午、江陵丞匽移地下丞、可令吏以從事。　臧手

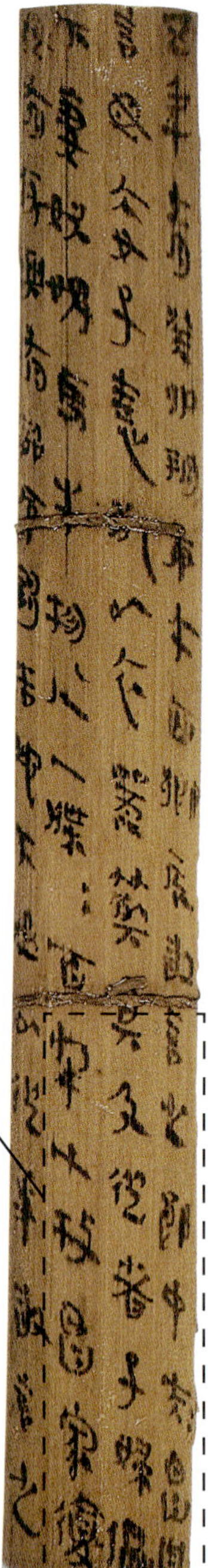

釈文は142頁参照

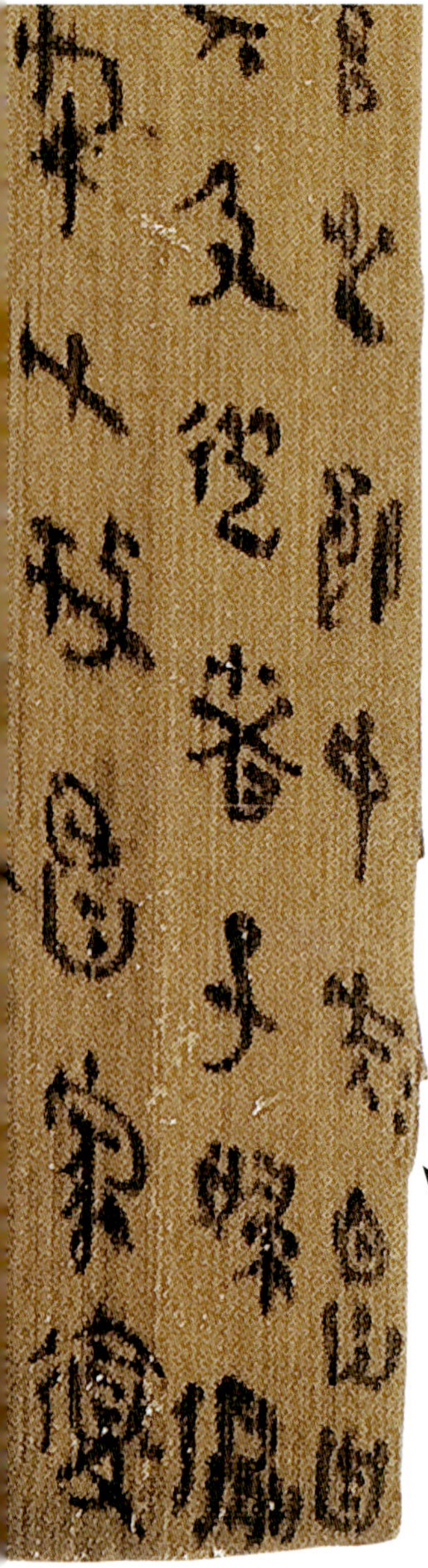

部分拡大

漆杯二十合三义

伐苇塑一合曰衆

久塑寧

檐木二枚

挹酉桮卅枚

閣巾一印禅

更郵臭塞一笘尺沙賣丈宍怱未?

五尺枲逢矢枚

食鼎一

設題塑一合曰?

食稜一合

桼梂合四又

「漢故幽州書佐秦君之神道」題額

簡牘に名を遺した書記官「書佐」

一九六四年、北京市西郊の石景山で、後漢・元興元年（一〇五）の石闕《せっけつ》が石柱・基礎・石闕の頂部などとともに発見された。石闕の題額部に隷書三行で「漢故幽州書佐秦君之神道」と陽刻された文字は気取りのない書風であるが、ここに刻された「書佐《しょさ》」とはいったい何を意味するものであろう。漢代における州の刺史の属官に功曹書佐という役職があって、書佐とは主に文書をつかさどる佐吏（書記官）をいう。『漢書』百官公卿表上（巻一九上）によれば、各郡の行政を担当する太守府には、属吏二五人が配属されており、その内訳は卒史九人、属五人、書佐一〇人、嗇夫《しょくふ》一人である。また、軍事をつかさどる都尉夫には属吏一〇人が配属されていて、その内訳は卒史二人、属三人、書佐五人となっている。

書佐の語は、一九九三年、江蘇省東海郡尹湾《いんわん》漢墓から出土した木牘にも見える。例えば、〈東海郡吏員簿〉に記されている東海郡太守府には「書佐九人、用算佐一人」、都尉府には「書佐五人」とある。『漢書』百官公卿表と照合すると、太守府における書佐と用算佐にそれぞれ一人ずつ増減があるが、これを除けば二者は完全に一致する。ちなみに用算佐とは財政統計に秀で、計算技術にも長けていた書佐のことである。さらに〈東海郡下轄長吏名籍〉には「相書佐、以廉遷」の語がみえる。相書佐とは官名であり、次の「廉を以て遷る」とは当時の官位昇進の一方法である。「廉官」は通常、郡の推薦によって行われるが、書佐の場合は丞相や太守・都尉の属吏となり、昇進に当た

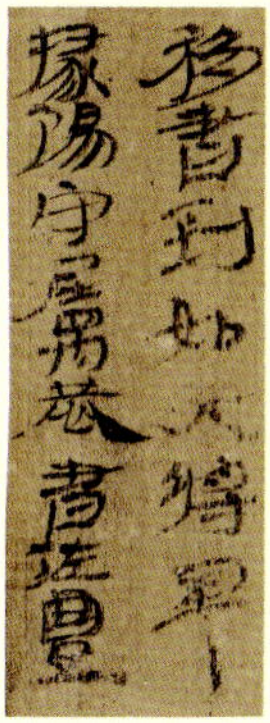

居延新簡（部分）にみえる「書佐豊」

ってはその他の官吏より推薦を受ける機会が多かった。〈東海郡下轄長吏名籍〉の記載によれば、三人が書佐の職から昇進したことがわかる。こうしたことから、漢代では、能書あるいは一芸に秀でた者は昇進及び高い地位につく機会を与えられたことが窺える。

居延《きょえん》新簡に「掾陽守、属恭、書佐況」（EPF22・68）、「掾陽守、属恭、書佐豊」（EPF22・71A）と署名されているものがある。二つの簡の掾と属の名はそれぞれ同じであるが、書佐の名の「況」「豊」は別人であり、その書風も違うことから、この二人の名は当該簡牘の書写者であると考えられる。また、居延漢簡「書佐觻得伝圭里趙通、已得代奉、正月辛未除見有父見□、年廿三、長七尺四□、能書□□、能蓄馬一匹」（192・25）、「□書佐忠時年廿六、長七尺三寸、黒色牛一車乗、第三百九十八出」（280・3）などから、書佐の選抜基準が能書であることは言うまでもないが、その他身辺に関しても一定の基準があったことが読みとれる。書佐の俸禄はさほど高くないが、文書を揮毫する職務のほか、上級政府から届いた各種律令を図板に大字で書き写すなどの仕事も請け負った。なお、『居延漢簡甲篇』『居延新簡』『流沙墜簡《りゅうさついかん》』などの書籍から延べ六〇人近い書佐の名を確認できる。

このように書佐は地方においてもっとも書法に長けた集団であり、漢代の書法を研究する上で書佐の存在を無視することはできない。なお、書佐が用いた書体を〝佐書〟と呼ぶが、これは今でいう隷書のことである。

河南省

信陽《しんよう》楚簡

名称：信陽長台関一号楚墓出土竹簡
時代：戦国中期
出土年月・地：一九五七年三月、信陽市北二〇kmの長台関
本数と内容：第一組＝一一九枚、書籍。第二組＝二九枚、遣策
サイズ：第一組＝残片の最長は三三×幅〇・七〜〇・八cm、厚さ〇・一〜〇・一五cm。第二組＝長さ六八・五〜六八・九×幅〇・五〜〇・九cm、厚さ〇・一〜〇・一五cm
字体：楚系文字
所蔵：河南省文物考古研究所
参考資料：『信陽楚墓』（文物出版社、一九八六年）

一九五六年春、信陽《しんよう》市長台関《ちょうだいかん》で地元農民による井戸の掘削中、やや規模の大きい墓葬を発見した。翌年三月、省文物局文物工作隊は発掘委員会を組織し正式な発掘を開始した結果、銅器（編鐘《へんしょう》・鼎・鼓・刻刀・鋸）・漆木器・陶器・玉器・絹片・竹簡など九〇三件の副葬品を出土した。

第一組の竹簡は前室の東側から発見されたが、井戸の掘削の際に農民らが誤って踏みつけてしまったため、一一九枚の残片となった。最も長いものは三三cmであるが、簡を編綴《へんてい》している紐の痕跡から考えて、整簡は四五cmほどの長さになると思われる。内容は『墨子』の佚篇とみる説や、「君子」「三代」「先王」などの語句から儒家の作品とみる説がある。

第二組の竹簡は左后室より出土した二九枚で、保存状態は比較的よい。竹簡の一部はそれぞれ文字面が内側に合わされた状態で、四枚ごとに結束されていた。この簡は編綴部分を避けて書かれたと見られる空白があることから、編んだ後に書写したものと考えられる。内容は、副葬品の名称と数量のリスト（遣策《けんさく》）である。

文字の結構は扁平で、横画の収筆を右下方へ巻き込む楚簡の特徴を有しているが、点画は肥痩が少なく沈着な筆法である。

毛筆・筆套・銅製の削刀や手斧《ちょうな》などの書写用具が入れられた工具箱（縦三五・九×横一六・一×高さ一四・七cm）を伴出した（84頁コラム参照）。毛筆は、直径〇・九cmの竹製筆管に二・五cmの筆鋒が差し込まれ、根本を紐で縛ってあった。なお、竹簡以外の文字資料には、編鐘に記された銘文と木柄の勺に刻まれた文字とがある。

初期の発表では戦国早期の墓葬とみられていたが、その後の研究によって戦国中期に比定されている。

① 〈遣策〉（第二組、①②で一本の竹簡）

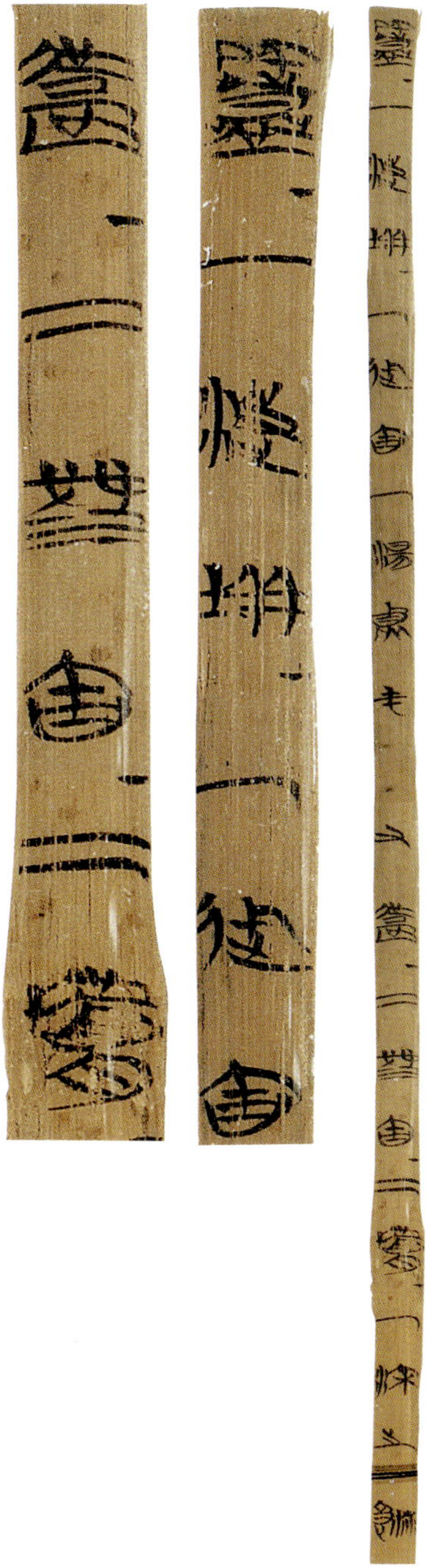

①簦、一逧坩、一迅缶、壶、二淺缶、二盧

②

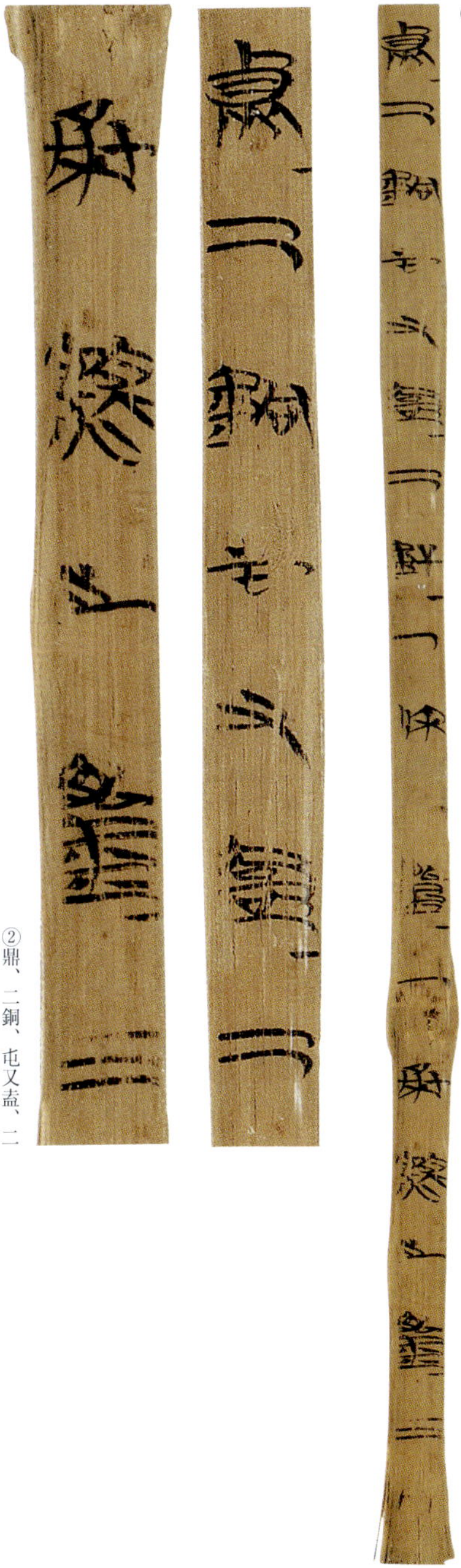

②鼎、二銅、屯又壶、二承燭之盤、三

新蔡葛陵楚簡《しんさいかつりょうそかん》

名称：新蔡葛陵楚墓出土竹簡
時代：戦国中期（前三四〇年前後）
出土年月・地：一九九四年五月、駐馬店市新蔡県西李橋鎮葛陵村
本数と内容：総計一五七一枚。甲区編号五三二枚、乙区編号二九九枚、断簡七四九枚。内容は、〈卜筮祭禱〉、小臣成（平夜君成）自身の祭禱記録の二種。〈遣策〉は二〇数枚
サイズ：簡の長さは不明。幅は〇・六～一・二cm
字体：楚系文字
所蔵：河南省文物考古研究所
参考資料：『新蔡葛陵楚墓』（大象出版社、二〇〇三年）

一九九二年一一月、駐馬店《ちゅうばてん》市新蔡《しんさい》県の西北にある葛陵《かつりょう》村で坪夜君《へいやくん》墓が発見され、一九九四年五月に河南省文物考古研究所等の研究チームが共同して当該墓を発掘した。駐馬店市は、漯河《るいが》市と信陽《しんよう》市の中間に位置し、北の漯河市からおよそ六八km、南の信陽市からはおよそ九六kmのところである。信陽の長台関からは、一九五七年に戦国中期の楚簡が出土しており、この地域はかつて広く楚の勢力範囲であったことが知られている。この墓は、これまで何度も盗掘を受け、副葬品は南室を除いてほとんど残されていなかった。墓内から出土した戟《げき》（戈《か》と矛《ぼう》を合体させた武器）には「坪夜君成之用戟」または「坪夜君成之用戈」などの文字が鋳刻されていたことと、竹簡中に「小臣成」の記載があることから、「坪夜君成」は墓主人であることが判明した。裘錫圭《きゅうしゃくけい》氏の考証によれば、楚簡「坪夜」は戦国時期に楚の村であった文献上の「平輿《へいよ》」にあたり、「坪夜君」は「平輿君」であるという。現在、新蔡県と平輿県とが境界を接している地帯に葛陵故城があるが、この故城は東周以降ずっと漢代まで使われていたため、葛陵故城は平夜君の封邑であると考えられる。

南室内に散乱していた竹簡の総数は、一五七一枚にのぼる。竹簡が出土したときにはすでに変色して黒ずんでいた。原簡の長さははっきりしないが、幅は〇・六～一・二cmである。ごくわずかだけ竹青面に文字が書かれている以外は、すべて竹黄面に書写されており、文字の間隔は一定しないものの、字跡はおおむねはっきりしている。起筆を強く当たり収筆を軽く引き抜く筆法は、いわゆる科斗《かと》文字である。また、長い横画の収筆部を右下へ湾曲させているが、この筆法は信陽楚

新蔡葛陵楚墓外観

銅戟(矛と２つの戈を合体)

簡に共通している。比較的整斉な用筆のものと奔放なものとがあることから、複数の書き手によって書写されたものと考えられる。

内容は、二〇数枚の遣策《けんさく》以外はすべて卜筮祭禱《ぼくぜいさいとう》記録である。この記録は七年間にわたって執り行われたものだが、第一種は主として墓主人の坪夜君成の占卜禱《せんぼくとう》祠《し》（占って祈り祭ること）の記録で、病状を占い問うものが主である。第二種は「小臣成」自身の祈禱《きとう》の記録だが、その数量はあまり多くない。また、竹簡の幅は他の楚簡に比べるとやや広めに作られており、字粒も比較的大きい。第三種は簡の長さ自体が非常に短く、禱祠とその関係だけが記された単純なもので、占卜事項はみられない。禱祠の対象は、楚文王・平王・昭王・恵王・簡王・声王・坪夜文君・子西などであるが、これらの記述が墓葬の年代を決定するための重要な根拠となっている。

王徙於鄩郢之歲、八月、己巳之日、盬𡸁以駐靈爲坪夜君貞。既心

王徙於鄩郢之歲、亨月、己巳之日、
公子虩命諸生以衞箄

[食]昭告大川有汾。少(小)臣成敢
用解訛憚忧、若

敦煌・河倉城遺址（漢代の食糧倉庫）

◉出土簡牘研究史◉

二〇世紀初頭から始まった簡牘の出土によって簡牘研究の熱はおのずと高まったが、その歴史を述べるにあたり、三種に分けて論ずる必要がある。そのうちの二つは大庭脩氏が指摘したフィールド出土の簡牘と墓葬出土の簡牘であり、三つ目は、近年いくつか発見されている古井戸から出土した簡牘である。このほか、簡牘とともに論じられる帛書《はくしょ》をもここに含めた。

フィールドの簡牘

主として西域地区の遺跡から発見される簡牘をフィールドの簡牘とよぶ。フランスの東洋学者エドアール・シャバンヌ（一八六五～一九一八）は、オーレル・スタインが収集した敦煌《とんこう》漢簡に釈読と翻訳を施した『Les documents chinois decouverts par Aurel Stein dans les sables du Turkestan Oriental』を一九〇七年にオックスフォード大学出版部から上梓した。

次に大きな成果を上げたのは清末から民国にかけて活躍した考証学者の王《おう》国維《こくい》（一八七七～一九二七）であった。かれはシャバンヌが出版した図版をもとに系統立てて分類し、『流沙墜簡《りゅうさついかん》』（羅振玉《らしんぎょく》との共編、一九一四）を出版した。これは漢代における西域の軍事組織にまで踏み込んだ解釈を加えている。

なお、王国維には中国古代の簡冊《かんさく》制度を解明した『簡牘検署考』（『藝文』明治四五年、第三年第四号～六号所収）という優れた著述がある。また、陳夢家《ちんぼうか》『漢簡綴述《かんかんていじゅつ》』（中華書局、一九八〇）は、陳氏の発表した漢簡に関する論文五

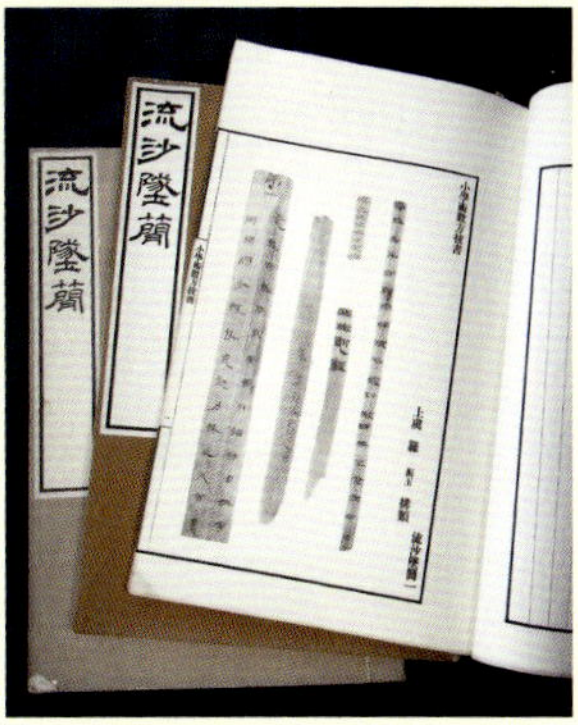

『流沙墜簡』

編と未発表の論文九編をまとめたものである。このほか、何双全《かそうぜん》『簡牘』（敦煌文芸出版社、二〇〇四）は甘粛で新たに出土した簡牘について論じたものである。

居延《きょえん》出土の漢簡を大きく三期に分類することができる。第一期は一九三〇～三一年で、西北科学考察団は内蒙古額済納《エチナ》河流域（漢代は居延県）で簡牘一四〇〇〇枚余りを発見した。第二期は一九七二年～七六年の再調査の時期で、二万枚近い簡牘を発見した。第三期は一九九四年で、このときには甲渠《こうきょ》候官《こうかん》とその他の地域で八四一九枚の簡牘を採集した。第一期の簡牘を居延旧簡とよぶのに対して、第二期・三期を合わせて居延新簡とよぶ。これらのうち、第一期に収集した漢簡について労幹《ろうかん》（一九〇七～二〇〇三）が釈読に着手し、苦難の末、一九四三年に『居延漢簡考釈・釈文之部』『居延漢簡考釈・考証之部』を刊行した。なお、これら第一期収集の簡牘は日中戦争のさなかにアメリカへ運び出されたが、一九六四年に台湾の中央研究院歴史語言研究所に移され、現在に至っている。

一九五一年、労幹の著書が日本へも届き、いち早く京都大学人文科学研究所の森鹿三らによって居延漢簡共同研究班が組織された。メンバーには藤枝晃・米田賢次郎・大庭脩・永田英正らがいた。労幹の研究成果は『労幹学術論文集（甲編）』（藝文印書館、一九七六）二冊にまとめられている。近年の研究誌では、甘粛省文物考古研究所・西北師範大学歴史系編『簡牘学研究』（甘粛人民出版社）が最新の研究論文を掲載している。

荊州・謝家橋一号漢墓の槨室

墓葬の簡牘

湖南省では、一九五二年に長沙五里牌《ごりはい》の楚墓で三八枚の簡牘を出土したのを皮切りに、一九五三年に仰天湖《ぎょうてんこ》楚墓で四三枚、一九五四年に長沙楊家湾《ようかわん》で七二枚の簡牘を出土した。一九六六年からおよそ一〇年間は文化大革命に翻弄されたため研究の空白時期もみられたが、一九七二年には山東省臨沂《りんぎ》市の銀雀山《ぎんじゃくざん》一号墓と湖南省長沙市の馬王堆《まおうたい》一号墓の二つの前漢墓から、それぞれ約七五〇〇枚（四九四二枚と数千枚の残片）と三六一枚の簡牘を出土した。いずれも遺体の傍らに副葬されたもので、これを墓葬の簡牘とよんでいる。

これらの発見以降、墓葬の簡牘の本格的な研究がスタートしたといえる。その成果は学術雑誌『考古学報』『文物』『簡牘学報』などに順次掲載され、内外の研究者に提供されてきた。また、『長沙馬王堆一号漢墓（上・下）』（文物出版社、一九七三）、『銀雀山漢墓竹簡』（文物出版社、一九七五）、『睡虎地秦墓竹簡』（文物出版社、一九七八）などの書籍でわかるように、そのつど整理チームが組織され、研究の成果を専著の形で刊行した。

その後も中国がますます経済発展を遂げ、インフラ整備が拡充される中で、中国各地、特に長江流域周辺から多くの墓葬が発見され大量の簡牘を出土している。墓葬から出土する簡牘は、湖南・湖北地域が最も多く、ついで江蘇省である。埋葬後ある一定期間を経たら朽ちてその形状を失ってしまうはずの簡牘が、腐敗を受けない状態で保持されるにはいくつかの条件が整わなけ

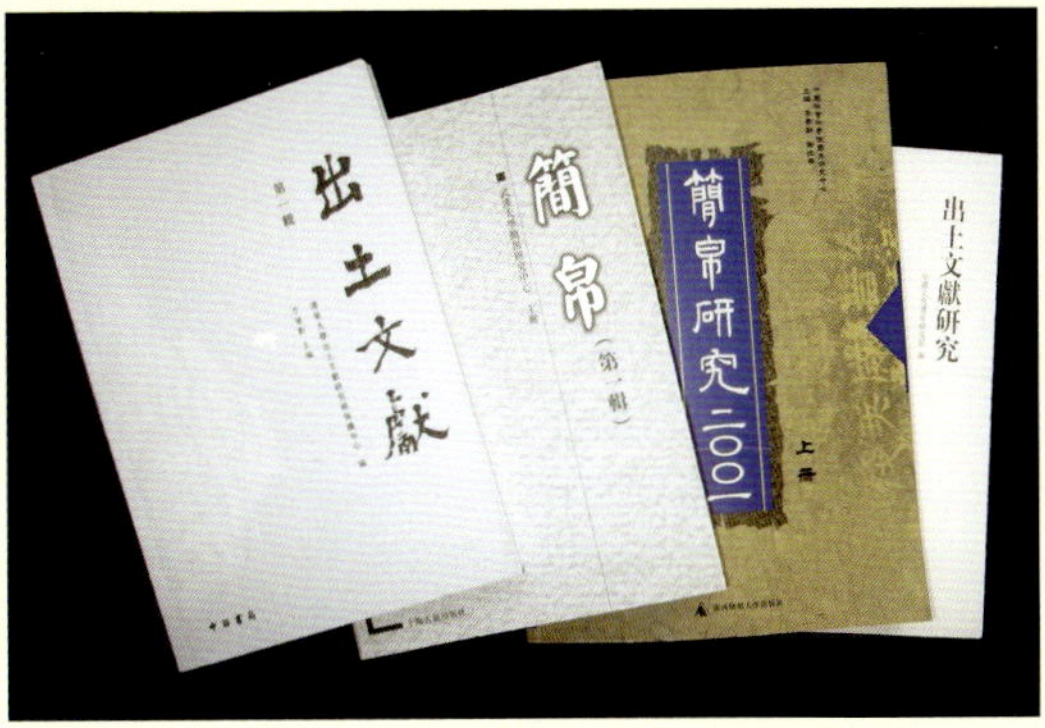

盛んに出版されている簡牘帛書に関する研究誌

ればならない。これまで簡牘の出土が湖南・湖北地域のような湿地帯に偏る理由の一つに、完全密封という特別な状態が長期間にわたって保持されてきたことが挙げられよう。馬王堆漢墓を例に取れば、埋葬された遺体の内蔵が腐敗せず皮膚も弾力を保った状態で出土したが、これは五重の棺槨内に敷き詰められた五トンもの木炭による浄化と、槨の周囲を厚さ一m余りの白陶土で塗り固めて外気を完全にシャットアウトしたことなどが効果的に作用し、細菌の繁殖を防いだためであると考えられる。

最近の研究で特記すべきことは、一九九三年に中国社会科学院歴史研究所編『簡帛研究（第一輯）』が出版され、第二輯が、一九九五年に当科学院に新設された「簡帛研究センター」（謝桂華《しゃけいか》所長）の編輯で、その翌年に法律出版社から刊行された。武漢大学では「武漢大学簡帛研究センター」（陳偉《ちんい》所長）を開設し、〝簡帛網〟というホームページを立ち上げ、その成果を研究誌『簡帛』として刊行している。二〇世紀の出土簡牘を総述したものに駢宇騫《へんうけん》・段《だん》書安《しょあん》編著『本世紀以来出土簡帛概述』（台北・万巻楼図書、一九九九）、同『二十世紀出土簡帛綜述』（文物出版社、二〇〇六）がある。中国文物研究所編『出土文献研究』は新出土の文字資料全般を扱ったもので、一～二年に一冊のペースで出版されているが、その内訳を見ると簡牘に関する論考が圧倒している。また、胡平生《こへいせい》・李天虹《りてんこう》著『長江流域出土簡牘与研究』（湖北教育出版社、二〇〇四）と李均明《りきんめい》著『古代簡牘』（文物出版社、二〇〇三）は、新出の簡牘をもとに最新の研究成果を盛り込んだもので見逃せない。

長沙・東牌楼古井発掘現場

古井戸の簡牘

古井戸に廃棄もしくは保管された簡牘は、マクロ的にはフィールドの簡牘の範疇に入るが、簡牘研究史からいえば、同一行政地域における短期間の記録という点で際だった特徴を有しており、やはり別項を立てて考えるべきであろう。

一九九六年、湖南省長沙市中心地にある五一広場の走馬楼《そうまろう》という地で発見された古井戸（二二号）内から大量の呉国の簡牘（走馬楼呉簡という）が出土した。これらは官府文書、戸籍・帳簿類などが主になっている点で、墓葬出土の簡牘（遣策・書籍・日書などが主）とは大きな相違が見られた。翌年（一九九七）、同じく長沙市にある九如斎（科文大厦）の六つの古井戸から後漢簡牘が出土した。内容は、官府文書・書信・習字簡など総計二〇〇余枚で、その中の習字簡に「延平元年（一〇五）」の紀年が記されていた。二〇〇三年には、長沙市の走馬楼八号古井戸から前漢簡牘が出土した。総計二〇〇〇余枚の大半が官府文書で司法に関する内容が多かったが、個人の文書もわずかばかり含まれていた。二〇〇四年には、同じく長沙市五一広場に隣接する東《とう》牌楼《はいろう》で後漢簡牘が出土した。内容は、長沙郡と臨湘《りんしょう》県に属する公私文書で、熹平・光和・中平の紀年が記されている。総計四二六枚（有字簡二〇六枚）。

以上が、湖南省長沙市内の古井戸から出土した前漢〜三国呉にかけてのものだが、もっとも注目すべきものは、二〇〇三年、湖南省龍山県にある里耶《りや》

里耶故城発掘現場

故城の古井戸から出土した統一秦の簡牘で、これを里耶秦簡とよぶ。この井戸は、戦国時代に作られて秦末に廃棄されたもので、井戸の底からおよそ三万七千枚の簡牘が出土した。これらは秦始皇二五（前二二二）から二世二年（前二〇八）までの一五年間に書かれたものが多く、内容は行政文書や祠先農簡などであった。ちなみに、先農とは農業・医薬・交易の始祖とされる伝説上の皇帝のことである。

以上、古井戸出土の簡牘の概要を述べたが、これらに関する出版物は、〈墓葬の簡牘〉の項で紹介したものに含まれている。

子弾庫戦国楚墓から盗掘された一幅の帛書と商承祚旧蔵一四片

〝書物にあらわす〟ことを「竹帛《ちくはく》に書《しょ》す」という。古くは『墨子』明鬼篇に「これを竹帛に書し、後世の子孫に伝え遺す」とあるように、中国古代の書籍は紙が一般に使用される以前から竹・木あるいは帛（しろぎぬ）に書写されていた。こうしたことは文献に記されていても実物資料を目にすることができなかった時代においては、その実態はほとんどわからないに等しかった。ところが、二〇世紀初頭の西域探検家らの功績によって、ほとんど知られていなかった簡牘の実物資料を実見できるようになっただけでなく、長沙子弾庫《しだんこ》出土の楚帛書（繒書《そうしょ》）によって、古代帛書の実物をも目の当たりにできるようになったことは驚くべきことであった。

出土時、この帛書は八折にされて竹笥の中に置かれていたが、出土の時期

湖南長沙子弾庫出土の楚帛書（摹本）

については諸説がある。日本の梅原末治は三〇年代後半といい、銭存訓《せんぞんくん》は一九三六〜三七年、商承祚《しょうしょうそ》は一九四二年とみる。また、オーストラリアのバーナードはかつて盗掘に参加した男と直接面会し、出土の時期を一九三四年と断定したが、一九七三年になって、湖南省博物館は帛書が出土した墓葬を調査し、出土時期を一九四二年に確定した（『文物』74—2）。

帛書は出土後まもなく考古学者の蔡季襄《さいきじょう》が入手し、一九四六年、長沙の中学校教師だったジョン・ハドレイ・コックスによってアメリカへもたらされた。その後、帛書はエール大学図書館・フリア美術館・メトロポリタン博物館へと逓伝され、現在ワシントンのサックラー美術館に収蔵されている。

一幅の大きさは、約三八×四七㎝。長方形の絹地に甲乙丙三篇の文字が書写され、その周囲に彩色された一二種の奇怪な図像が施されている。またそれぞれの四隅には赤・青・白・黒色の四種の木が配置されている。内容は諸説あって定まらないものの、陰陽数術書とみる説が有力である。

この帛書の文字の解釈と内容研究の推移について、曾憲通《そうけんつう》はおおむね三つの時期に分けている。

（1）四〇年代中期〜五〇年代中期—蔡修渙《さいしゅうかん》（蔡季襄の長男）臨写本とその複製本とが研究対象とされた時期。

（2）五〇年代後期〜六〇年代中期—フリア美術館の写真とその模本を研究対象とした時期。

秘蔵されていた楚帛書残片のひとつ

（3）一九六六年から現在まで―赤外線写真を利用して楚帛書を研究した時期。

以上の三段階に分けられるが、赤外線写真によって全体の釈読が可能となって研究が驚異的に進歩した。その成果がバーナード『楚帛書訳注』（一九七三）、李零《りれい》『長沙子弾庫戦国楚帛書研究』（一九八五）、饒宗頤《じょうそうい》・曾憲通『楚地出土文献三種研究』（一九九三）などに実を結んだ。

字体は古文（楚系文字）。結構は扁平、円筆を用いて横画の収筆はやや下垂させる筆法で、包山楚簡など戦国楚簡の文字と共通している。

この帛書上に別の帛書の文字痕跡がみられることから、子弾庫出土楚帛書に少なくとももう一枚別の帛書の存在を指摘されていたが、その後、大小合わせて一四片の楚帛書残片が商承祚からその子商志醰《しょうしたん》へと秘蔵されていたことがわかった。朱糸欄《しゅしらん》を施したものが七片（原件は一枚。残りは写真と模本。数術書）、烏糸欄《うしらん》が六片（写真と模本。軍事に関する占書）である。最も大きいもので長さ四・六×幅二・七㎝。朱糸欄に一四文字が墨書されている。これ以外の小片は一～五字である（『文物』92―11参照）。

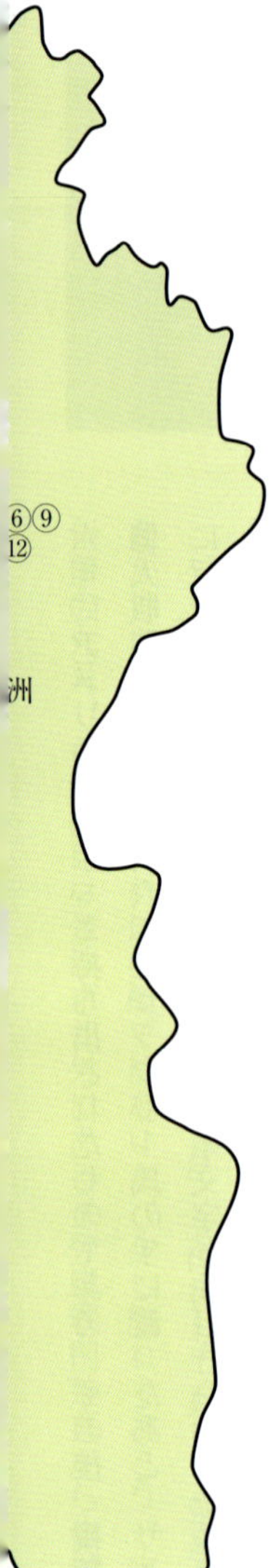

以降の、墓葬や古井戸における簡牘の発掘は新たな研究材料として大いに注目されている。新中国建国以来今日まで、省内の二〇ヵ所以上から、十六万枚ほどの簡牘や帛書が出土しているが、これらの数量は国内のインフラ整備の促進に伴い、今後さらに増加することは言うまでもない。

〈文字の概要〉

湖南省でこれまで出土した簡帛を時代区分すれば、戦国、秦、前漢・後漢、さらに三国呉、晋に分けられる。書かれている文字の字体は、円転を主体とする戦国時代の楚系文字、方折を主体とする秦隷、あるいは漢篆、古隷、漢隷、草隷、草書、行書、楷書などで、我々に貴重な実物資料を提供してくれるため、これらによって字体の変遷を窺うことができるが、その結果、書道史の書き換えを迫られる発見もけっして少なくない。

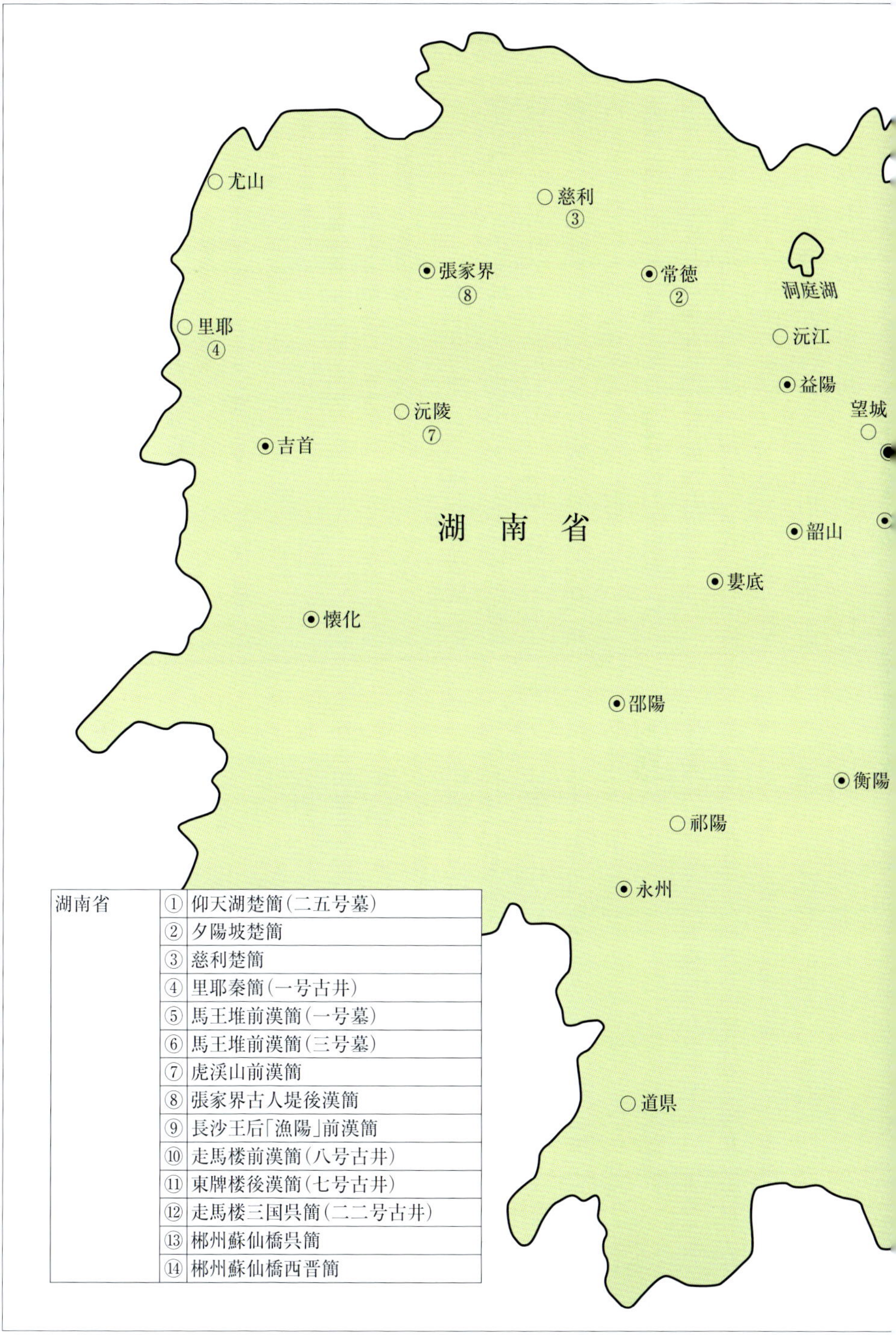

湖南省	①	仰天湖楚簡（二五号墓）
	②	夕陽坡楚簡
	③	慈利楚簡
	④	里耶秦簡（一号古井）
	⑤	馬王堆前漢簡（一号墓）
	⑥	馬王堆前漢簡（三号墓）
	⑦	虎渓山前漢簡
	⑧	張家界古人堤後漢簡
	⑨	長沙王后「漁陽」前漢簡
	⑩	走馬楼前漢簡（八号古井）
	⑪	東牌楼後漢簡（七号古井）
	⑫	走馬楼三国呉簡（二二号古井）
	⑬	郴州蘇仙橋呉簡
	⑭	郴州蘇仙橋西晋簡

湖南省

仰天湖《ぎょうてんこ》楚簡（二五号墓）

名称：長沙仰天湖二五号楚墓出土竹簡
時代：戦国中期後半
出土年月・地：一九五三年七月、長沙市南の郊外
本数と内容：竹簡四三枚。遣策
サイズ：長さ二〇・六～二三・一×幅〇・九～一・一cm、厚さ〇・一二cm
字体：楚系文字
所蔵：湖南省博物館
参考資料：『戦国楚竹簡匯編』（斉魯書社、一九九五年）、『長沙楚墓』（文物出版社、二〇〇〇年）

一九五三年、長沙市南門外にある仰天湖《ぎょうてんこ》で楚墓が発掘された。この墓は二度の盗掘によって大部分の副葬品が持ち去られてしまったものの、陶器・銅器・手に剣を持った木俑など二〇点ほどは残されていたが、棺内に置かれていた竹簡はすでに破損し散乱していた。表側にあった竹簡は黒く変色し文字は判読困難だが、内側にあった竹簡の保存状態は比較的良好であった。完全な形状を留めている簡は一九枚で、それぞれの簡の中間部には八～九cmの間隔で二つの契口《けいこう》（編み紐を固定するための刻み）が残されている。内容は遣策《けんさく》（副葬品のリスト）で、各組の簡の最後尾に小さく「已」や「句」の文字が記されているが、報告者によれば、これらは下葬時に随葬品と照らし合わせた確認のしるしとされ、「已」は物品がすでに入葬された意、「句」はまだ入葬されていないことを表わしているという（181頁参照）。一方、文献によれば、先秦時代の葬礼では〝読賵《どくぼう》〟〝読遣《どくけん》〟の制度があったとあり、このことから類推すれば、簡文に記された「已」「句」は副葬品を逐一読み上げる〝読遣〟の際につけた記録かもしれない（謝家橋《しゃかきょう》前漢簡の項参照）。

字体は楚系文字である。結構は扁平で、曲線を用いた右下方への巻き込みに特徴があるが、いくつかの簡文には縦長に作る結構も見られる。楚系文字の横画は、滑り込ませるような柳葉状の起筆と、露鋒で強く打ち込みスッと引き抜くものとがあるが、この簡は主として前者の筆法をとる。ところでかつて当該簡について「古籀より隷書への変遷がうかがわれる」（『書道全集』第一巻、平凡社）と隷書への移行を示唆する表現がなされているが、秦隷の実例が複数出土し秦系文字の実相が窺えるようになった現在、こういった表現が妥当でないことは言うまでもない。

〈遣策〉

純絵縉

之綻衣絵

夕陽坡楚簡《せきようは》

名称：常徳夕陽坡二号戦国楚墓出土竹簡
時代：戦国中晩期
出土年月・地：一九八三年冬、常徳市徳山夕陽坡
本数と内容：竹簡二枚。内容は楚王に関連のある記載
サイズ：一号簡は長さ六七・五×幅一・一㎝。二号簡は長さ六八・〇×幅一・一㎝
字体：楚系文字
所蔵：湖南省文物考古研究所
参考資料：『楚地出土戦国簡冊［一四種］』（経済科学出版社、二〇〇九年）

一九八三年冬、湖南省文物考古研究所は、湖南省常徳市徳山にある夕陽坡《せきようは》で楚墓を発掘した。墓葬は、槨《かく》内が棺室・頭箱・辺箱の三室に分かれており、ほぼ完全な状況で保存されていた。槨内から二枚の竹簡が出土したが、簡の保存状態はよく、一号簡は簡首をわずかばかり欠損していたものの、二号簡は完全な簡の姿を留めていた。文字もすべて判読でき、一号簡は三二字、二号簡は二二字、計五四字が記されていた。二つの竹簡の文章は連続しており、その内容は楚王と関連のあるものと考えられているが、簡文の「越涌君」を巡って諸家にさまざまな意見がみられる。劉彬徽《りゅうひんき》氏は越地の小さな君長で楚国に帰属したことをいうと考えて「楚威王が前三三三年に大いに越を破って以降のこと」とみる。何琳儀《かりんぎ》氏は涌を甬と解釈して「楚国越地の甬東の封君」といい、二号簡に記されている「舒《じょ》方」の「舒」は伝世の先秦書籍中によくみられる舒国と関係があり、その範囲はおおむね安徽の江南と江北の間であるとみている。李学勤《りがくきん》氏は「越涌君帰楚」について楚の懐王二二年（前三〇七）にあたるとみる。陳偉《ちんい》氏は『楚地出土戦国簡冊［一四種］』で、『史記［呉起列伝］』の楚の悼《とう》王が呉起《ごき》を用いた記録「於是南平百越、北併陳、蔡、却三晋、西伐秦」を引用し、竹簡に記載されている記事は「南平百越」と関係があるとみて、悼王末年～粛《しゅく》王（在位は前三八〇～前三七〇）初年のこととする。いずれにしても、おおむね戦国中晩期にあたる、楚・越・舒の三国に関連する内容であることは間違いなく、こうした点でも資料的価値はすこぶる高い。

字体は楚系文字。当時の実用通行体で、横画はやや右肩上がりだが、字間をたっぷりとっていて、筆致は比較的安定している。

〈竹簡〉（一号簡・二号簡）

越涌君嬴將其眾以歸楚之歲荊尸之月己丑之日、王處於藏郢之游宮士尹□□

之、上與悳哲王之威、佸辻尹郘逯以王命賜舒方御歲愲

同部分

里耶《りや》秦簡（一号古井）

名称：龍山県里耶鎮戦国故城第一号古井出土簡牘
時代：秦
出土年月・地：二〇〇二年五月～六月、龍山県里耶鎮戦国故城
本数と内容：簡牘約三万七千枚。楚文字（竹簡一枚）、掛け算表（木牘一枚）、行政文書（木牘）、祠先農簡、地名里程簡など
サイズ：木牘の一般的な長さ二三・〇×幅一・四～八・五㎝。特殊なものは長さ四六×幅一〇㎝に達するものもある
字体：秦隷
所蔵：湖南省文物考古研究所
参考資料：『文物』03─1、『里耶発掘報告』（岳麓書社、二〇〇七年）

湖南省の里耶戦国故城は、重慶と接する省境にほど近いところにある里耶盆地の中部に位置し、東側は沅《げん》水《すい》の支流である酉水《ゆうすい》に面している。二〇〇二年五月～六月、水力発電所建設に伴いこの里耶戦国故城で秦代の古井戸（J1号）を調査したところ、秦代の簡牘が大量に発見された。ただし、楚簡も一枚だけ含まれていた。井戸は地表から三mのところにあり、幅三〇㎝、厚さ一〇㎝の木版で周囲を覆って井筒を形成してある。深さは一四・三mで、井戸の内部には堆積した泥に混じって生活廃棄物も含まれていた。こうしたことから里耶故城はおそらく秦末の戦乱期において短期間のうちに廃棄されたもので、この点、古井戸の底から梱包された形で出土した長沙走馬楼《そうまろう》呉簡とは異なる。井戸の内部は一八層に分けられ、そのうち簡牘が多く出土したのは第八・九・一二・一五・一六層の計五層で、少量の簡牘が出土したのは、第五・六・七・一〇・一一・一三・一四層の計七層である。

出土簡牘の内容に関して現在までわかっていることをまとめるとおおよそ次の五種になる。

①楚文字簡牘：はっきりとした楚系の特徴を有している竹簡が一枚だけ発見された。残簡の表面に「□□布四敦釦□」とある。

②掛け算表：これまで発見された古代の掛け算表と異なる点は、〇・五の意味を持つ「半」字を用いた「二半而一」の記述があることで、これは事実上の少数計算といえる（163頁参照）。

③行政文書：大量に発見された文書中に「遷陵」の文字がみえるが、これは遷陵県廷の文書および副本をこ

里耶故城址の発掘風景

第一号古井

習字簡

古代の書き手は、正確かつスピーディに書くことが要求されたが、その一方で文字の結構の美しさを追求するために点画の練習を怠らなかった。習字簡と呼ばれる簡牘の存在がこのことを物語っている。現在までに出土した簡牘、主として秦漢時代のものだが、左右や下方への払い出しに腐心している例がいくつか見られる。当時の人々の美意識の中に、しなやかに引き延ばす筆画に対して、ある特殊な思い入れがあったのではないかと想像させるものがあり、こうした動きが最終的に秀麗な八分様式に繋がっていくものと考えられる。

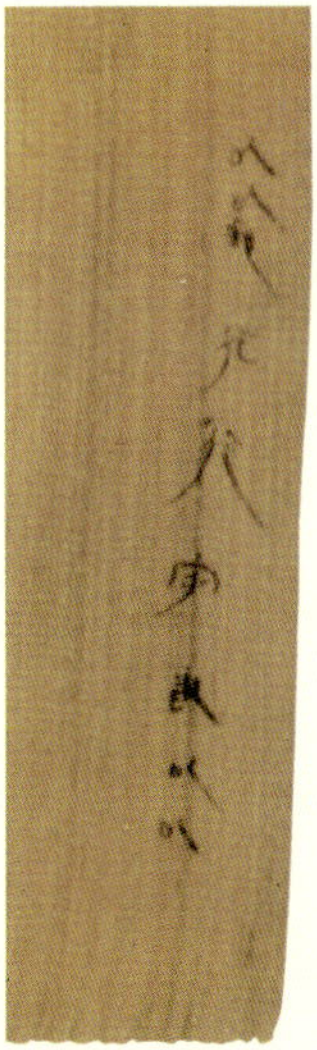

里耶秦牘（部分）

こで保存していたものと考えられ、秦代の公文書にあたる。よって書写年月が細かく記されており、その年代は秦始皇二五～三七年（前二二二～前二一〇）と二世元年・二年（前二〇九・二〇八）の一五年間のものである。書かれている内容は、たとえば、武器を移送する命令「遷陵県には一六九丁の弩がある。四丁を益陽県に、三丁を臨沅県に送れ。」とか、「武器を運び出すときは農繁期の農民を使ってはいけない。罪人を使え。」など、興味深いものも少なくない。

④祠先農簡：秦始皇三二年三月二〇日に書写したもので、一～七号簡は品物を準備して祭祀に供える簡、八～二一号簡は祭祀が終了した後のお供えの肉の分配に関する内容の簡である（110頁参照）。

⑤地名里程簡：地名と里程を記した三枚の木牘。

　里耶秦簡の全容がすべて公表されたわけではないため、現在見ることができる範囲で述べれば、書体は秦隷であるが、謹直なものからややくだけたものまで書風にいくつかのバリエーションがある。その書きぶりを大まかに分類すれば、

①方折：点画が直線的で扁平な用筆のもの

②飄逸：おどけた表情を有した書きぶりのもの

③円転：横画の湾曲と下方への巻き込みが見られ、字形は秦系に違いないが様式は楚簡風のもの

④奔放：筆勢が強く大胆な筆致のもの

⑤右肩下がり：横画の右肩を極端に下げた書きぶり

⑥波勢：横画や左右の払いに波勢が見られるもの

以上の六種である。この中には草率な書きぶりによって、省画され、初期の草隷といえるものもあって、統一秦で用いられた実用通行体は予想以上に多彩な表情を覗かせていることがわかる。ところで、隷書の誕生に関してある解説書では、今だに「小篆を簡略化し、簡単に書けるように工夫した書体が隷書である。」と誤記しているものがあるが、小篆制定以前に、隷書（秦隷）が用いられていたことはすでに明白である。

　もう一言付け加えれば、公文書の形態には厳格な規定があり、文末には署名と考えられる「〇手」の書き込みが散見される。このような署名は、孔家坡《こうかは》前漢簡牘や高台《こうだい》前漢簡牘などにも見られるが、これらはみな文書作成者の署名と考えられる（134頁参照）。

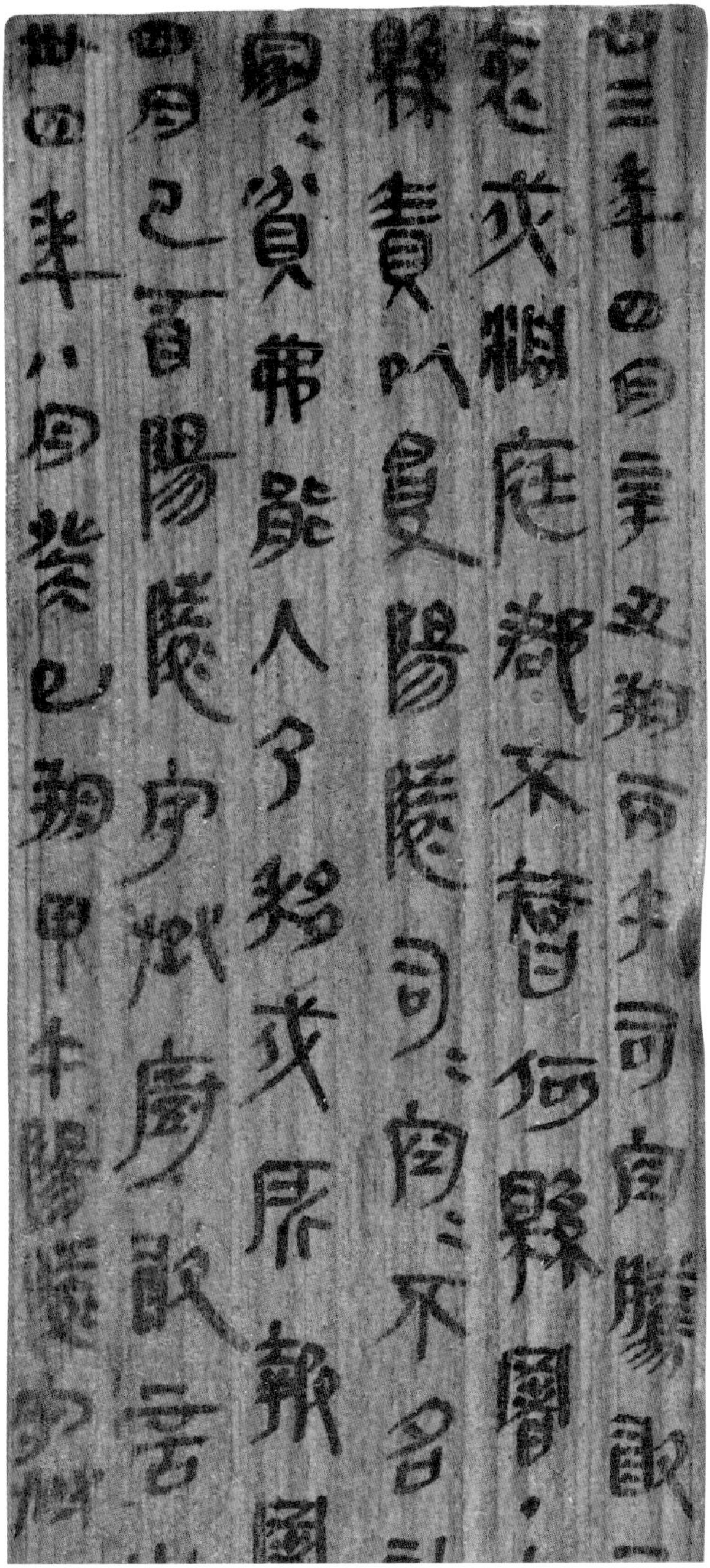

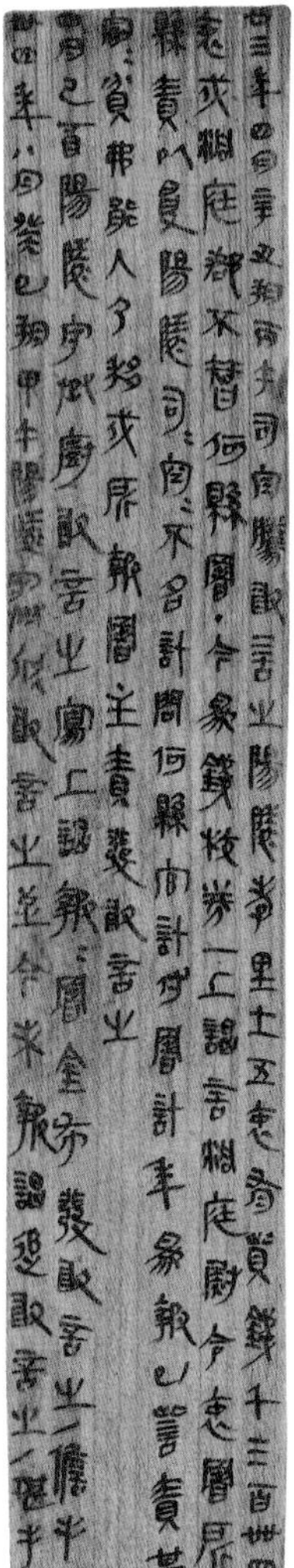

卅三年四月辛丑朔丙午、司空騰敢…
衷戍洞庭郡、不知何縣署、…
縣責以授陽陵司空、〔司空〕不名…
家、〔家〕貧弗能入、乃移戍所、報…
四月己酉陽陵守丞廚敢言…
卅四年八月癸巳朔甲午、陽陵守丞…

〈木牘〉〝飄逸〟

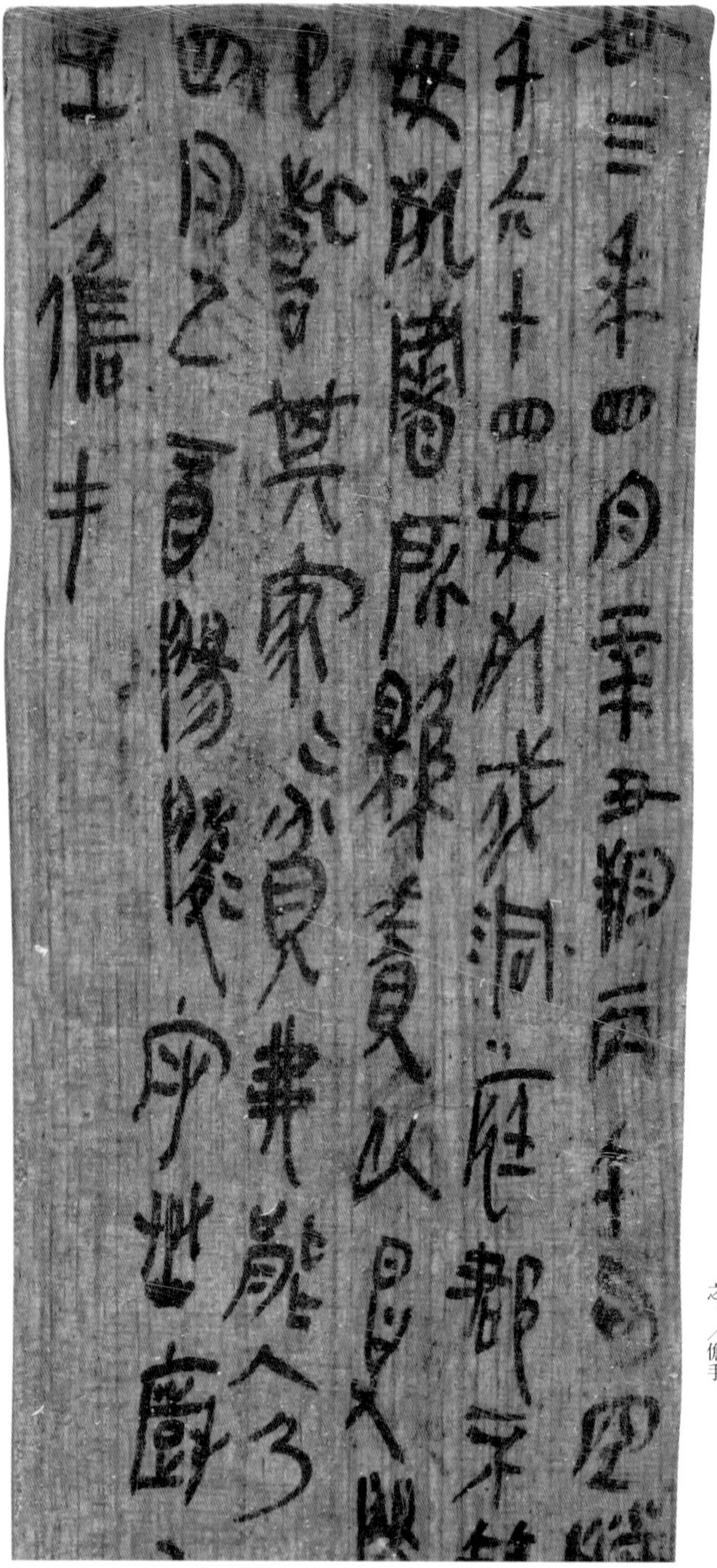

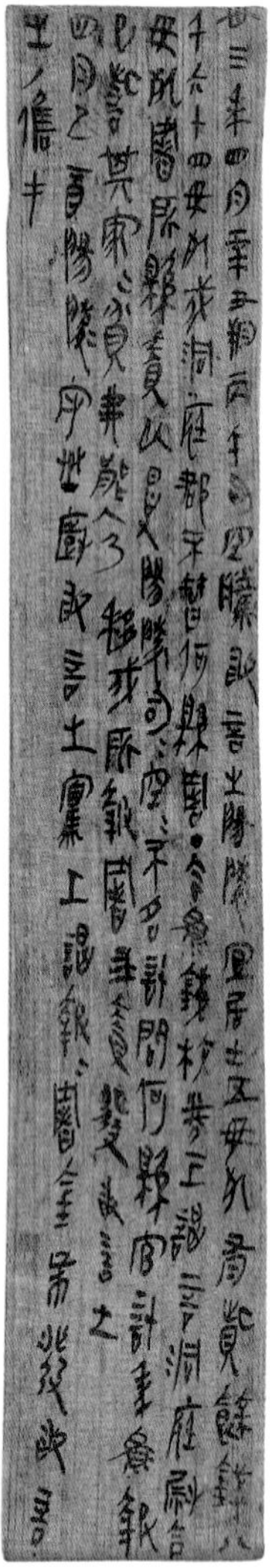

卅三年四月辛丑朔丙午、司空…
千六十四。毋死戍洞庭郡、不…
毋死署所縣責以授…
已訾其家、〔家〕貧弗能入、乃…
四月己酉陽陵守丞廚…
之。╱儋手。

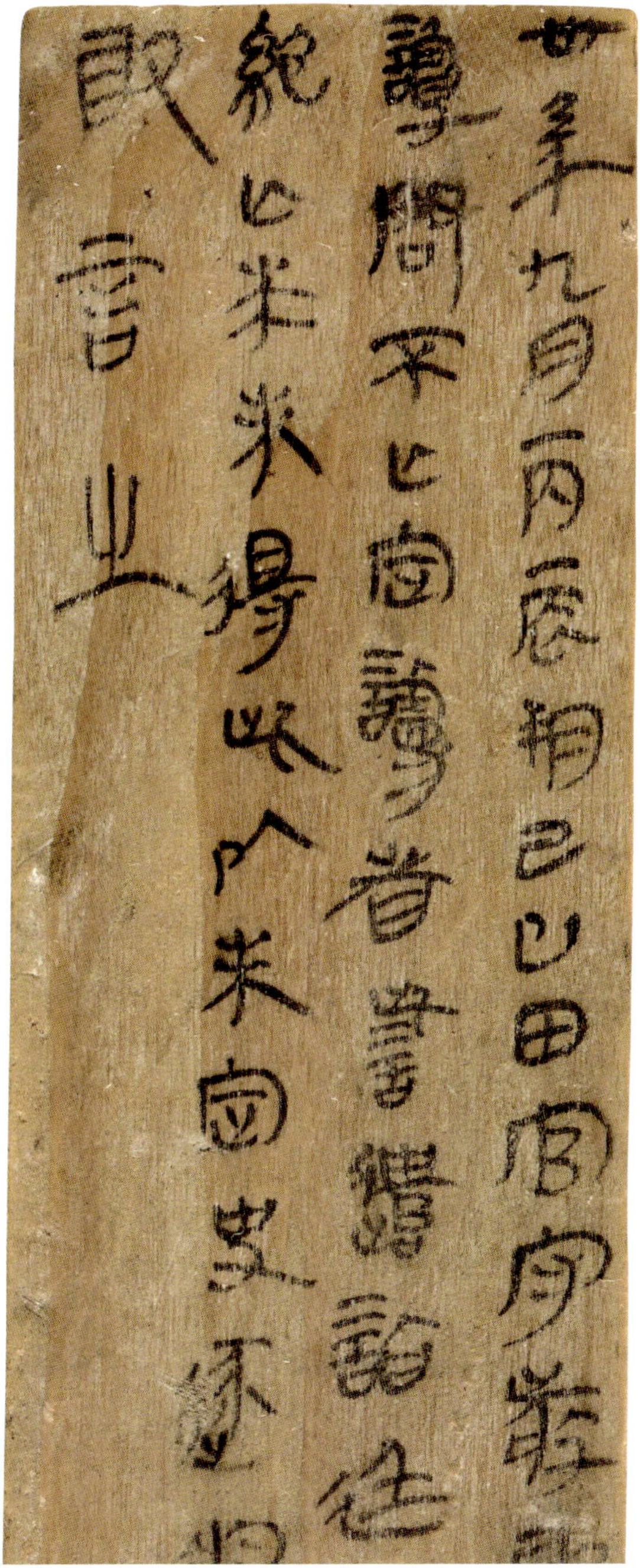

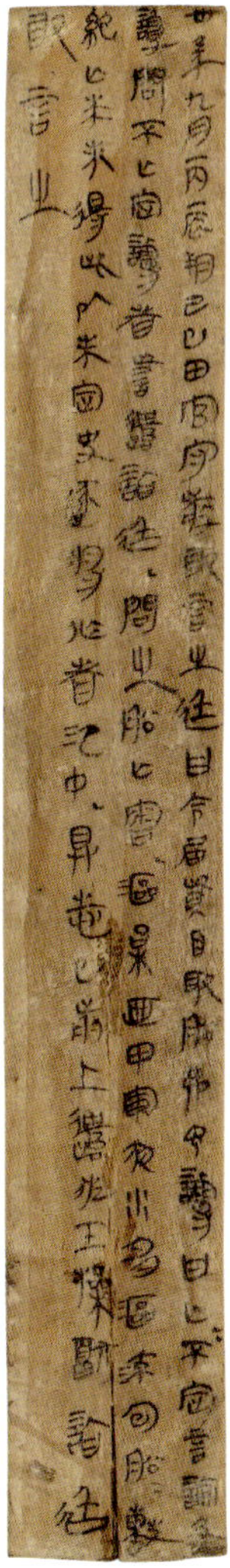

〈木牘〉〝円転〟

卅年九月丙辰朔己巳。田官守敬…
讂問、不亡。定謾者訾遣詣廷、…
絕、亡。求未得。此以未定。史逐…
敢言之。

馬王堆《まおうたい》前漢簡（一号墓）

名称：長沙馬王堆前漢（辛追《しんつい》）一号墓出土簡牘
時代：前漢早期（文帝の前元一五年〈前一六五〉前後）
出土年・地：一九七二年、長沙市東郊
本数と内容：竹簡三一二枚、木楬《もっけつ》（籤牌《せんぱい》）四九枚。遣策その他
サイズ：竹簡は長さ二七・六×幅〇・七㎝、厚さ〇・一㎝
字体：篆意を帯びた隷書
所蔵：湖南省博物館
参考資料：『長沙馬王堆一号漢墓』（文物出版社、一九七三年）

一九七二年、馬王堆《まおうたい》一号漢墓から弾力のある皮膚を保った女性の遺体〈湿屍体《しっしたい》〉が発見されたニュースは、あっという間に世界を駆けめぐった。爪や髪の毛まで腐食せずに遺っていた女性の遺体を解剖した結果、死亡推定年齢は五〇歳前後、身長一五四㎝、体重三四・三㎏、喉から胃にかけてウリの種が消化されずに出てきたことから、ウリの採れる季節に亡くなったことなどがわかった。遺体が二千年以上の時を超えて腐らなかった理由はいろいろ考えられるが、もっとも重要な点は、①槨の上下、四周に殺菌効果を持つ木炭（長さ四〇～五〇㎝）が入れられていたこと、②その上に白陶土（厚さ一～一・三m）が塗り固められ内部が密封されていたこと、③地上から一六mの深さ、盛り土した頂上から計れば三二mの地下に埋葬されたため、一定の低温状態が保たれたこと、など複数の要因があげられる。いずれにしても湿屍体が出土するのは奇跡的といわねばならない。なお、四重の棺の上蓋に一幅の鮮やかな帛画《はくが》がかけられていた。この帛画はT字型をした全長二mの絹地に天上・地上・地下世界を描いたもので、「非衣《ひい》」と呼ばれる。死者の霊魂の昇天を願って納められたものと思われる。

棺の中から出土した竹簡は、どの簡も字数は二～二五字の範囲で書かれた後、編綴《へんてい》されたものと考えられる。内容は遣策《けんさく》（副葬品のリスト）ではあるが、その記載方法に二種類ある。一つは直接物品の名称と数量を記載したもの。もう一つは各物品に対するまとめであり、簡の頂端部に一本の横線を引き、書き出しに「右方」と記している。物品は、副食品・調味料・酒《しゅ》醴《れい》（酒とあま酒）・穀類などの食品に関するリストのほか、漆器・陶器・化粧用具と衣物、あるいは楽器・竹器・木製品、土で作った明器など各種の名称が書かれたリストもある。これによって、漢代の物品名がわか

るだけでなく、当時の生活習慣をもかいま見ることができる。

字体は隷書をベースにしているが、篆書の筆法も残存している。起筆の打ち込みを強く当たって収筆で引き抜き、結構を縦長に作っているほか、主体になる縦画は放縦で筆勢が見られる。

当該墓から四九枚の木楬を出土した。竹笥につけられた状態のものが十七枚、竹笥からはずれて落下したものが十七枚ある。木楬の大きさは、長さ七・一～一二×幅三・七～五・七cm、厚さ〇・二～〇・四cmの範囲で、書かれている文字は竹笥に盛られた物品名である。円首に作られた頂端部には墨が塗られ、紐が通されるように二つの小さな穴があけられている。字体はやや小振りでしなやかな隷書である。

馬王堆一号墓墓坑

封検と木楬を組み合わせた例

封検は、みだりに披閲できないように封印するときに用いた簡牘のこと。木楬は頭部を丸くカットして網目状に塗りつぶした木札のこと。これらを組み合わせて使用した例がある。馬王堆一号漢墓で出土した竹笥には、縄で結束したあと、中央に封検を、別の端に木楬を付けて竹笥内の物品名を記している。

竹笥

〈遣策〉

滑辟席一廣四尺長丈
生（青）繒掾（緣）

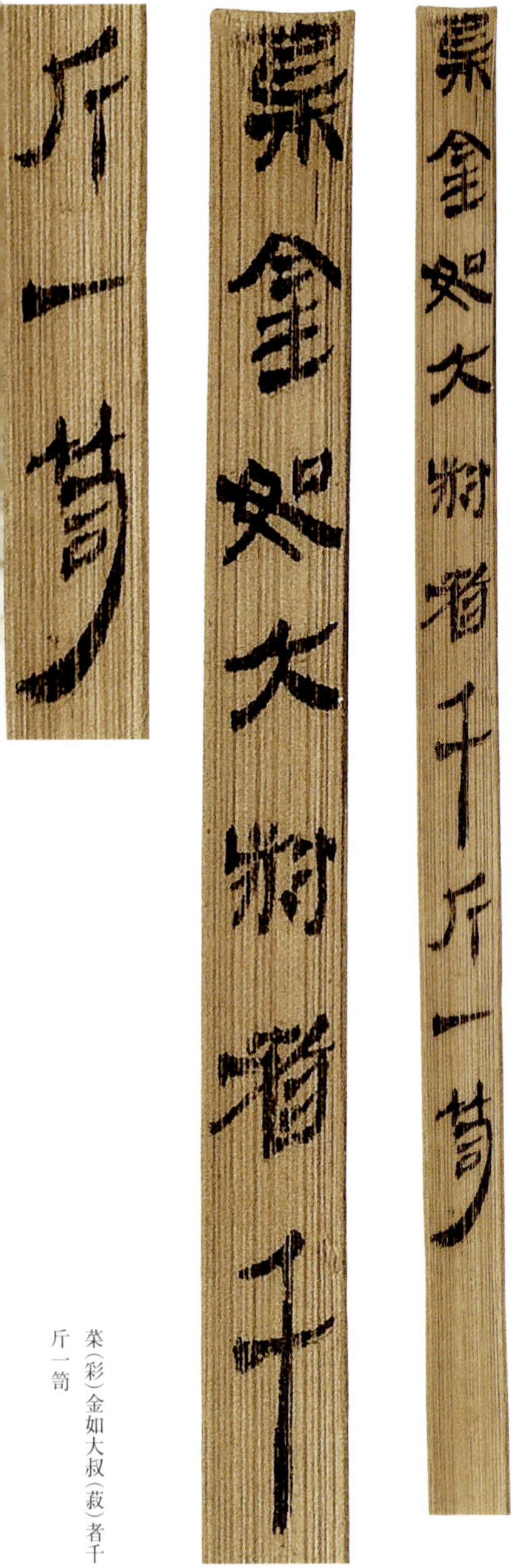

菜（彩）金如大叔（菽）者千
斤一笥

繒聶
幣笥

鹿脯笥

文犀角
象齒笥

簡牘の符号〝句読符、重畳符、界隔符、題示符、鈎校符〟

簡牘に使われている符号には多くの種類がある。①句読符：「レ」「L」形。句読符は人名と数詞の間に打つ。例えば「隊長常賢ㇾ充世ㇾ綰ㇾ福等・・・」（敦煌1722）。数詞の句読符は一・二・三が連続するとき間に打つ。もし句読符を打たなければ連続した横画がいくつの数値なのか判断できない。打つ位置は数字の右下である。②重畳符：「=」「-」形。単字重文と多字重文とがある。例えば単字重文は「使=再拝白」→「使使再拝白」の意。多字重文は「車騎将=軍=中二=千=石=」→「車騎将軍、将軍、中二千石、二千石」の意。③界隔符：早期は「一」、後「ノ」に変わる。三種の意味がある。（1）文書の責任者と起草者を分ける。（2）当事者と見証者とを分ける（3）事項を分ける。④題示符：標題と主題とを提示したり、章節の段落やまとめ、合計などを提示したりする。「●」「■」「▲」などの符号。⑤鈎校符：照合したり校正したりする。その符号の形態は「レ」「一」「巳」「〇」「卩」などあるが、一定していない。（李均明『古代簡牘』参照）

馬王堆《まおうたい》前漢簡（三号墓）

名称：長沙馬王堆前漢（軑侯利豨《たいこうりき》）三号墓出土簡牘
時代：前漢早期（文帝前元十二年〈前一六八〉）
出土年月・地：一九七三年一二月～七四年初め、長沙市東郊
本数と内容：竹簡六〇二枚、木牘七枚、木楬（簽牌）五四枚。
　遣策。医学書
サイズ：遣策簡は長さ二七・五×幅一cm。医学書簡は長さ甲巻二三×幅〇・六と〇・九cmの二種。乙巻二二～二三×幅一・一～一・二cm。木牘は長さ二八×幅二・五～二・六cm
字体：隷書・草隷
所蔵：湖南省博物館
参考資料：『文物』94—6、『馬王堆漢墓文物』（湖南出版社、一九九二年）

馬王堆三号墓は、利蒼《りそう》の息子の墓である。竹簡の中には四〇二枚の遣策《けんさく》が遺されており、副葬品の名称と数量を具体的に記している。中には車騎・楽舞・童僕などの侍従に関するもの、兵器や儀仗、楽器に関するものなどがあるが、これらは一号墓出土の簡牘には見られなかったものであり、また食品、服飾・器具の名称も初めて目にするものも少なくない。一号墓の簡牘に記されてあった、物品をまとめる意味の「右方」と書かれた簡はさほど多くなく、むしろ別の木牘上にそのまとめが書かれてある。二枚の木牘には、各種の食品を入れた竹笥《ちくし》、瓦器《がき》、布嚢《ぬのぶくろ》の数目や置いた場所とその品物の出所を記載している。また東側の箱から出土した一枚の木牘には、「禅衣」「複衣」「長襦《じゅ》」「便常」など違った生地で作られた衣が多数記載されていた。さらにもう一枚の木牘には「文帝前元十二年〈前一六八年〉」の紀年が記されていたが、これは三号墓の下葬年代がわかる貴重な木牘である。

もっとも価値のあるものは、医学書〈十問〉〈合陰陽〉〈雑禁方〉〈天下至道談〉の四種合計で二〇〇枚が長方形の漆製の箱の中から出土したことである。〈十問〉（竹簡一〇一枚）は「養陽」理論で、黄帝から秦昭王までの十人の問いに答える内容、〈合陰陽〉（竹簡三二枚）は主として性生活の技巧を述べたものである。〈雑禁方〉（木簡一一枚）は符呪《ふじゅ》（まじない）などの法術を用いて、夫婦の不和、嬰児の泣き癖、悪夢などに対する処方を記述した内容、〈天下至道談〉（竹簡五六枚）は世界でもっとも早い養生に関する専著である。簡牘にもともと標題がつけられていたのは〈天下至道談〉だけで、これ以外はすべて整理した段階で命名されたも

のである。

遣策の字体は隷書をベースにしているが、筆画は渾厚、草隷風で右肩下がりの文字も交じる。医学書の〈十問〉と〈天下至道談〉は秦隷を基調とした方整な結構であり、〈合陰陽〉と〈雑禁方〉はいずれも草隷に属すが、前者の〈合陰陽〉はより暢達した点画、後者はかなり草卒な筆致で書かれているという明らかな違いが見られる。

なお、同時に三号墓からは多くの帛書が出土している。これらを書体別に分類すると、篆隷・古隷・漢隷・初期の草隷に分けることができる。簡牘や帛書の文字をみると、前漢早期の書法表現には、かなりバリエーションがあったことがわかる。

槨内にびっしり納められた副葬品

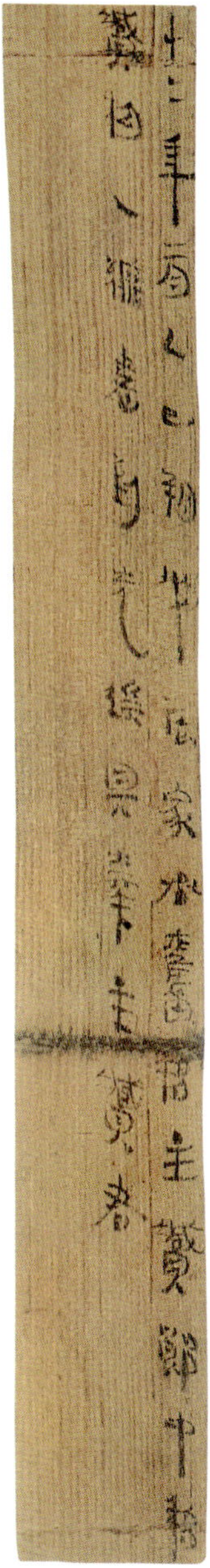

紀年木牘（前一六八年）

十二年二月乙巳朔戊辰、家丞奮移主藏郎中、移藏物一編、書到先質、具奏主藏君。

羊癐（膾）一器

牛濯脾レ含レ心レ肺●各一器

牛濯胃一器

犬肩一器

牛乘炙一器

虎渓山《こけいざん》前漢簡

名称：沅陵城関鎮虎渓山前漢（呉陽）一号墓出土簡牘
時代：前漢時代（文帝・後元二年〈前一六二〉）
出土年月・地：一九九九年六月、沅陵県城関鎮西の虎渓山
本数と内容：約一〇〇〇余片。〈黄籍〉（整簡一二〇枚）、〈日書〉（整簡約五〇〇枚）、〈美食方〉（整簡約一〇〇枚）
サイズ：〈黄籍〉＝長さ一四・〇×幅〇・六㎝、厚さ〇・一三㎝。〈日書〉（日ごとの占卜の記録）＝長さ二七・〇×幅〇・六〜〇・七㎝。〈美食方〉＝長さ四六〜五〇×幅〇・六㎝、厚さ〇・一㎝
字体：隷書
所蔵：湖南省文物考古研究所
参考資料：『文物』03―1、『新出簡帛研究』（文物出版社、二〇〇四年）

一九九九年五月、沅陵《げんりょう》県城関鎮西の虎渓山《こけいざん》にて異穴夫婦合葬墓を発見し、翌月から発掘を開始した。墓中から「呉陽《ごよう》」印が出土したことで、墓主は前漢第一代沅陵侯の呉陽であることがわかった。呉陽は、第二代長沙王呉臣の子で、呂太后元年（前一八七）に封を受け、漢の文帝後元二年（前一六二）に在位二五年で卒した。副葬品には、陶器・漆器・玉器・青銅器・竹簡などのほか、シルク製品や果物も含まれていた。

一号墓から発見された竹簡はおよそ一〇〇〇枚。内容は①〈黄籍〉②〈日書〉③〈美食方〉の三種である。

①〈黄籍〉は整簡と残簡を併せて枚数は二四一、その中の整簡は一二〇枚、二ヵ所で編綴《へんてい》されている。黄籍は黄簿ともいい、郡国が中央政府に対して報告した戸籍・田畑・賦税・兵器などの基本台帳である。

②〈日書〉は枚数一〇九五、その中の整簡は約五〇〇枚、二ヵ所で編綴されている。この中には首簡に〈閻《えん》氏《し》五勝〉、最終簡に〈閻氏五生〉と題した一編があり、子を生むことや嫁を娶ること、伐採などの事例を挙げ、簡ごとに秦末漢初の歴史的事件を記述している。書きぶりは整斉なものだけでなく、草隷風なものがあり、中には右肩下がりで小気味よいリズムの書も交じる。

③〈美食方〉は約三〇〇枚。すべて残簡で完全なものは一つもなく、現在確認できるものはその三分の一前後だが、完整簡にした場合の長さは四六〜五〇㎝になり、どの簡も六〇〜七〇字が書写されている。植物性食品と動物性食品に分け、一簡にほぼ一つの料理方法を記したもので、いわば料理のレシピである。ただし、

一般の料理本ではなく、諸侯のための宮廷高級レシピといえる。魚・馬・牛・羊・豚・犬・鶏・ガチョウ・雁などの食材に、調味料として塩・酒・肉醤油汁・豆醤油汁・生姜・もくれん・ぐみ・酢を加えた、いろいろな料理を紹介している。

〈黄籍〉と〈美食方〉の字体は隷書だが、篆意を残しており、方円を兼ね備えた洗練度の高い渾厚《こんこう》な書である。また主たる縦画を長く引き延ばしている点に特徴がある。

「呉陽」玉印の印影

虎渓山前漢墓の墓室

〈竹簡〉

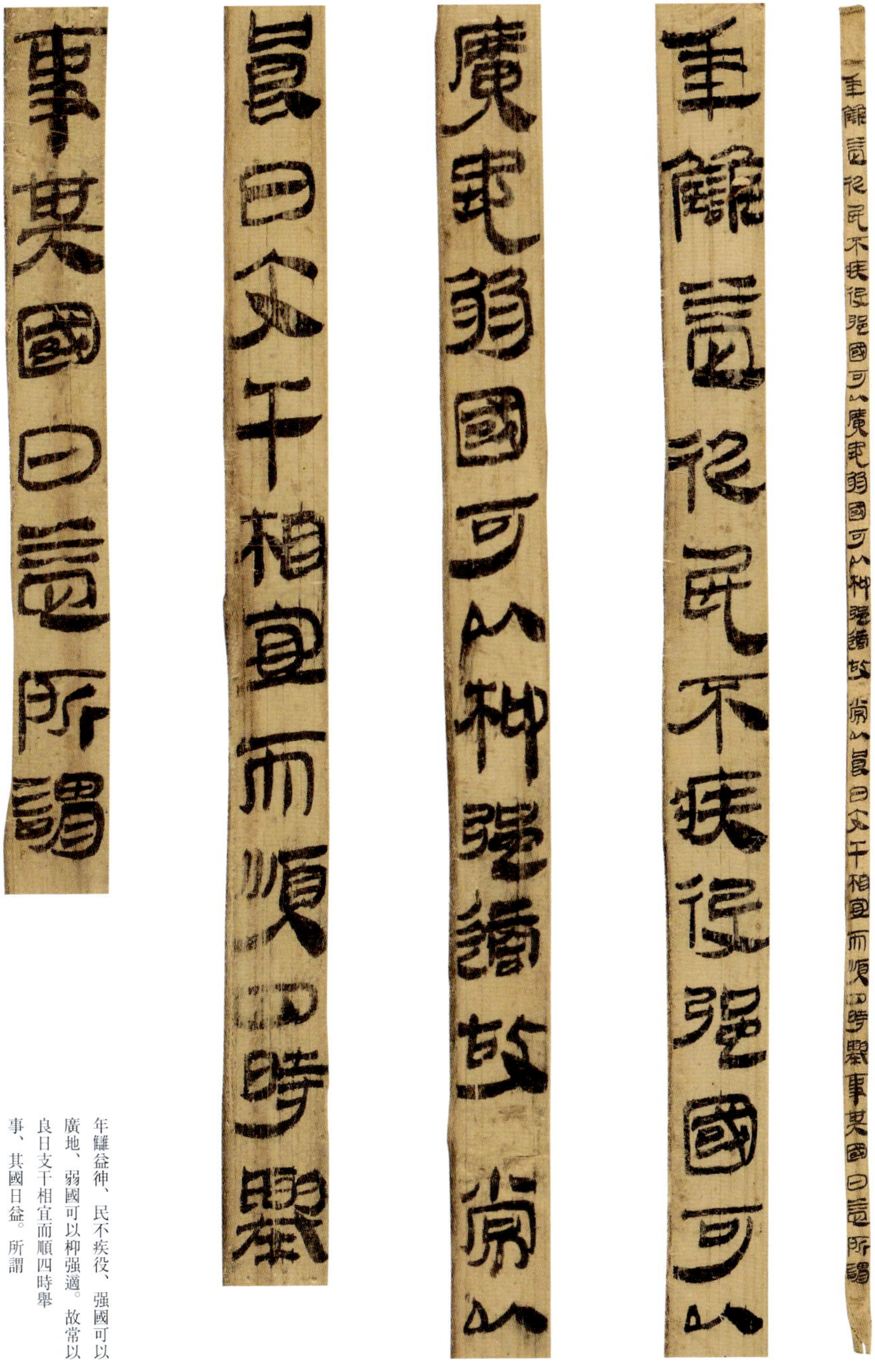

年饑益神、民不疾役、强國可以廣地、弱國可以柳强適。故常以良日支干相宜而順四時舉事、其國日益。所謂

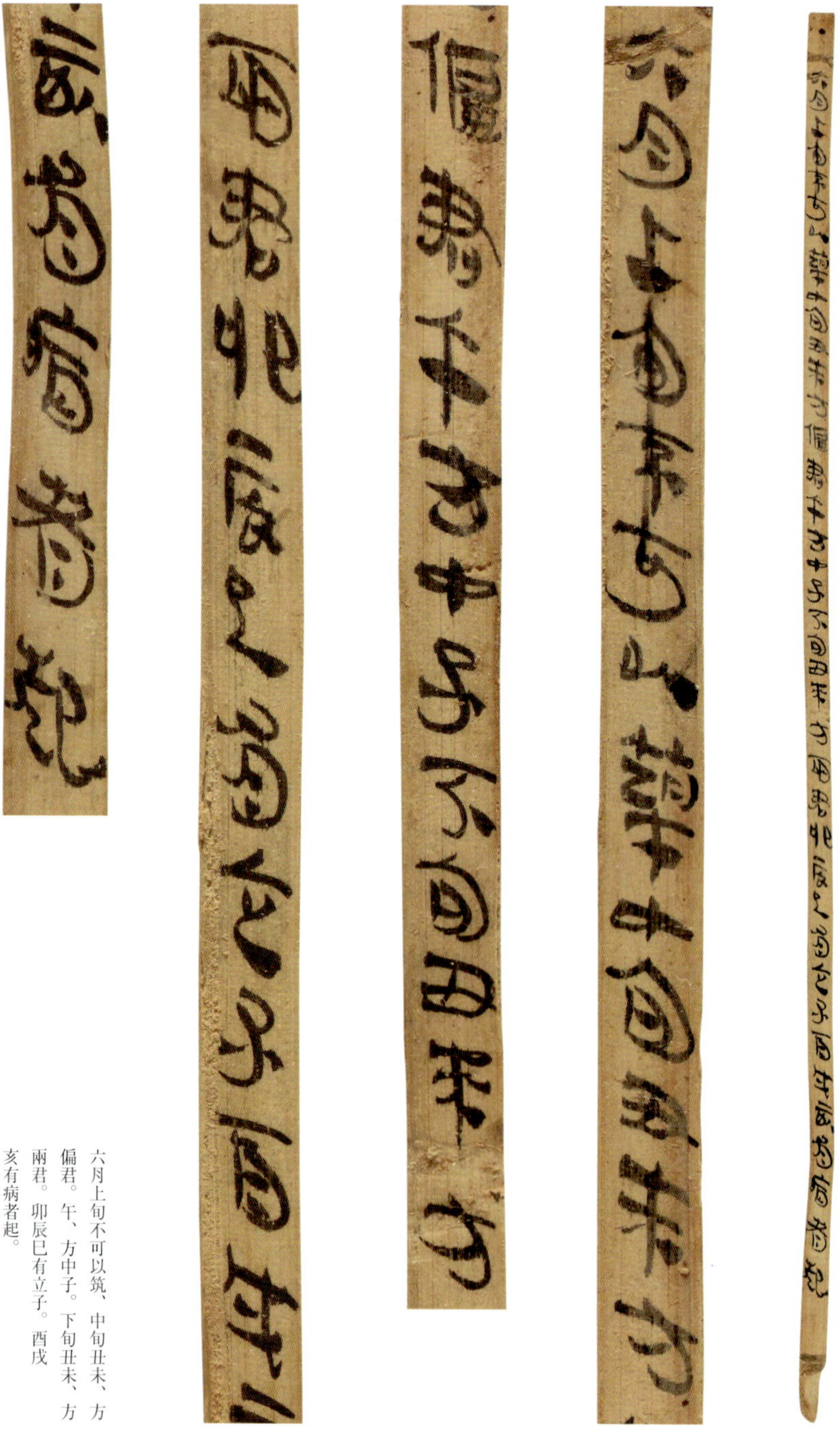

六月上旬不可以筑、中旬丑未、方偏君。午、方中子。下旬丑未、方兩君。卯辰巳有立子。酉戌亥有病者起。

〈閻氏五勝〉

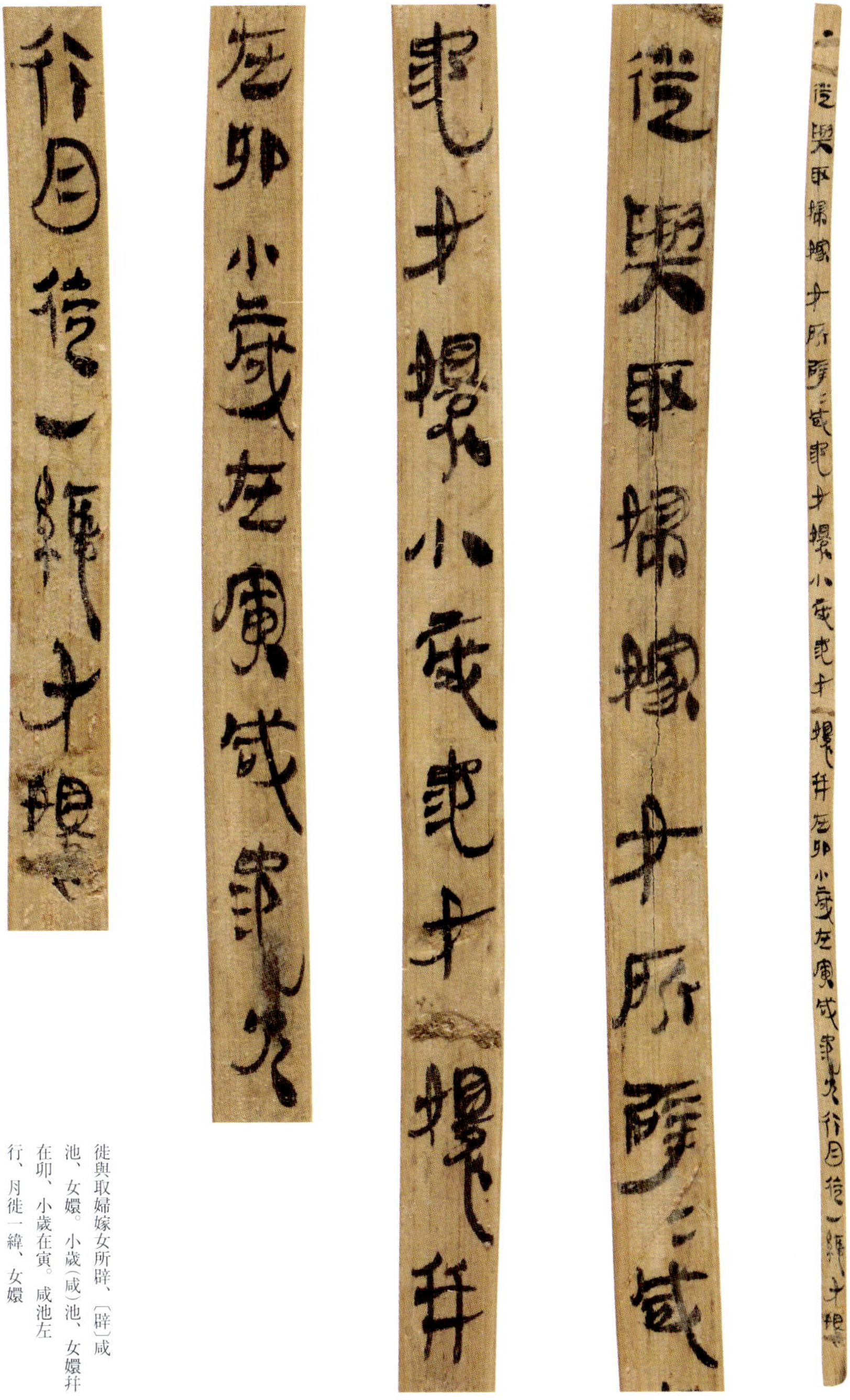

徙與取婦嫁女所辟、〔辟〕咸池、女嬛。小歲（咸）池、女嬛幷在卯、小歲在寅。咸池左行、月徙一緯、女嬛

長沙《ちょうさ》王后《おうこう》「漁陽《ぎょよう》」前漢簡

名称：長沙望城坡漁陽前漢墓出土簡牘
時代：前漢・文帝～景帝の間
出土年月・地：一九九三年二月～七月、長沙市望城坡
本数と内容：木楬・簽牌・封泥匣など一〇〇枚余り。内容は主として副葬品とその数量
サイズ：木楬は長さ七・八～一七・〇×幅四・三～六・二cm、厚さ〇・二～〇・四cm。簽牌は長さ五・九～一〇・四×幅二・〇～二・四cm、厚さ〇・二～〇・二五cm。封泥匣は長さ五・〇×幅三・〇cm、厚さ一・二cm
字体：隷書・草隷
所蔵：長沙市文物考古研究所
参考資料：『文物』10―4

一九九三年二月～七月にかけて、長沙市文物工作隊と長沙市文物管理委員会は、長沙市湘江西岸の望城《ぼうじょう》坡《は》において急遽、漁陽《ぎょよう》墓を発掘した。この墓葬は海抜七一・二mの丘陵上に位置するもので、高さ約五mの円形の封土であるが、盗掘された跡が三ヵ所発見された。その中の二ヵ所は漢代の盗掘跡と見られるもので、墓葬を取り囲んでいる題湊《だいそう》（木口《こぐち》積みした槨室の木材）を移動させて墓室に到達した痕跡が残されているが、それでも金・玉・漆木・陶器などの文物は三〇〇〇件余り出土した。なお、槨室の壁板上には編号が、題湊上には題記が刻されている。また、漆耳杯には「漁陽」の二字が錐刻《すいこく》されている。

杉材で作られた木楬《もっけつ》・簽牌《せんぱい》・封泥匣《ふうでいこう》など計一〇〇枚余りは、東蔵室・南蔵室・棺室から出土したが、大多数は破損していた。長方形の木楬は、上方を丸く削って黒く塗り、二つの穴を開けている。同じく長方形の簽牌は、下方の両側に縄をかけるための切り込みが施されている。封泥匣は、長方体の中間に凹みを穿ち、封泥を塡めるようにこしらえてある。封泥中の「長沙后府」、木楬の「陛下贈物」「王税」その他から、墓主人は前漢初めの長沙国のある王后だと考えられる。

「漁陽」とは、墓主が食する所の封地の呼称である。出土器物が馬王堆《まおうたい》や沅陵《げんりょう》侯呉陽墓のものと類似していることと、『漢書』に載せる、高祖五年（前二〇二）「徙衡山王呉芮為長沙王、都臨湘」、文帝の後元七年（前一五七）「無後国除」の記述によって、漁陽墓の年代は、文帝～景帝初年の間と考えられる。

字体は馬王堆出土の木楬ときわめてよく似ていて、やや沈着な隷書もあれば、調達した草隷もある。

木楬

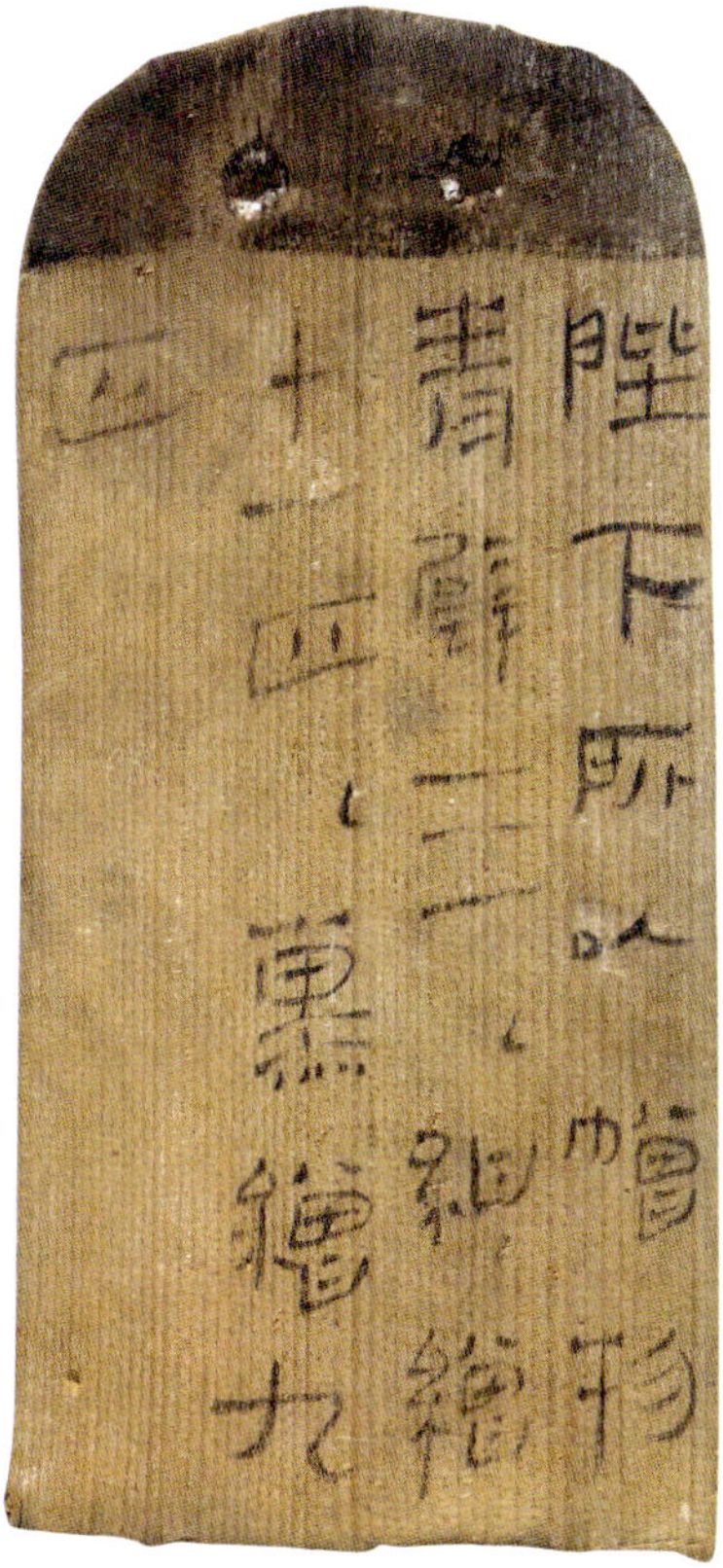

陛下所以贈物。青璧三。紺繒十一匹、熏繒九匹。

封泥匣

長沙后府

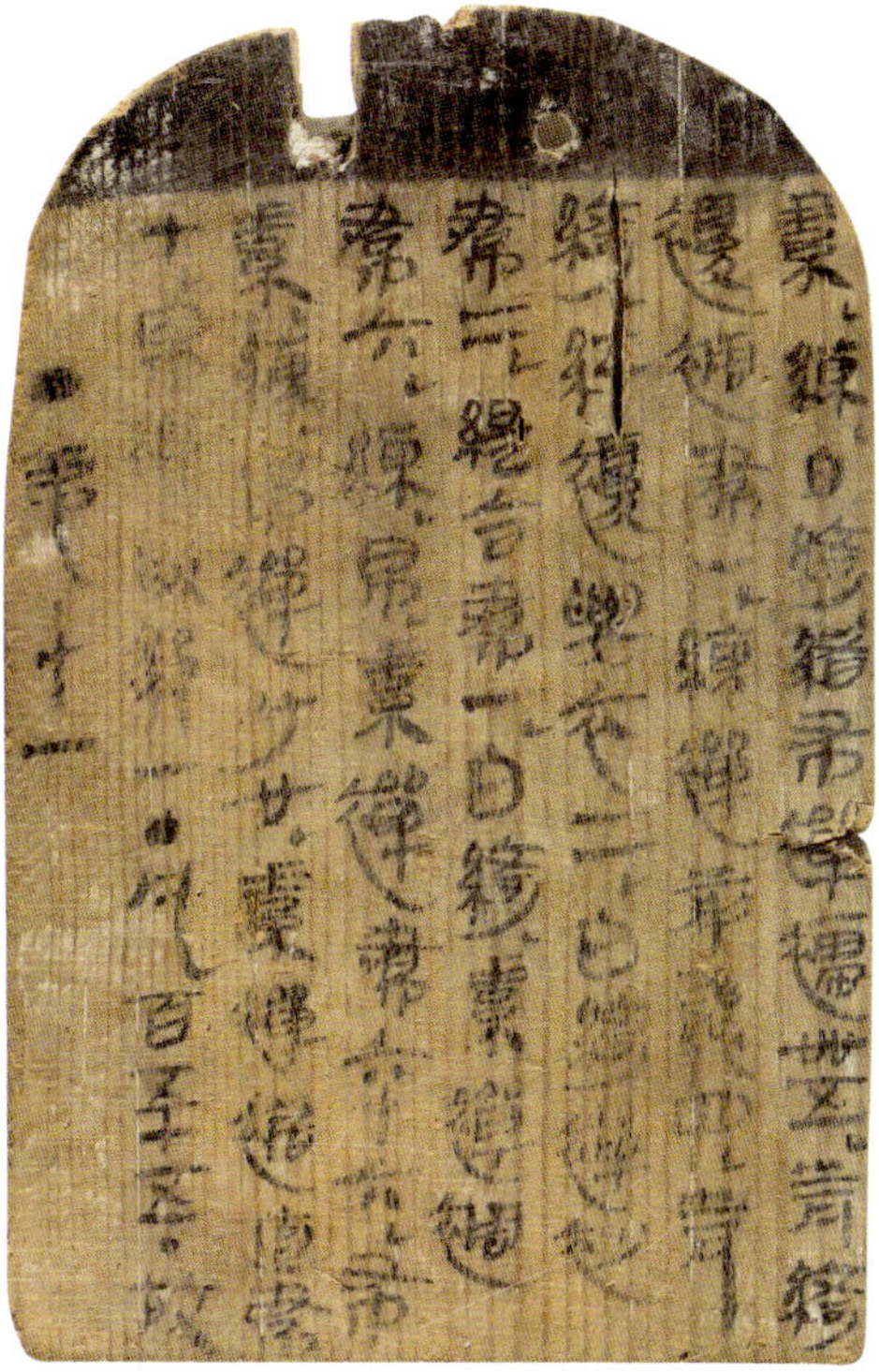

素、練、白綺緒布襌襦卌五、青綺複裯裙一、練襌前襲四、青綺紅複要衣二、白綺襌衫裙二、緹合裙一、白綺、素襌裯裙六、練、帛、素襌裙六十六、布、素、練、帛襌□廿、素襌裯直裙七、帛□敝郗一●凡百五十五。故。

●第十一

走馬楼前漢簡《そうまろう》（八号古井）

名称：長沙走馬楼前漢八号古井出土簡牘
時代：前漢・武帝時代早期
出土年月・地：二〇〇三年十一月、長沙市走馬楼街東側
本数と内容：三、四千枚。内容は公文書。多くは司法に関わるもの。少数の私文書もある
サイズ：形制は三種。長さ四六×幅一・八～二・一cm（両行文書）。長さ二三・〇×幅一・八～二・一cm（両行文書）。長さ二三×幅〇・八～〇・九cm（単行文書）
字体：隷書・章草風のもの
所蔵：長沙簡牘博物館
参考資料：『出土文献研究』第七輯（上海古籍出版社、二〇〇五年）

二〇〇三年九月下旬、走馬楼《そうまろう》街の東側で戦国～明清にかけての古井戸を一〇数ヵ所ほど発見した。このうち、深さ一〇・四mの古井戸（J8）を十一月に発掘し、内部から大量の竹木片と簡牘を出土した。この古井戸の場所は、かつて走馬楼三国呉簡が発見された地点から九五mのところである。簡牘の数量は三、四千枚と目されているものの、実数は今なお未発表である。簡文中に「四年二月乙未朔」～「九年十一月丁酉朔」の紀年が含まれていて、これを『中国先秦史暦表』に照らしてみると、「元朔」四～六年（前一二五～前一二三）、それに続く「元狩」元年～三年（前一二二～一二〇）の年号にぴったり符合する。このことから当該簡牘は、前漢・武帝時代早期の遺物であることが確認された。この地域では、劉発《りゅうはつ》の子、劉庸《りゅうよう》（前一二八～前一〇一）が長沙国王として君臨していたが、在位二八年で太初四年（前一〇一）に卒した。これらの簡牘はその当時の公文書にあたるもので、内容の大部分は司法文書である。これによって、当時の訴訟制度や法制改革、上計（漢代、年末に地方から上京した役人が天子に会計報告する）制度、あるいは交通上の郵駅（古代の宿場）制度などの研究に大いに益すると思われる。また湖北江陵出土の張家山《ちょうかざん》漢簡（呂后二年〈前一八六〉）と併せれば、漢代の司法制度をより理解できるものと期待されている。

字体は隷書のほか、章草風のものもある。隷書は鋒先をつり上げシャープな筆致で点画を構成しつつも、横画の収筆や右払いでたっぷりと筆鋒を開いている。章草風のものは字粒は小さいが、ときおり横画の収筆や右払いを強調して運筆にリズムを持たせている。

長沙市の中心部にある走馬楼街の発掘地点

走馬楼八号古井　薄黒く変色しているものの中に簡牘が含まれている

〈竹簡〉〝傳（伝）舎〟とは宿駅のこと。当該簡は、その施設を調査した上申書である

牒書、傳舎屋檽、垣壞敗、門内戸扇見、竹不見者十三。牒：吏主者不智、數遣行、稍繕治、使壞敗物不見。毋辯譁（講）、不勝任。

五年七月癸卯朔癸巳。令史援雍敢言之。謹案、佐它主它。鄙佐前以詔遣。故長沙軍司馬贊死烝陽敬寫。移謁移鄙、以律令從事。敢

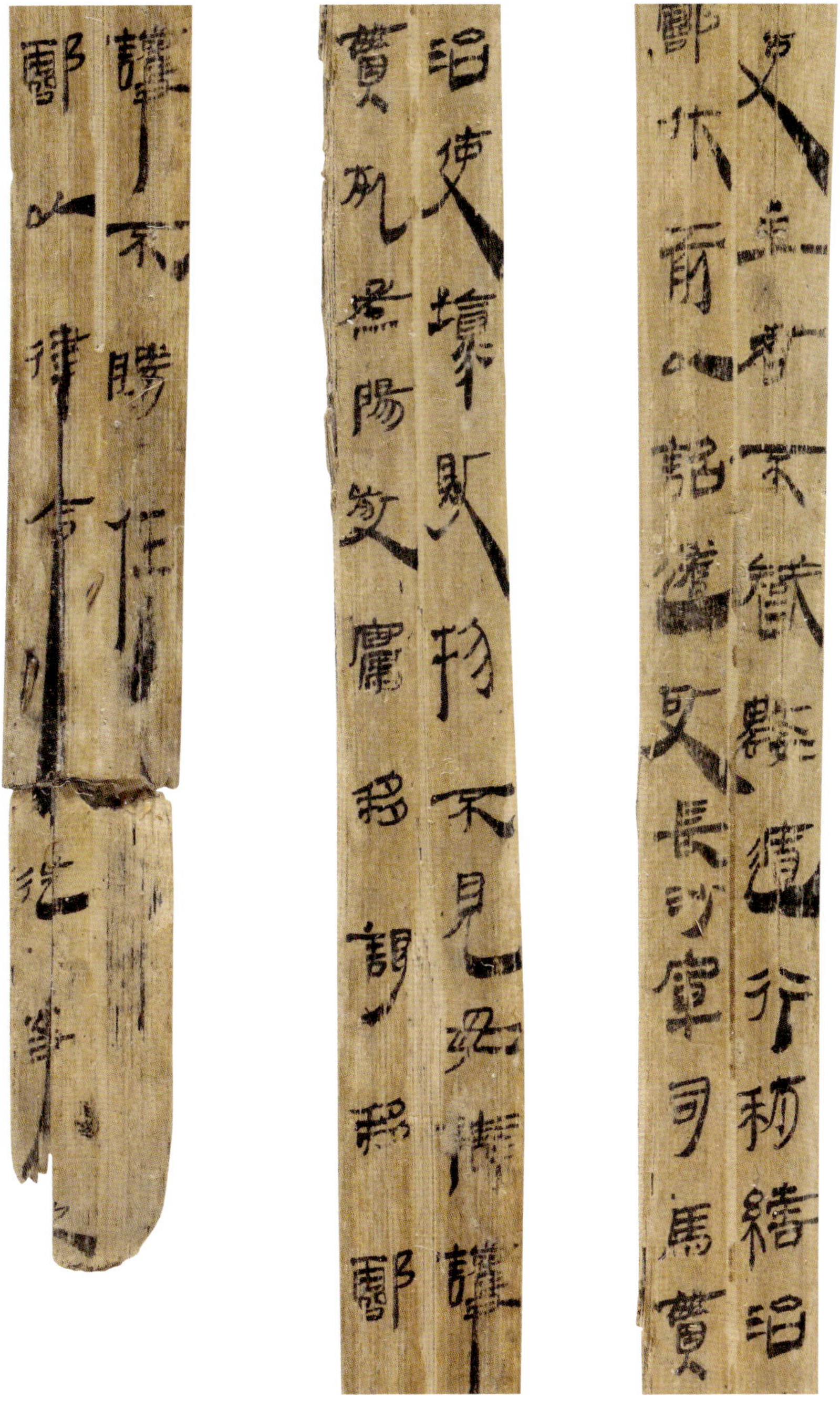

東牌楼《とうはいろう》後漢簡（七号古井）

名称：長沙東牌楼七号古井出土後漢簡牘
時代：後漢晩期（霊帝期〈一六八～一八九年〉）
出土年月・地：二〇〇四年四～六月、長沙市東牌楼
本数と内容：木簡・木牘・封検・名刺・簽牌・異形簡四二六枚（有字簡二一八枚）。内容は文書、その他
サイズ：第一類（木簡）＝長さ二三～二三・五×幅一～二・〇㎝、厚さ〇・一～〇・六㎝。
第二類（木牘）＝長さ二〇～二四・五×幅二・二～六・三㎝、厚さ〇・一～一・〇㎝。封検は長さ一六・五～二四×幅七～九㎝、厚さ〇・八～三・三㎝。名刺は長さ二三・八×幅八㎝、厚さ二・四㎝。簽牌は長さ七・五×幅四・三～四・六㎝、厚さ一㎝
字体：篆書（署書）、隷書、草書、行書、および初期の楷書
所蔵：長沙市文物考古研究所
参考資料：『文物』05－12

二〇〇四年四月～六月、長沙市中心地区の東牌楼《とうはいろう》の古井戸（J7）から四二六枚（有字簡二一八枚）の簡牘《かんとく》を出土した。すべて木質（多くは杉材）で、木簡・木牘・封検・名刺・簽牌《せんぱい》および異形簡の六種類が出土したが、もっとも多いのは封検と木牘である。簡牘に記された紀年および干支を古い順に並べると、建寧四年（一七一）、熹平元年（一七二）、四年（一七五）、五年（一七六）、光和七年（一八四）、中元三年（一八六）などである。これらはすべて後漢の霊帝期にあたるため、

①これまで資料の乏しかった後漢末期の簡牘の実例を目の当たりにできること。

②三国走馬楼《そうまろう》呉簡と時間的にも地域的にも接近した簡牘のため、連接して研究ができること。

など、これらの簡牘が出土した意義は大きい。

字体は、篆書（署書）・隷書・草書・行書、および初期の楷書と思われるものなどさまざまなものが含まれているが、比較的多いのは草書・行書である。ここから後漢末期の地方官府における書吏が使用した文書用の書体のバリエーションの幅を知ることができる。

ところで、楷書は後漢晩期に隷書がしだいに俗体化し転化する中で生まれ、魏晋に至って盛行したと考えられている。これまで後漢晩期の肉筆資料がほとんどなく、楷書発生のメカニズムについては不明な点が多かったことから、東牌楼簡牘中の〝初期の楷書〟とみなせる字体の発見は大きな意義を持つといえる。

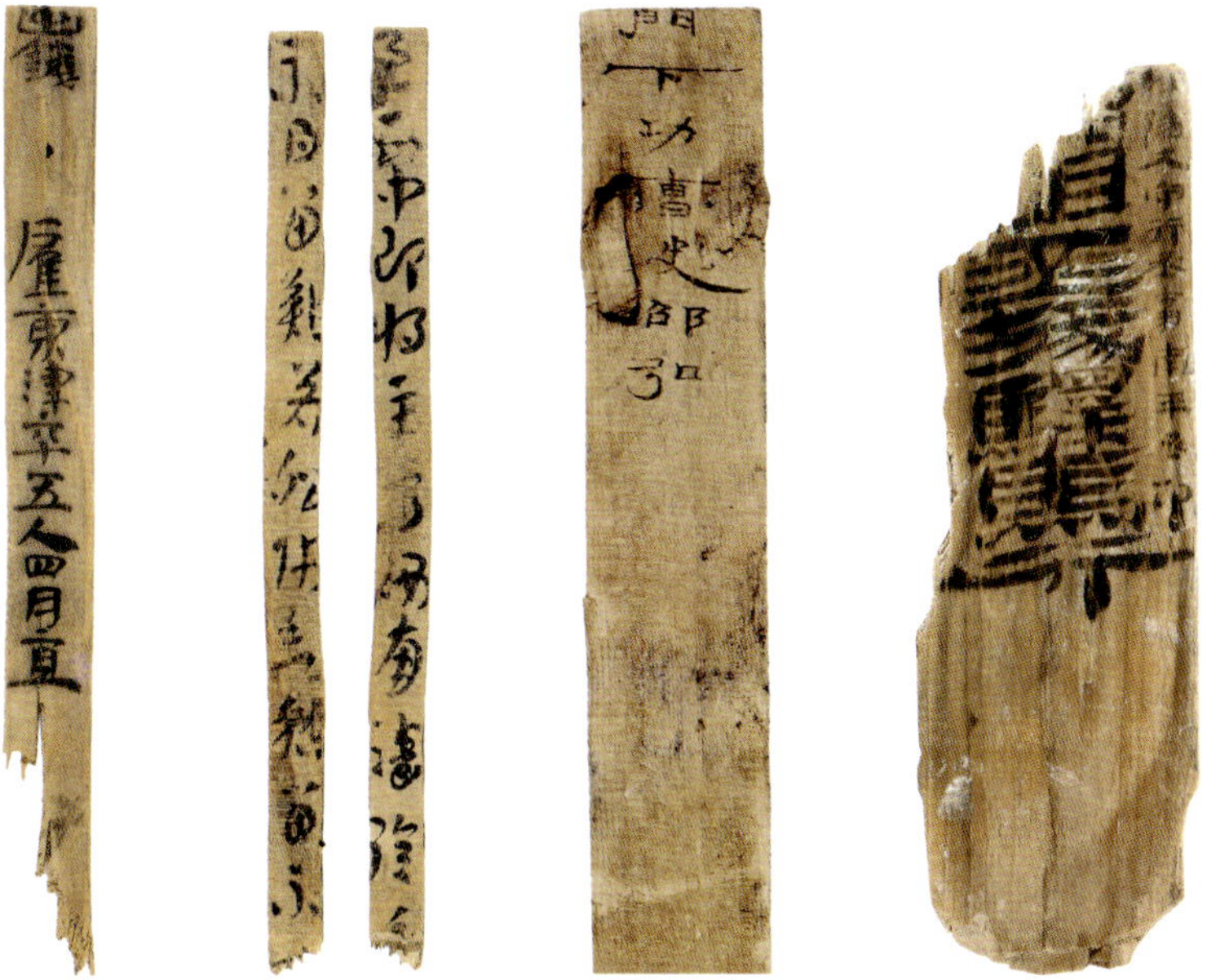

初期の楷書　草書　隷書（八分）　篆書（署書）

初期の楷書〔点画の比較〕

払い	転　折	竪　画	横　画	
				東牌楼
				鍾繇（宣示表）
				朱然・詣鄙善王
				楼蘭晋簡残紙
東牌楼の右払いには燕尾の筆法が窺える。	東牌楼・「宣示表」・楼蘭晋簡残紙の転折は緩やかだが、朱然の刺は転折で筆を強くくじいている。	東牌楼の竪画は次の画へ向かう捻りの動きが見られる。これが朱然の刺・楼蘭晋簡残紙になると、一旦止まってきちっと筆を立ててから次の画へ向かっている。	東牌楼の収筆部には、すでに「宣示表」・朱然の刺・楼蘭晋簡残紙と同様な頓・按（その場で留めたり、押えたりすること）が見られる。	備考

〈木牘〉〈侈《し》、督郵某に致せし書信〉

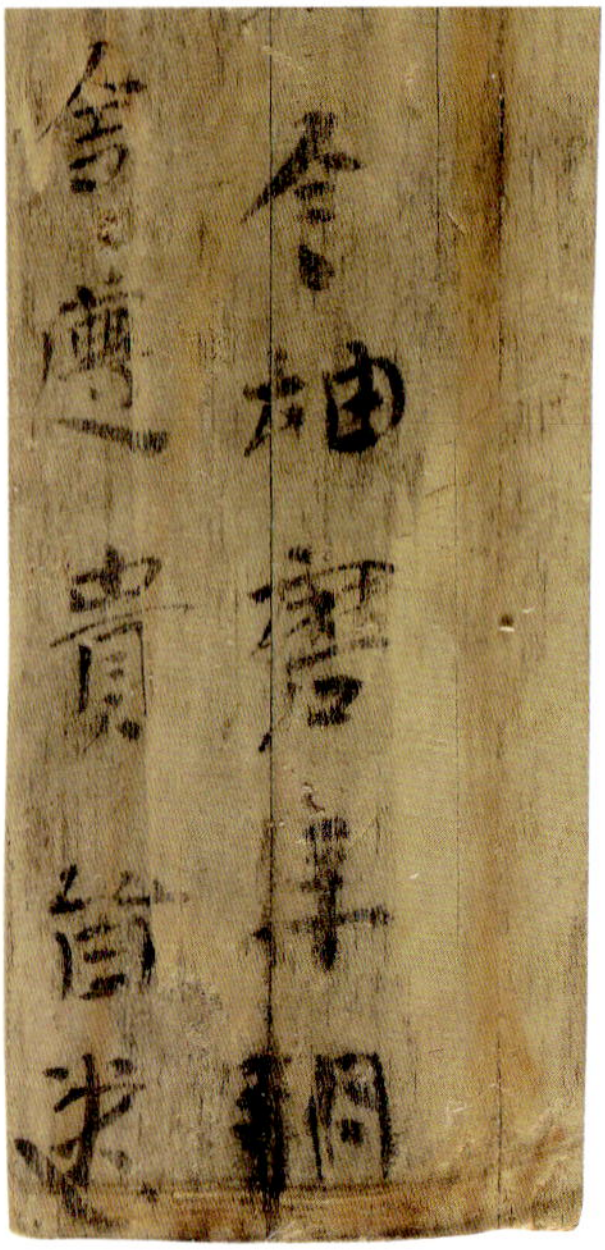

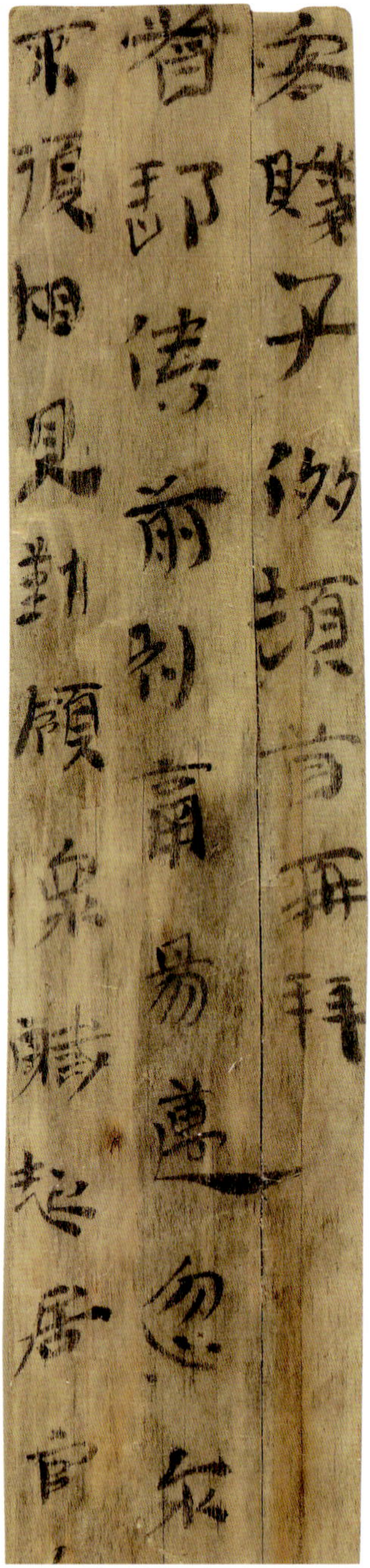

客賤子侈頓首再拜
督郵侍前、別亭易邁忽爾、令軸?磨年朔、
不復相見。勤領衆職、起居官舍、遵貴皆悉、

〔原の書信〕（「原」は人名）

原白、一日不悉、連復欲詣、會歳下多務、不腹從願。頃復他異、又馬布

走馬楼《そうまろう》三国呉簡（二二号古井）

名称：長沙走馬楼二二号古井出土三国呉簡
時代：三国呉時代
出土年月・地：一九九六年七月～十二月、長沙市五一広場東側の走馬楼
本数と内容：約一〇万枚（無字簡を含む。大木簡二一四一枚）。券書類、官府文書や司法文書、戸籍類、名刺など
サイズ：大木簡＝長さ四二・二～五六・二×幅一・二～五・五cm、厚さ〇・一～一・五cm。戸籍類＝長さ二三・二～二三・五×幅一～一・二cm、厚さ〇・二cm
字体：隷書・草書・行書・楷書
所蔵：湖南省博物館
参考資料：『文物』99―5、『長沙走馬楼三国呉簡・嘉禾吏民田家莂（上下）』（文物出版社、一九九九年）、『長沙走馬楼三国呉簡（竹簡1・2・3）』（文物出版社、二〇〇三年）

一九九六年七月、長沙市五一広場東側にある走馬楼《そうまろう》の建築工事現場の古井戸（J22）で簡牘十万片（当初、十三万片と発表）が発見された。この古井戸は直径三m余り、深さは五・六mで、簡牘は井口より一・五mのところの褐色を呈した泥中に埋まっていた。堆積された簡牘の層は中央が円錐形に盛り上がっており、最下層の灰褐色の土には竹木屑・枯葉・壊れた磚瓦《せんが》・罐《かめ》・碗などが含まれていた。

内容は、

①券書類（佃田《でんでん》租税券書、官府各機関の調達交換券書の二種）
②官府文書と司法文書類
③戸籍類
④名刺・官刺類
⑤帳簿類

の五種に分けられる。

①は長さ五〇cm前後、幅二・六～四・三cmの「大木簡」と呼ばれる木簡の片面に、最多で二七〇字ほどが書かれている。字体は主として当時の通行体である行書を用いている。後者の調達交換券書は、官府各機関の銭・米・器物などの調達に対する交換券書である。

②は主として官府間で用いた往来文書で、その中には訴訟事件の審理・上告・再審なども含まれている。

③は竹簡に書かれており、主として世帯主の姓名・年齢・身体状況などが記されている。これらは作成当初、上下二ヵ所で編綴《へんてい》されていたが、今はその痕跡だ

けをとどめている。

④はご機嫌伺いや贈り物の類を記したもの。名刺の字体は暢達した隷書。木製だが、用材の大小や長短は不揃いである。また、中には贈答品目録として贈り物を受け取る側と送る側の姓名・物品名・数量などを記した例も見られるが、こうした記録はこれまで出土した簡牘のなかでは珍しい遺例である。

⑤は租税・官吏の俸禄・貸借・人物簿などが記されている。

〈木簡〉①の大木簡のひとつ〔吏民田《りみんでん》家莂《かへつ》大木簡（部分）〕

彈渙丘男子潘碭、佃田一町、凡五畝、皆二年常限。

簽牌《せんぱい》

簽は付け札の意。標題や見出しなどを記し、簿冊や券書につけた付け札のことである。長沙走馬楼出土の簽牌は、長さ七・四〜一一・二×幅三・二〜三・四cmの長方形の板で、上端の両角を斜めに切り落とし、上から三分の一の左右両側に切り込みを入れている。内容は見出し語やその関連語句を記している。

兵曹　徙作部工師及妻子本事

郴州《ちんしゅう》蘇仙橋《そせんきょう》呉簡

名称：郴州蘇仙橋下東門口龍門池四号古井出土呉簡
時代：漢末～三国呉
出土年月・地：二〇〇三年十二月、郴州市蘇仙橋
本数と内容：三国呉簡一四〇枚（簿籍・文書・書信・記事・紀年・習字簡など）
サイズ：整簡は長さ二三～二五×幅一・四～二・一cm
字体：草書・行書・初期の楷書
所蔵：郴州市文物処
参考資料：『出土文献研究』第七輯（上海古籍出版社、二〇〇五年）、『湖南考古輯刊』第八集（岳麓書社、二〇〇九年）

郴州《ちんしゅう》市は、長沙市から三〇〇kmほど南下したところに位置する。二〇〇三年十二月、郴州市内蘇仙橋《そせんきょう》の建設現場で漢代から宋元時期に至る一一の古井戸を発掘調査したところ、四号古井から一四〇枚の三国呉簡が、同じく一〇号古井から九四〇枚余りの西晋木簡が出土した。四号古井から出土した簡牘をすぐに郴州市文物倉庫へ運び入れ、水洗いしておおまかに分類した結果、ほとんどが残簡か、または削り屑であり、不要になって古井に捨てられたものと考えられる。その数量は全体の半数近くにのぼる。簡牘の形状も不規則であり、何枚かの簡には火に焼かれた痕跡があった。表面に書かれた文字の大多数は判読しがたいが、簿籍・文書・書信・記事・紀年・習字類などの各種簡牘が含まれていることがわかった。

簿籍類：多くは米価や家畜の価値を記録したもの。
文書・書信類：簡牘の文中にいずれも李某という名がみえる。李某の私信である。
記事類：出来事の記録。
紀年類：「赤烏《せきう》二年（二三九）」「赤烏五年（二四二）」「赤烏六年（二四三）」の字句が見えるが、陳垣《ちんえん》『二十史朔閏表《さくじゅんひょう》』に照らせば三国呉の孫権《そんけん》の年号であることがわかる。
習字簡：同じ文字をくり返し練習したもの。

郴州は前漢から両晋まで桂陽《けいよう》郡府の所在地があった場所である。つまり李某は桂陽郡府の属吏であり、書信の受取人と思われる。

書体の多くは行書と草書だが、走馬楼呉簡にみられるような楷書の定義とする三過折の筆法が感じられるものも含まれており、今後、楷書の成立を議論する際の重要な手がかりとなろう。

正

男子陳受以赤烏二年七月卅日畜水牸牛一頭、齒十歲、角長二尺九寸。

背

一千七百八十七萬五千。

郴州《ちんしゅう》蘇《そ》仙橋《せんきょう》西晋簡

名称：郴州蘇仙橋一〇号古井出土晋簡
時代：西晋・恵帝期（在位は二九〇～三〇六）
出土年月・地：二〇〇四年二月、郴州蘇仙橋
本数と内容：木簡九〇五枚。内容は公文書。竹簡二枚
サイズ：長さ二四・〇×幅二・二～四・一、厚さ〇・二～〇・三cm
字体：隷書・楷書
所蔵：郴州市文物処
参考資料：『湖南考古輯刊』第八集（岳麓書社、二〇〇九年）

二〇〇三年一二月、蘇仙橋《そせんきょう》にある四号古井で呉の木簡一四〇枚余りを出土したが、その翌年二月、四号古井から二〇mほど離れた別の井戸（一〇号古井）で二束に梱包された木簡が発見された。

これらの木簡には、西晋・恵帝の年号である元康・永康・永寧・太安の紀年が記されていた。内容は、郴《ちん》州《しゅう》地区（当時の桂陽《けいよう》郡政府）の行政体制や住民の祭祀・民俗などが記されているほか、人口異動・県名・郵政や行政の指導者の名もみえる。西晋時代は歴史上わずか五〇年余りで幕を閉じたため、この時代の歴史や文化の資料はこれまで乏しかったが、これらの木簡によって郴州における当時の政治経済や住民の生活状況を窺うことができる。

木簡の大部分は楷書の筆法を有した字体であるが、筆画の一部に隷書の用筆を残しているものもある。長沙市で出土した東牌楼《とうはいろう》漢簡や走馬楼《そうまろう》呉簡と合わせて検討すれば、湖南地区の行政体制や文化習俗などの推移はもとより、書法の変遷を推し量ることが可能となる。

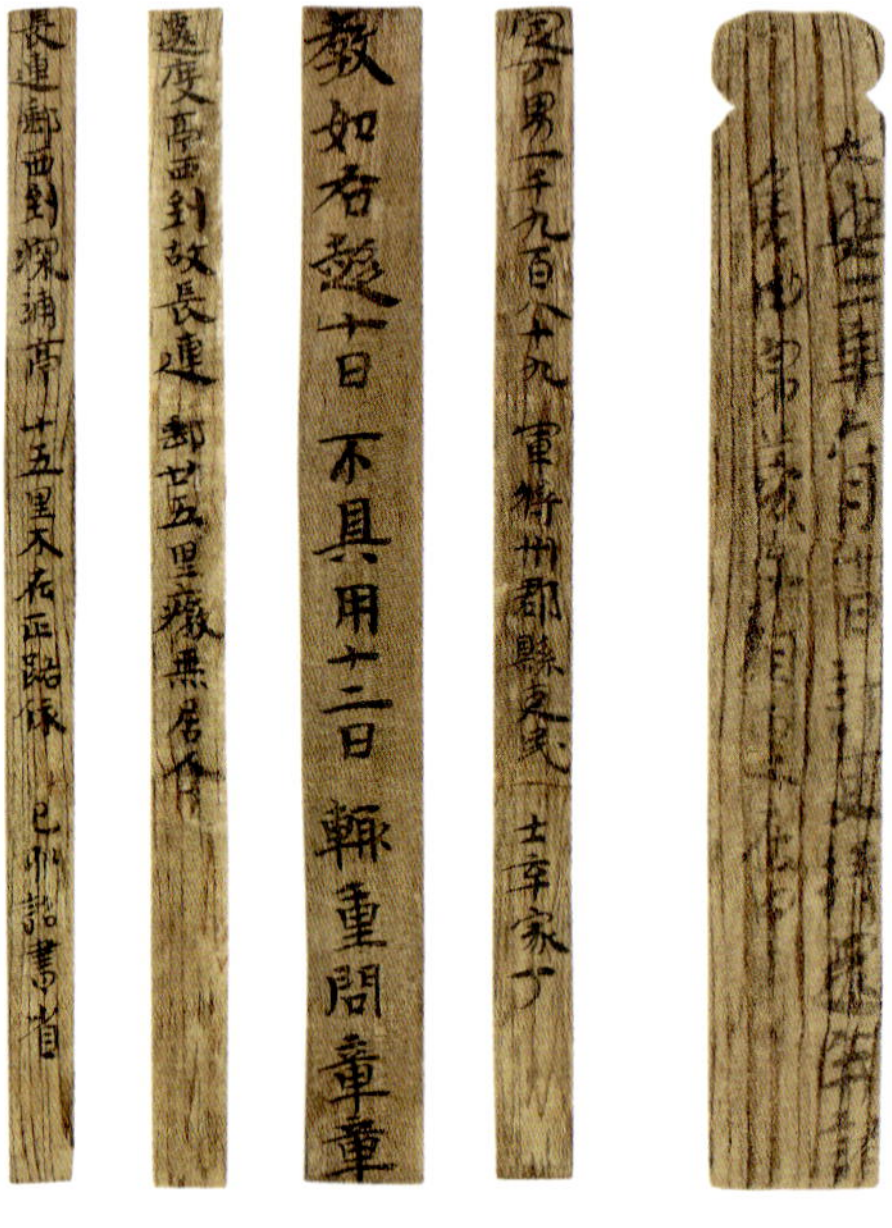

太安二年簡

王国維

簡牘の長さ

かつて王国維《おうこくい》は『簡牘検署考《かんとくけんしょこう》』中で、簡牘の長さに関して「分数」「倍数」の数値で分類できることを述べているが、今日まで出土している簡牘の実物で判断すれば、そう単純明快にはいかないことがわかる。簡牘は時代や地域、用途によってさまざまなサイズがあり、使用者の社会的地位や書写習慣、あるいは用材などによっても使用する簡牘の長さが微妙に変化する。しかし、長さの規定が全くなかったわけではない。胡平生《こへいせい》氏は、「分数」「倍数」の考え方は否定した上で、王国維のいう「策の大小を以て書の尊卑となす」は簡牘制度上の重要な法則であると述べている。

出土簡牘の長さを測ると、数cmから最大八八cmまであるが、一般に漢代の書籍や文書類の簡牘は二三〜二八cmのものが主である。居延《きょえん》・敦煌《とんこう》から出土した文書類の漢簡は二二〜二三cmのものが圧倒的に多いが、このサイズは漢尺の一尺に当たる。睡虎地《すいこち》〈編年記〉や江陵鳳凰山《こうりょうほうおうざん》などの文書類簡牘も同様に一尺の長さである。なお、書信は一尺前後の木簡（牘）を用いて書写したことから、「尺牘《せきとく》」と呼ばれた。別に尺素、尺翰、尺簡ともいう。

皇帝は詔を出す際、一尺一寸の簡牘（「尺一の詔」）を使ったという。『漢書』（匈奴伝）に「漢、単于に書を遺わすに尺一の牘を以てす」や『後漢書』（李雲伝）の「尺一拝用、不経御省」の注に「尺一の板は、謂へらく詔策なり、『漢官儀』に見ゆ」とある。漢尺の一尺一寸はおよそ二五cmの長さになる。ちなみに、青海《せいかい》・大通上孫家塞《だいつうじょうそんかさい》一一五号漢墓で出土した「軍法」「軍令」は一尺一寸簡の実例である。

湖北・曾侯乙墓出土遣策竹簡（75㎝）

湖北・包山楚墓出土文書竹簡（72・6㎝）

湖北・毛家園一号漢墓出土木牘（〝告地書〟22・1㎝）
〝告地書〟とは、地下丞に宛てた文書＝冥土への通行証のこと

青海・大通上孫家塞一一五号漢墓出土木簡（25㎝）

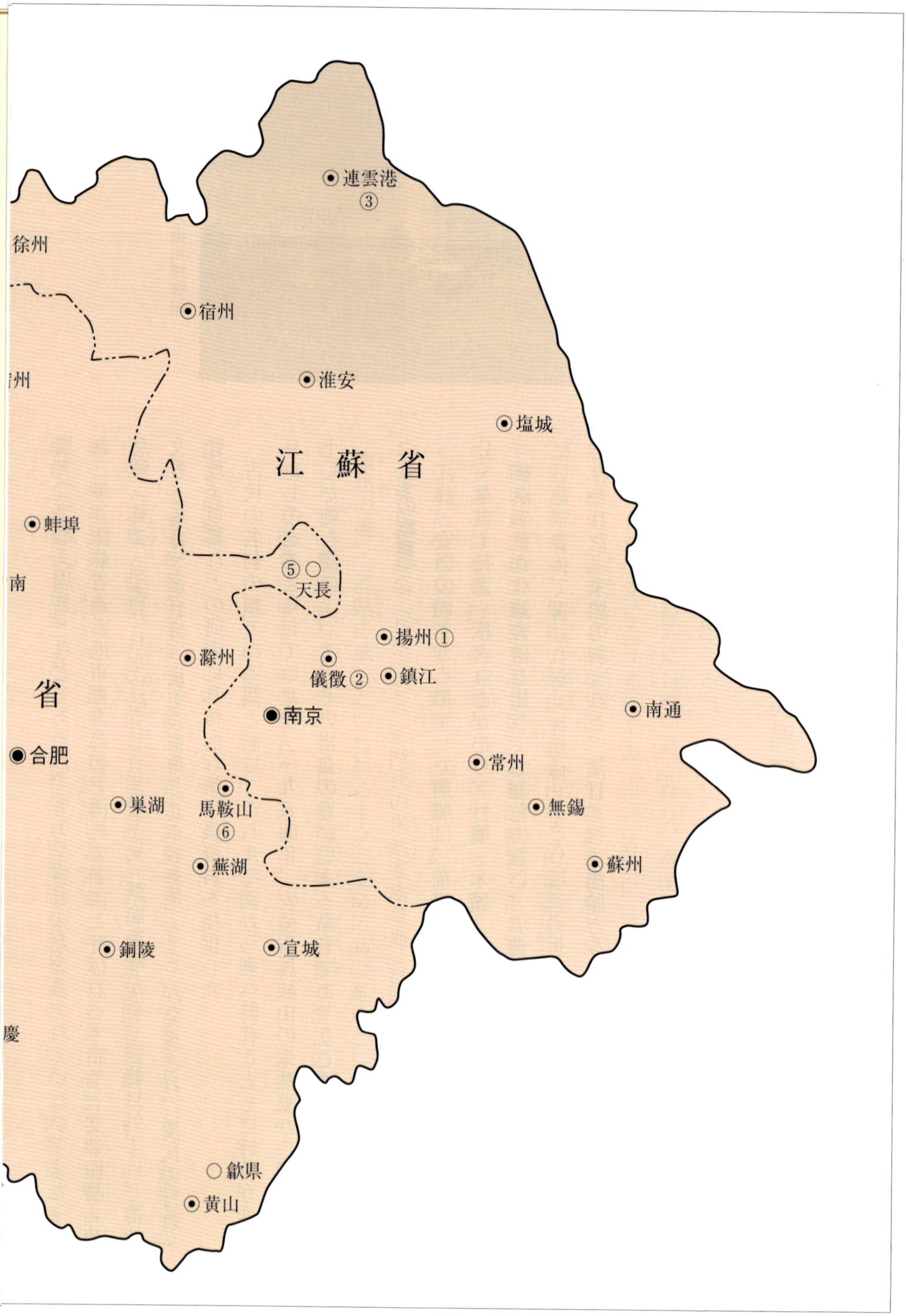
連雲港
③
徐州
宿州
州
淮安
塩城
江蘇省
蚌埠
南
⑤
天長
揚州①
滁州
儀徴②
鎮江
省
南京
南通
合肥
常州
巣湖
馬鞍山
⑥
無錫
蕪湖
蘇州
銅陵
宣城
慶
歙県
黄山

江蘇省	①	胡場前漢簡
	②	儀徵胥浦前漢簡
	③	尹湾漢墓簡牘
安徽省	④	阜陽前漢簡
	⑤	天長前漢簡
	⑥	朱然墓出土刺・謁

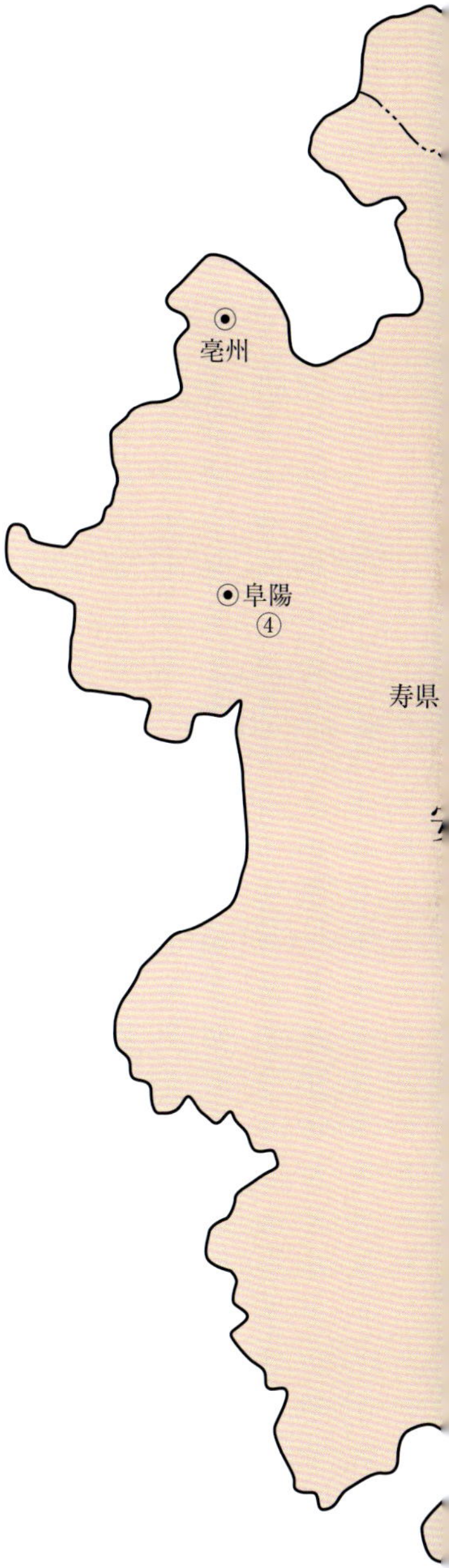

江蘇省

胡場《こじょう》前漢簡

名称：邗江胡場五号前漢墓出土簡牘
時代：前漢・宣帝時期（在位前一一七～前五四）
出土年月・地：一九八〇年四月、邗江県西湖公社胡場
本数と内容：木牘一三枚、内容は神霊名、日記、告地書など。籤牌（木楬）六枚、内容は物品の名称。封検七枚、内容は各種食糧や絹帛の名称
サイズ：木牘は長さ二三×幅三・五～三・七㎝
字体：八分
所蔵：揚州博物館
参考資料：『文物』81―11

一九八〇年四月、揚州博物館は、邗江《かんこう》県図書館と共同で邗江県西湖公社胡場大隊において五号墓を発掘した。この墓は三〇歳前後の男性と二〇歳前後の女性の夫婦合葬墓である。副葬品は、漆器・金属器・竹木器・陶器など二〇〇件余りである。そのなかの三顆の銅印には、篆書で①「臣奉世《ほうせい》」、②「封信願君自発」、③二面印で「王奉世印」「王少孫印」、と刻されてあったことから、王奉世は墓主の名と考えられる。墓葬の年代は、文告牘（告地書）に「四七年一二月丙子朔辛卯、広陵宮司空、長前丞□、敢告土主。広陵石里男子王奉世有獄事。事已、復故郡郷（一枚目）／里遣自致移詣穴。四八年獄計□書、従事如律令。（二枚目）」とあり、「四七年」「広陵」の記述から、広陵王、劉胥《りゅうしょ》の四七年（前漢・宣帝の本始四年〈前七〇〉）と考えられる。劉胥は武帝の子であり、墓主は亡くなる前は、その広陵侯国の官吏だったと思われるが、なぜ罪を受けて獄に繋がれ、死後に「復除（復官）」を許されたのかはわからない。

出土した木牘一三枚中、字跡の存するものが六枚で、判読できる木牘は四枚しかなかった。起筆はやや蔵鋒気味に当たり、横画をたっぷり引いて波磔を強調し、縦画を長く引き伸ばしている点はすでに八分様式が根底にあるといえる。

籤牌《せんぱい》（木楬《もっけつ》）は六枚。上部は円く加工されて墨が塗られ、下に物品名称が記されている。封検には陽文「王」字と読める封泥が残っていた。なお、正面には各種食糧や絹帛の名称が記されている。

字体はいずれも八分で、左右への払いと縦画の垂露《すいろ》を強調した謹直な書風である。

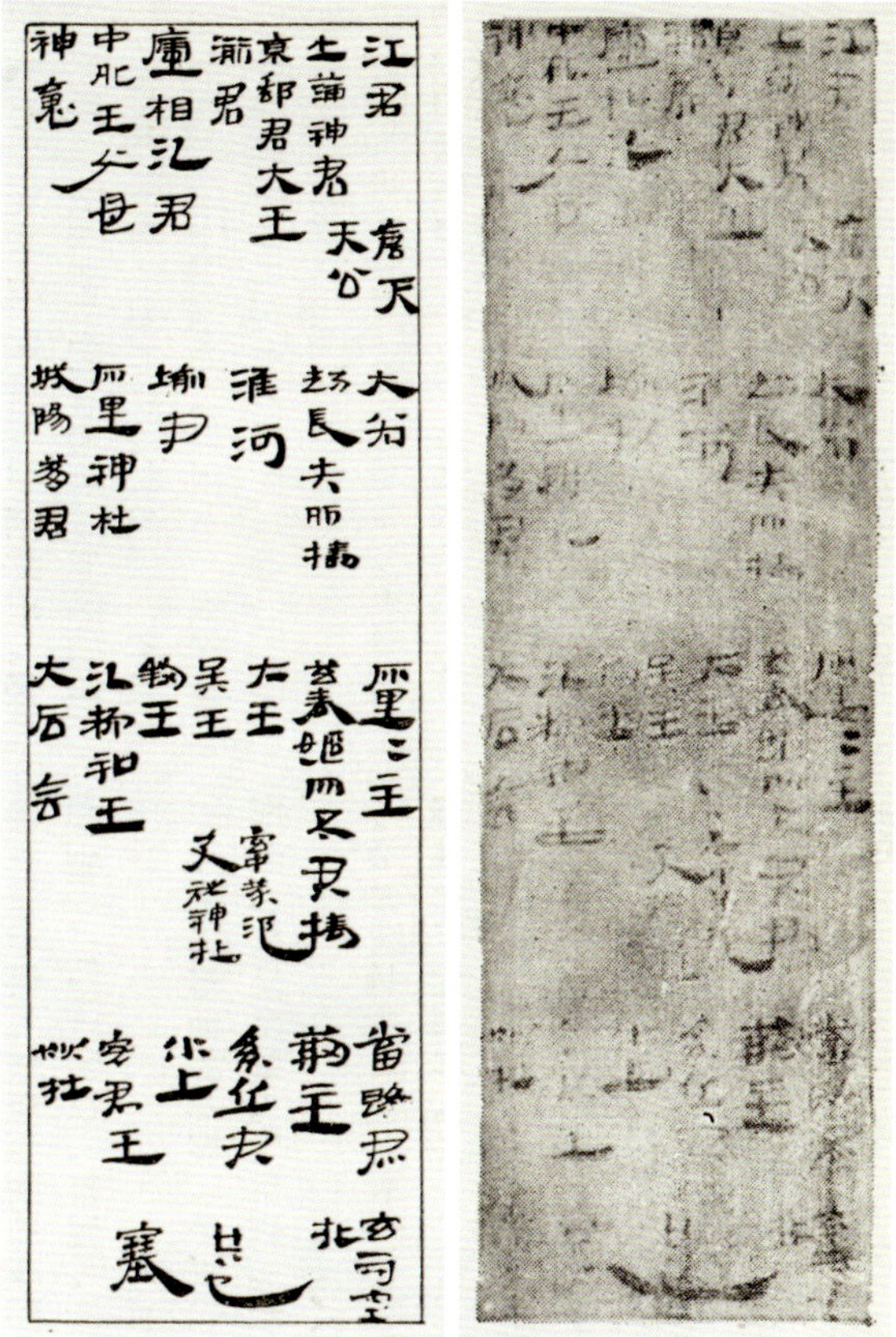

封検と簽牌（揚州博物館）

儀徴《ぎちょう》胥浦《しょほ》前漢簡

名称：儀徴胥浦一〇一号前漢墓出土簡牘
時代：前漢晩期（平帝元始五年〈五〉）
出土年・地：一九八四年、儀徴胥浦
本数と内容：竹簡一七枚（〈先令券書〉一六枚、〈山銭〉簡一枚）、木牘二枚（〈銭物往来貼目〉一枚、〈遣策〉一枚）、封検一枚
サイズ：〈先令券書〉は長さ二二・三×幅一・二～一・九㎝。〈山銭〉簡は長さ三六・一×幅〇・九㎝。〈銭物往来貼目〉は長さ二三・三×幅七・五㎝。〈遣策〉は長さ二三・六×幅三㎝。封検は長さ一七・三×幅三・五㎝
字体：草隷・古隷
所蔵：揚州博物館
参考資料：『文物』87―1

一九八四年、儀徴《ぎちょう》県（現在は市に昇格）胥浦《しょほ》で前漢夫婦合葬墓（一〇一号墓）を発掘した。副葬品は漆木器・金属器・陶器など一〇〇件余りである。簡牘は南側の棺内から出土したもので、竹簡一七枚（〈先令券書〉一六枚、〈山銭〉簡一枚）、木牘二枚（〈銭物往来貼目〉一枚、〈遣策《けんさく》〉一枚）、封検一枚の計二〇枚である。〈先令券書〉は一六枚組で一冊を成しており、簡に「先令券書」と記されてあるが、この先令とは死者が臨終に際して作成した遺言のことである。内容は遺産相続と田畑譲渡に及んでいる。ただし、この券書は原本ではなく副本である。ある研究によれば、南側の棺の墓主人は朱凌《しゅりょう》という女性であり、朱凌は前後して三人の夫を婿に迎えたが、北側に埋葬された棺は第一番目の夫であった朱孫（婿入りして改姓）ではないかとされる。『漢書』（地理志）に、斉・陳の故地には長女が家の祭祀を主宰するため、嫁《とつ》がない習俗があることを記しているが、当該簡によって朱家は婿を迎えていたことが窺える。字体はやや草卒な草隷のほか、古隷も交じるが、総じて大らかな筆致である。

〈山銭〉簡は人を雇う時の銭を意味するもので、「雇山銭」の略である。秦漢時期、婦人が刑罰を負うと山に入って薪を取る労役を与えられたというが、艱難辛苦に耐えられない場合は、金銭で雇った人を自分の代人として出すことができる。この時に使う金が「雇山銭」である。

遣策は副葬品の衣物リストである。封検は上端に封泥用のくぼみがあり、「賜銭五十」と記されている。

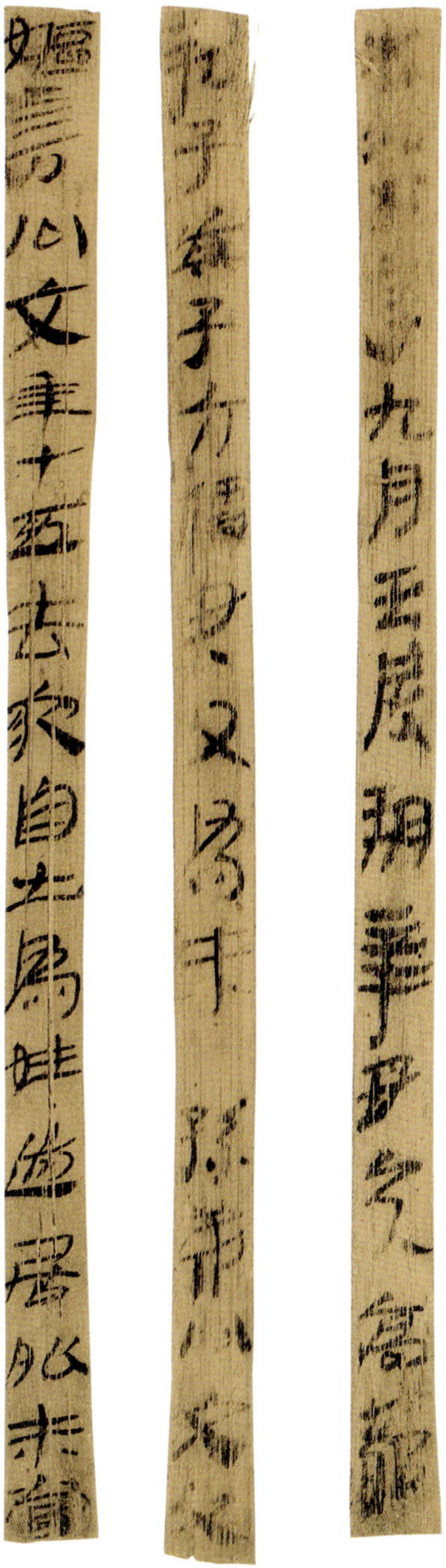

簡牘はいつから使用されたか

杜預《どよ》『春秋左氏伝序』に「大事は策を用い、小事は簡牘に記した」といい、呂向《りょきょう》注に「大竹は策といい、小竹は簡と為し、木版は牘と為す」とあるように、簡牘とは、古人が書写に用いた竹片や木片の総称である。

現在、実見できる最も古い簡牘は、前四三三年ころ（戦国早期）の書写であるとされる曾侯乙墓《そうこういつぼ》竹簡（湖北省随州市）である。ところで簡牘の起源はいったいいつ頃まで遡ることができるのであろう。王国維《おうこくい》は「書契《しょけい》の用は刻画より始まる。金石・甲骨・竹木の三者は其の用いらるるや、いずれか後先なるを知らざるも要するに竹木の用を以って最も広しとなす」と、竹木が古くから広範囲に用いられていたことを示唆しているが、これを裏付けるかのように、商代には「作冊」という専門の史官が存在していたことが知られる。竹木類は身近にあって入手しやすく、また墨書の記録に適しているため、刻画符号が発生した時代から使用されていたのではないかとも考えられるが、今のところ、その起源はわからない。

尹湾《いんわん》前漢墓簡牘

名称：東海尹湾六号前漢墓出土簡牘
時代：前漢晩期（元延三年〈前一〇〉）
出土年月・地：一九九三年二月、連雲港市東海県温泉鎮尹湾村
本数と内容：二号墓＝木牘一枚（衣物疏）
六号墓＝木牘二三枚（〈集簿〉〈吏員簿〉〈暦譜〉〈衣物疏〉〈名謁〉など）、竹簡一三三枚（〈日記〉〈刑徳行時〉〈行道吉凶〉〈神烏傅（賦）〉）
サイズ：木牘は長さ二一・五～二三・五×幅六～九㎝、厚さ〇・三～〇・八㎝。竹簡は大簡・小簡ともに長さは二二・五～二三・五×幅は大簡で〇・八～一・〇㎝、小簡で〇・三～〇・四㎝
字体：八分・章草
所蔵：連雲港市博物館
参考資料：『尹湾漢墓簡牘』（中華書局、一九九七年）、『尹湾漢墓簡牘綜論』（科学出版社、一九九九年）

一九九三年、連雲港《れんうんこう》市博物館は、東海県温泉鎮尹湾《いんわん》村で発見された六号墓（夫婦合葬墓）から木牘二三枚、竹簡一三三枚、二号墓（女性）から木牘「衣物疏《いぶつそ》」一枚を出土した。六号墓は出土した「名謁《めいえつ》（名刺の類）」によって、姓は師、名は饒《じょう》、字《あざな》は君兄、生前、東海郡の功曹史《こうそうし》（人事担当官）であったことがわかった。墓は今回発掘の六座中、最も保存状態がよい。簡牘中には「永始」「元延」の年号が記されており、前漢晩期の成帝（在位は前三二～前七年）のときにあたる。簡牘の内容は次の一七種に分類される。

〈東海郡上計集簿〉（木牘1正・背）、〈東海郡吏員簿〉（木牘2正・背）、〈東海郡下轄長吏名簿〉（木牘3正・背、木牘4正）、〈東海郡下轄長吏不在署・未到官者名籍〉（木牘5正）、〈東海郡属吏設置簿〉（木牘5背）、〈武庫永始四年（前一三）兵車器集簿〉（木牘6正・背）、〈贈銭名籍〉（木牘7・8正・背）、〈神亀占・六甲占雨〉（木牘9正）、〈博局占〉（木牘9背）、〈元延元年（前一二）暦譜〉（木牘10正・背）、〈元延三年（前一〇）五月暦譜〉（木牘11）、〈君兄衣物疏〉ほか（木牘12・13正・背）、〈名謁〉（木牘14～23）、〈元延二年（前一一）日記〉（簡1～76）、〈刑徳行時〉（簡77～89）、〈行道吉凶〉（簡90～113）、〈神烏傅《しんうふ》（賦）〉（簡114～133）。

一・二号木牘に「書佐《しょさ》某人」の語がみえる。漢代における書佐とは、地方郡国行政機構における太守の属官で各種案件や書簡を立案し書写する書記官である。「東海郡吏員簿」「兵車器集簿」のように、一枚の簡牘

尹湾漢墓発掘状況

に二㎜ほどの極小文字を隙間なくびっしり排列するためには、高い書写技術とそれを可能にしてくれる性能の良い筆が不可欠である。それを裏付けるように、鋒長一・六㎝の毛先の尖った兎毫《とごう》筆が二本伴出している。通常の記録は正確に記すことが最優先で、整斉美や均衡美にまで腐心する余裕はなかろうが、名謁の場合はその用途（下位から上位の者に差し出す）から考えて最も鄭重に書かれたものであろう。結構は扁平、波磔の払い出しはたっぷり強調され重厚である。この造型感覚は、後漢の整斉な隷書碑と比べても遜色ない。

〈神烏傅（賦）〉は標題の三字を除いて本文はすべて章草をベースにした草書体で、右旋回を主とした飄逸な筆法に特徴があり、草書（今草）の萌芽を感じさせる。内容は、雌烏が泥棒鳥と闘って傷つき、死に臨んで雄鳥と訣別する物語を、四言句の擬人法で綴った文学作品である。

なお、二号墓の棺から王莽期の銭「大泉五十」が出土したことや「四」を「亖」に書写する王莽期特有の習慣があることから墓葬は王莽期にあたると考えられる。副葬品は漆器・陶器・金属器・簡牘などである。

〈名謁〉〈背面〉東海大守功曹史饒謹請吏奉謁再拜　請　威卿足下／師君兄

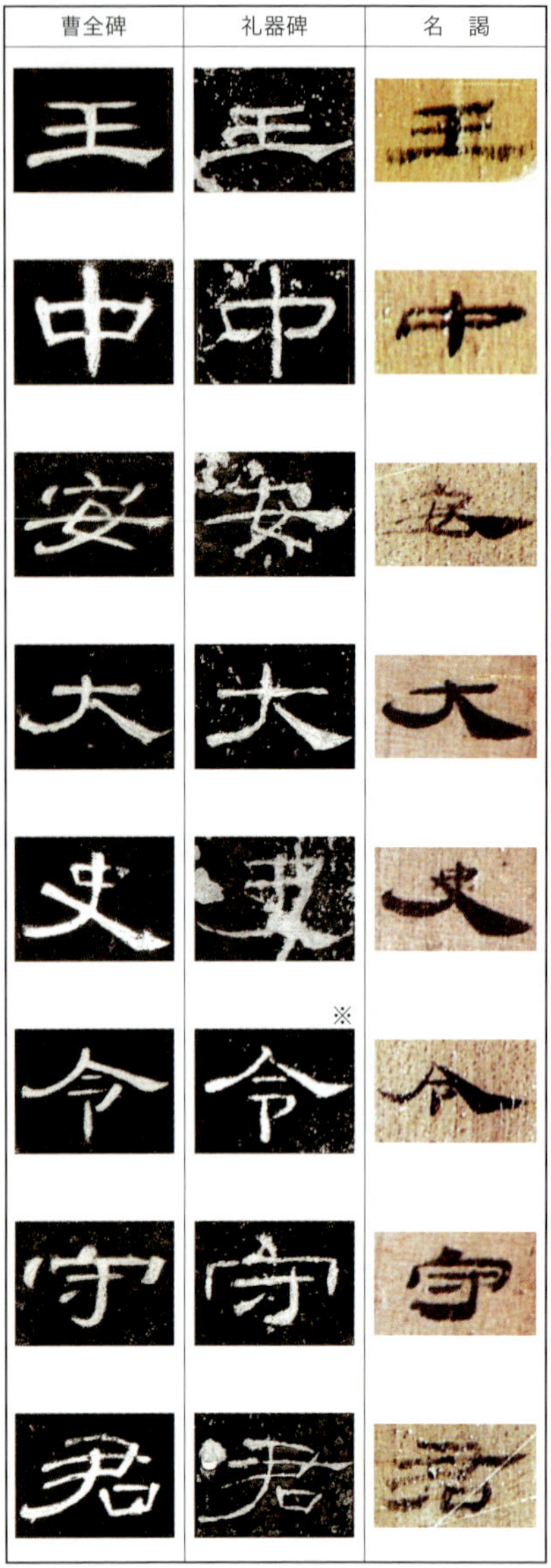

〈名謁〉と漢碑二種との字形比較

※印は碑陰

〈神烏傅（賦）〉

〈行道吉凶〉竹簡

〈神烏傅〉

泰不事。亡烏曰、吾聞君子、不行

貪鄙。天地剛（綱）紀、各有分理。今

子自己、尚可爲士。夫惑知反（返）、…

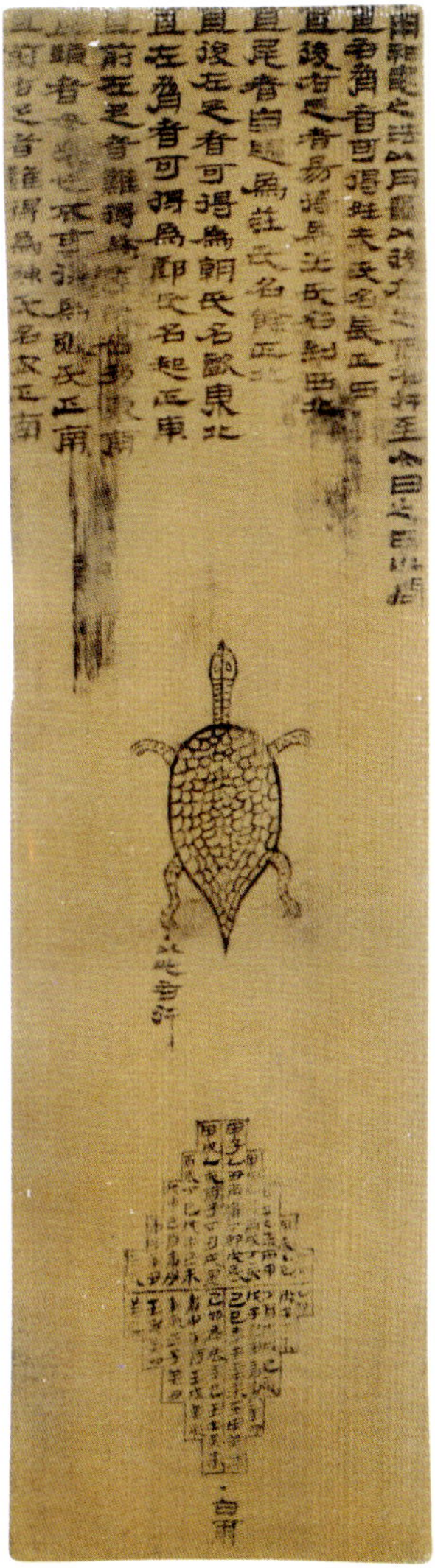

板硯

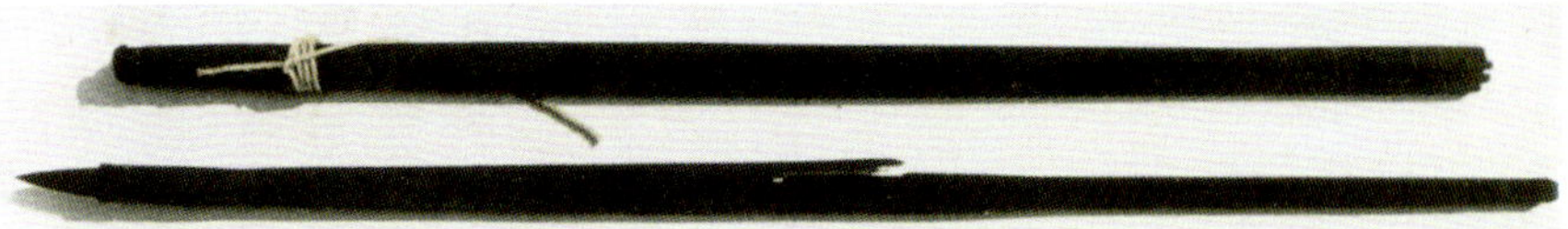

毛筆

安徽省

阜陽《ふよう》前漢簡

名称：阜陽双古堆前漢（汝陰侯夏侯竈）墓出土簡牘
時代：前漢（文帝十五年〈前一六五〉以降、一年以内）
出土年・地：一九七七年、阜陽双古堆
本数と内容：竹簡六〇〇〇余枚、木牘三枚。〈蒼頡篇〉〈詩経〉〈周易〉〈春秋事語〉〈儒家者言〉〈年表〉など
サイズ：残簡は最長は一七・五×幅〇・五cm。木牘は長さ二三×幅五・五cm
字体：隷書
所蔵：阜陽地区博物館
参考資料：『文物』78―8、『阜陽漢簡〈周易〉研究』（上海古籍出版、二〇〇四年）

一九七七年、安徽省阜陽双古堆《そうこたい》の前漢汝陰侯《じょいんこう》墓で竹簡が出土した。この墓は早い時期の盗掘によって地盤が陥落し、簡牘が入れられていた漆製の行李は朽ち果ててしまったため、圧迫を受けた簡牘は黒く変色してねじ曲がり、薄い紙のようになっていた。当地での剥離作業は困難を極めたことから、翌年、国家文物局文物保護研究所へ一塊りになっている簡牘を移送した。これを受けて当研究所は、一九八〇年、阜陽地区博物館の館長を北京へ招集し、「阜陽漢簡整理・研究グループ」に参加させた。しかし、整理作業はなかなか思うように進まなかった。まず、圧縮されて一つの塊のようになっている簡牘を一片ずつ剥がすために、簡牘を長時間煮た後、シュウ酸の中に入れて文字を確認するのであるが、薬品の作用によって手が赤く腫れ上がり強い痛みを感じた。次に、竹簡を一枚ずつ剥がしたのち、編号を付けてガラス板に挟み、写真を撮って釈文を付け、最後に内容別に分類する。こうして得た内容は〈蒼頡篇《そうけつ》〉〈詩経《しきょう》〉〈周易《しゅうえき》〉〈春秋事語《しゅんじゅじご》〉〈儒家者言〉〈年表〉〈刑徳〉〈日書〉など一〇余種の典籍であった。

これまで報告されているのは、〈周易〉の竹簡残片七五二片（文字数三一一九字）と、一号木牘に四七の章題が記された〈儒家者言〉、二号木牘に四〇の章題が記された〈春秋事語（春秋～戦国初期の各国における歴史故事）〉とこれに関連のある竹簡である。

字体は隷書。書籍のため、いずれも規範性のある暢達した筆法で書かれている。なお、この墓は、前漢の開国に功績のあった夏侯嬰《かこうえい》の子にあたる汝陰侯夏侯竈《かこうそう》のものであり、彼は文帝十五年（前一六五）に亡くなっていることから、当該墓の年代はそれ以降、一年以内と考えられる。

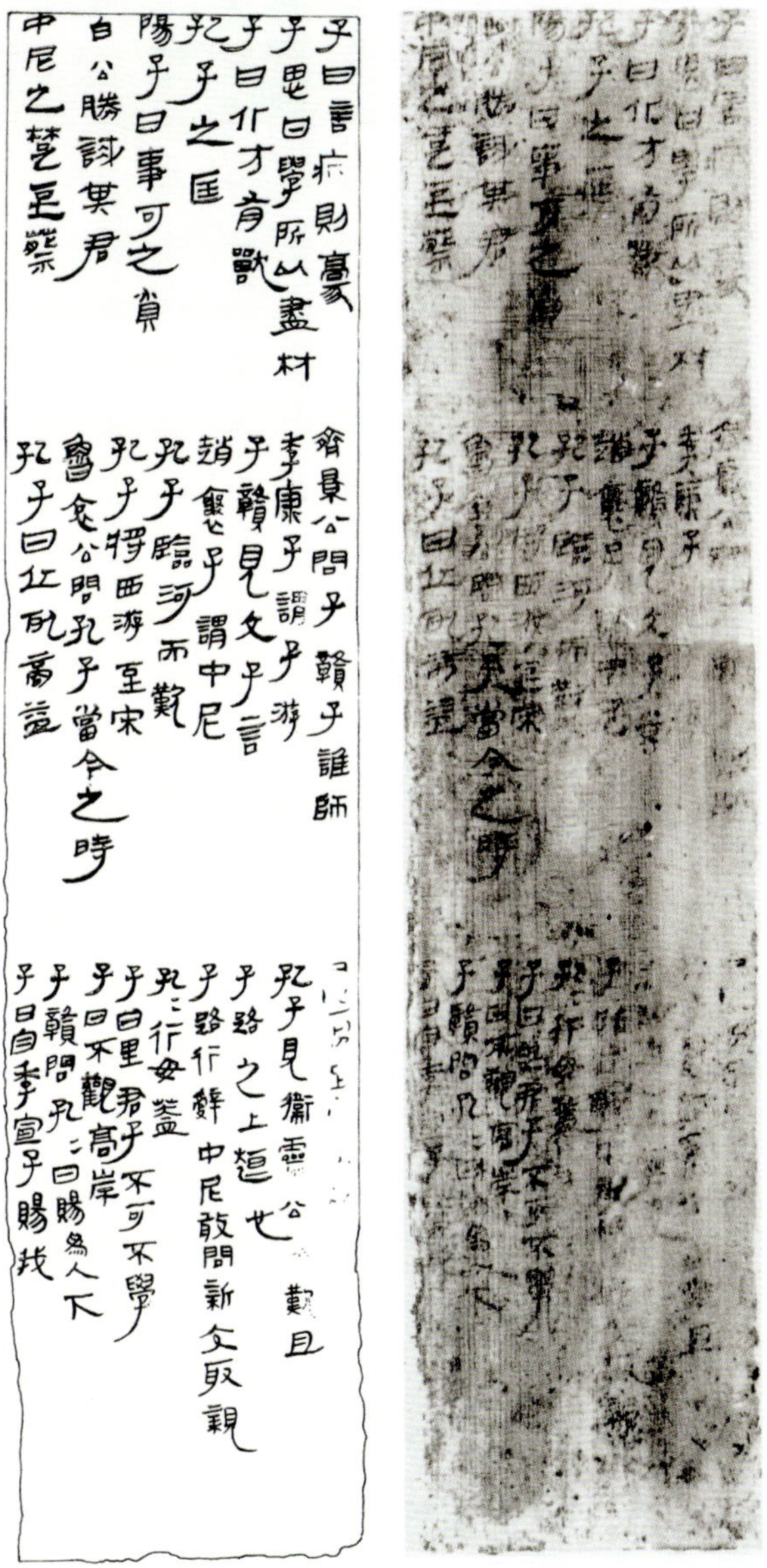

〈儒家者言〉（24 種の編題が記されている。左は摹本）

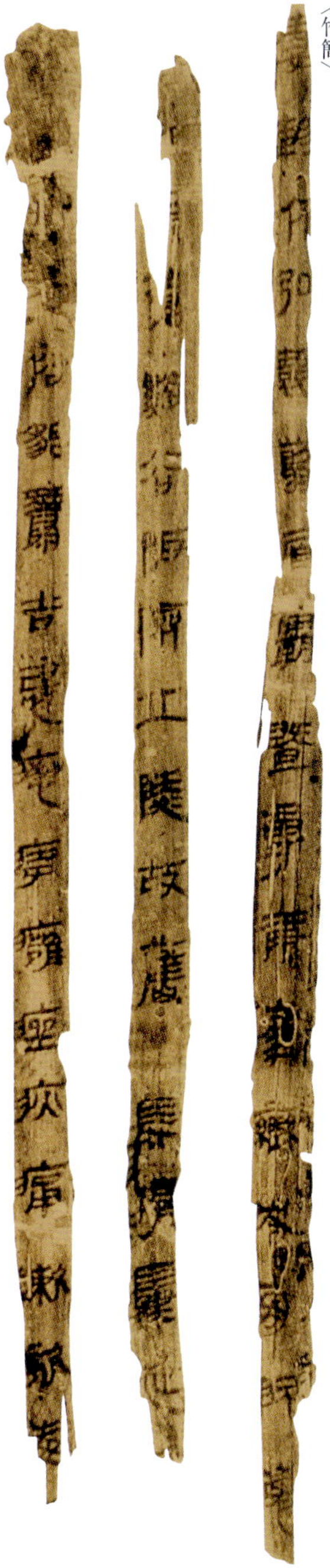

〈竹簡〉

天長《てんちょう》前漢簡

名称：天長紀荘一九号前漢墓出土簡牘
時代：前漢中期（武帝・元狩六年〈前一一七〉以降）
出土年月・地：二〇〇四年十一月、天長市区北の安楽鎮紀荘村
本数と内容：木牘三四枚。内容は〈戸口簿〉〈算簿〉〈書信〉〈木刺〉〈薬方〉〈贈り物目録〉など
サイズ：長さ二二・二〜二三・二×幅三・六〜六・九cm
字体：隷書・草隷・行書
所蔵：天長市博物館
参考資料：『文物』06―11、『書法叢刊』09―5

天長《てんちょう》市は高郵《こうゆう》湖の西岸に位置する水郷地帯である。二〇〇四年十一月、天長市区北三五kmの二〇五号国道から東へ三km入ったところの安楽鎮紀荘村《きそうそん》で前漢時代の墓葬（一九号墓）が発見され、一一九件の文物（陶器・銅器・鉄器・漆器などとともに、木牘三四枚）が出土した。墓主は、東陽県の官吏をしていた〝謝孟《しゃもう》〟である。墓葬年代は前漢早期、もしくは前漢中晩期の二つの見方があるが、王暁光《おうぎょうこう》氏は木牘文字の風格やその他の理由から武帝中期〜宣帝の間の可能性が大きいとみる。内容は、公文書〈戸口簿〉〈算簿〉、私文書〈書信〉〈木刺〉〈薬方〉〈贈り物目録〉などである。木牘は少し残欠しているものもあるが、ほとんどは完全な姿を留めており、片面だけでなく両面に書写されているものもある。字体は主として隷書だが、書風にバリエーションがある。簡の整理No.40―2は草卒な筆致で、用筆は奔放さが目立ち、省画もみられる。No.40―5は右肩下がりの筆法。No.40―14は波磔《はたく》に意を払い、伸びやかに引き抜いている。このように筆法に差異があることから、書き手は複数存在すると考えられる。

なお、青石の板硯が入った漆硯盒《しっけんごう》も出土した。硯盒は長さ二三×幅六・八cmの長方形を呈している。李均《りきん》明《めい》著『簡牘文書学』では「前漢早期の硯は円形、中晩期になって長方形その他の複雑な様式に変化する」と述べる。天長紀荘出土の板硯は前漢中晩期によく見られる様式といえよう。

漆硯盒

〈木牘〉正面から背面へ書き進むにしたがって草卒になり、背面の文字には草体がまじる

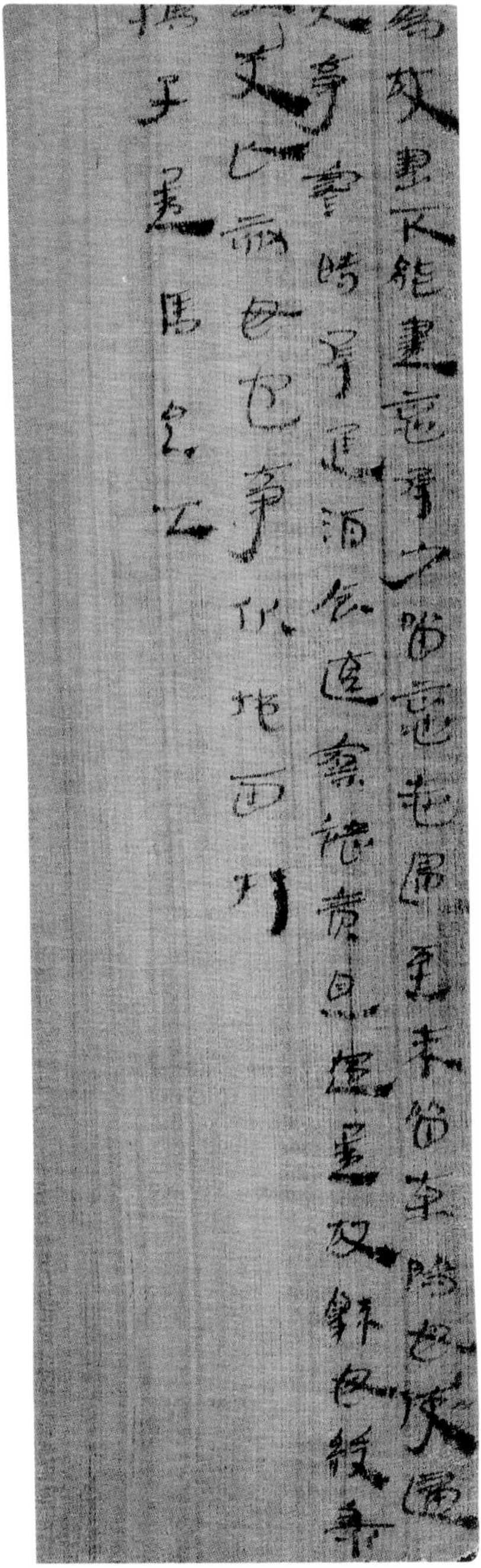

背

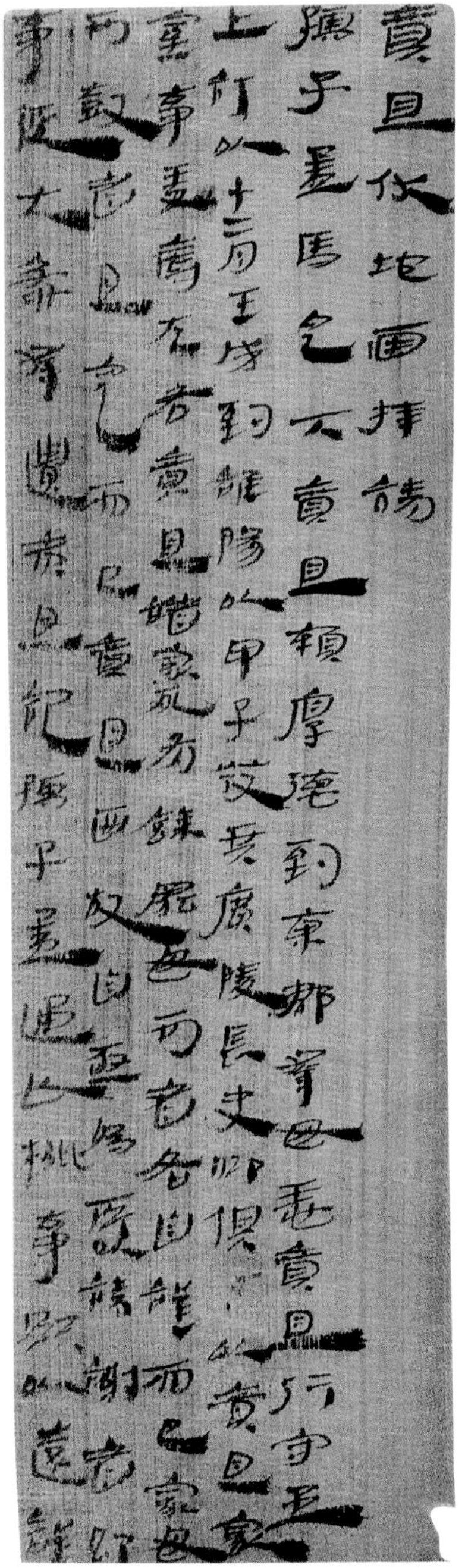

正

朱然《しゅぜん》墓出土刺・謁

名称：馬鞍山呉（朱然）墓出土刺・謁
時代：三国・呉
出土年月・地：一九八四年六月、馬鞍山市雨山郷安民村
本数と内容：木刺一四枚。内容は「弟子朱然再拝、問起居、字義封」「故鄣朱然再拝、問起居、字義封」「丹楊朱然再拝、問起居、故鄣、字義封」の三種。謁は「□節、右軍師、左大司馬、当陽侯、丹楊朱然再拝 謁」など三枚
サイズ：木刺＝長さ二四・八×幅三・四cm、厚さ〇・六cm
木謁＝長さ二四・八×幅九・五cm、厚さ三・四cm？
字体：楷書
所蔵：馬鞍山市博物館
参考資料：『文物』86—3

一九八四年六月、馬鞍山《ばあんざん》市雨山郷安民村の朱然《しゅぜん》墓で木刺一四枚、木謁《もくえつ》三枚が出土した。謁と刺は古代の名刺に相当するものである。これまで、この二つは同じ用途であり、前漢初めには謁、後漢末になると刺と呼ばれたと解釈されていたが、朱然墓から謁と刺とが同時に発見されたことで、両者の用途に明らかな区別があることがわかった。謁は刺に比べて一回り大きく、文字数も多い。謁について、『史記』張儀《ちょうぎ》列伝には、次のような話が伝えられている。張儀が趙の国へ行き、謁を奉って蘇秦《そしん》に面会を求めたが、蘇秦が張儀を侮辱したので、怒った張儀は秦の国へ荷担したというのである。この「謁」が今の名刺に相当するもので、下位の者が上位の者へ面会を求めるときに用いるから、慇懃な態度を持って自署したに違いない。そこに書かれた文字は、当時の一通行体とはいっても精一杯鄭重に書いたであろう。ちなみに、前漢末の尹湾《いんわん》漢墓の名謁の文字は謹飭《きんちょく》な波磔《はたく》を持った隷書体である。

朱然の刺は部分的に隷意を残してはいるものの、三《さん》過折《かせつ》の筆法が窺える重厚な楷書体であり、三国呉の時代にはすでに楷書の筆法が成立していたことがわかる。

刺は一行書きで、官職・本籍・姓名の順で記すが、その中間に「問起居（ご機嫌を問う）」を入れ、最後に自身の字《あざな》をやや小さく記している。それに謁と比べると幅が狭く（ほぼ二分の一）、携帯に便利である。

なお、朱然は、呉の孫権《そんけん》に才能を高く評価され、曹《そう》操《そう》の侵攻に対しても防備に尽力した。彼の葬儀にあたり、孫権は涙を流してその死を惜しんだという。

〈木刺〉墓内に副葬された刺や謁は、墓主が黄泉《よみ》の国へ向かうための〝死者の名刺〟といえる

弟子朱然再拝　問起居　字義封

（若輩の朱然がご挨拶致します。ご機嫌いかがですか。字は義封）

故鄣朱然再拝　問起居　字義封

丹楊朱然再拝　問起居　故鄣字義封

銀雀山漢墓竹簡博物館正面

山東・河北・四川・陝西・江西・広東・広西壮族自治区、大学・博物館等の新収蔵簡牘について

〈山東省概略〉

山東省は今日まで五度にわたって簡牘を出土している。一九七二年、銀雀山《ぎんじゃくざん》一号漢墓から約七五〇〇片、二号墓から三二枚の竹簡を出土したのが考古学的発掘の最初である。この発見によって、これまで続いていた孫子《そんし》と孫臏《そんぴん》とが同一人物かどうかの議論に終止符が打たれた。二〇〇二年には日照《にっしょう》市の海曲《かいきょく》前漢墓で、前漢・武帝の後元二年（前八七）の暦譜が出土している。

〈河北省〉

一九七三年、定県（今の定州市）八角廊《はっかくろう》の前漢・中山懐王劉脩《りゅうしゅう》墓（前五五年）で大量の竹簡が出土した。総数はおよそ二五〇〇枚。すでに炭化した残片であったが、竹簡に記された文字は鮮明なだけでなく、定形化された八分《はっぷん》様式を有したもので、およそ二〇〇年後になる漢碑を代表する乙瑛碑《いつえいひ》や礼器碑《れいきひ》などと比べてもほとんど遜色がなかった。

〈四川省〉

四川省での出土は唯一、一九七九年、青川郝家坪《かくかへい》の第五〇号戦国墓で出土した木牘二枚だけである。内容は、秦王が頒布した「更修田律」だが、これは雲夢睡《うんぼうすい》

未央宮遺址出土骨簽（『国之瑰宝』より）

虎地《こち》秦簡の秦律に継ぐ秦の法律の発見であった。書体は篆書をベースにしているものの、睡虎地秦簡と共通した筆法（秦隷）である。

〈陝西省〉

一九八〇年、西安で発見された未央宮《みおうきゅう》前殿A区の家屋で木簡一一五枚を出土した。これは中央の宮廷遺址からはじめて発見された漢簡といえる。一九八一年には、同じく未央宮で六万枚余りの骨簽《こっせん》を出土している。骨簽は簡牘ではないが、内容や用途からいえば、甘粛省で出土した木楬と同種の用途とみなせるもので、注目されている。

〈江西省〉

一九七四年、晋墓から木刺五枚、木方一枚を出土した。一九七九年には、三国呉の高栄《こうえい》墓で木刺二一枚、木牘二枚を出土した。一九九七年にも晋墓で木牘一枚を出土している。これらの内容はみな器物疏（副葬品のリスト）や名刺の類である。

〈広東省・広西壮族自治区〉

広東省では、二〇〇二年、南越国宮署《なんえつこくきゅうしょ》遺址の古井戸から前漢時代の木簡一〇〇枚余りを出土した。また、広西壮族自治区では、一九七六年、貴県羅泊湾《らはくわん》漢墓で木牘五枚、木簡一〇余枚、封検二枚を出土しているが、広東・広西での出土は、きわめて稀なケースである。

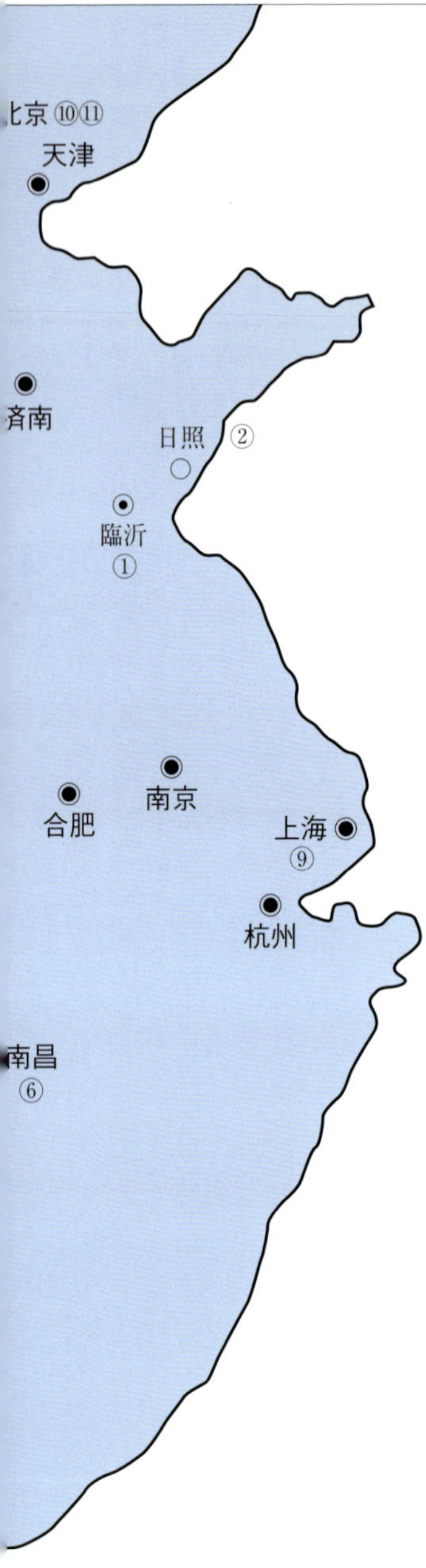

北京大学蔵前漢簡〈日書〉篇題

〈六博〉篇題

〈大学・博物館など収蔵簡牘〉

一九九四年、上海博物館が巨費を投じて先秦古籍の書かれた竹簡を香港の古玩市場で購得した。二〇〇七年、湖南大学岳麓書院《がくろくしょいん》が大学の支援を受けて香港の古物商店から大量の秦簡を購得したのを皮切りに、二〇〇八年には清華大学が校友から戦国竹簡二三八八枚の寄贈を受けた。北京大学では二〇〇九年に漢簡、さらに二〇一〇年には秦簡の寄贈を受けた。これらの簡牘はすべて香港の古物商店で購得したものであるという。このほか、香港中文大学でもほぼ同様のケースによって多数の簡牘を収蔵している。

なお、かつてスタインが収集した簡牘のうち、これまで未公開であった簡牘を胡平生《こへいせい》氏がロンドンに赴き整理したものが〝スタイン未刊漢文簡牘〟として出版された。これも本書の巻末に加えた。

山東省	①	銀雀山前漢簡
	②	日照海曲前漢簡
河北省	③	定州前漢簡
四川省	④	青川秦木牘
陝西省	⑤	未央宮漢簡
江西省	⑥	高栄墓呉簡
広東省	⑦	南越国宮署前漢簡
広西壮族自治区	⑧	羅泊湾前漢簡
新収蔵簡牘	⑨	上海博物館楚簡
	⑩	清華大学戦国竹簡
	⑪	北京大学前漢簡
	⑫	湖南大学岳麓書院秦簡
	⑬	香港中文大学簡牘
	⑭	スタイン未刊簡牘

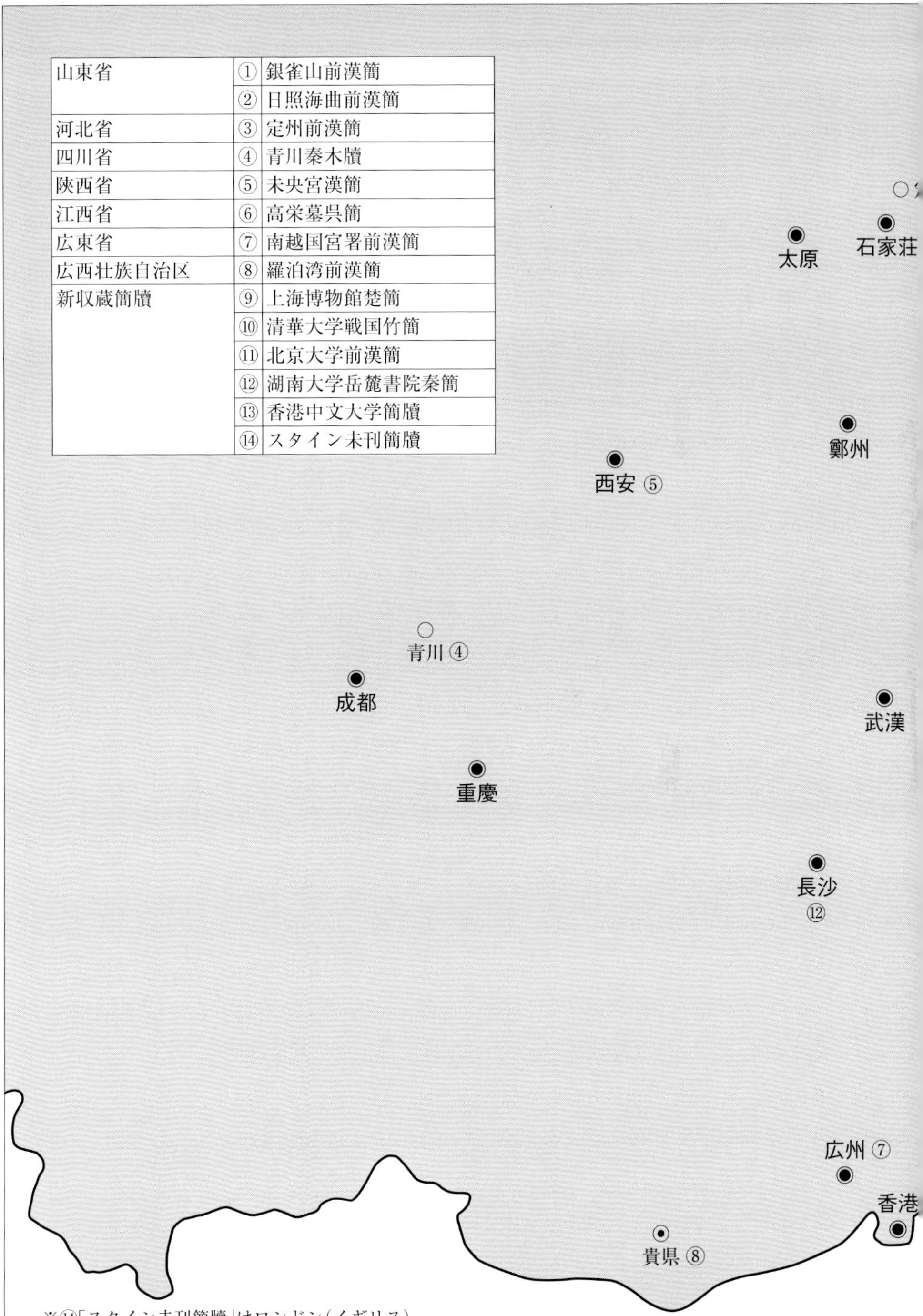

※⑭「スタイン未刊簡牘」はロンドン（イギリス）

山東省

銀雀山前漢簡《ぎんじゃくざん》

名称：臨沂銀雀山一・二号前漢墓出土竹簡
時代：前漢早期のやや後半
出土年月・地：一九七二年四月、臨沂市銀雀山
本数と内容：一号墓竹簡＝四九四二枚と数千の残片、合計約七五〇〇枚。内容は〈孫子兵法〉〈孫臏兵法〉〈尉繚子〉〈晏子〉〈六韜〉ほか。木牘五枚
二号墓竹簡＝三二枚、〈漢元光元年暦譜〉
サイズ：一号墓出土の竹簡の長さには長短二種がある。長簡は長さ二七・五×幅〇・五～〇・七cm、厚さ〇・一～〇・二cm。短簡は長さ一八×幅〇・五cm。木牘は長さ二二・三～二三・九×幅四・三～四・六cm。二号墓出土の竹簡は長さ六九×幅一・〇cm、厚さ〇・二cm
字体：隷書・草隷風
所蔵：臨沂市銀雀山漢墓竹簡博物館、山東省博物館（新館）
参考資料：『銀雀山漢墓竹簡〔壹〕』（文物出版社、一九七五年〈線装本〉、一九八五年〈精装本・修訂版〉）、『銀雀山漢墓竹簡〔貳〕』（文物出版社、二〇一〇年）

臨沂《りんぎ》市の南には金雀山と銀雀山の二つの小山が東西に対峙しており、東山を金雀山、西山を銀雀山と呼ぶ。

一九七二年四月、山東省博物館と臨沂文物チームは、銀雀山で一・二号前漢墓を発掘した。両墓ともに建設工事中に発見されたもので、陶器・銅器・銭幣などの副葬品を大量に出土した。もっとも注目されたものは竹簡であり、一号墓から約七五〇〇枚（残片を含む）、二号墓から三二枚を得た。その長さに二種あり、長簡は三ヵ所、短簡は二ヵ所で編綴《へんてい》されていた。多くは長簡であるが、「天地・八風・五行・客主・五音」に関する占書だけは短簡を用いている。一号漢墓の竹簡は〈孫子〉〈尉繚子《うつりょうし》〉〈晏子《あんし》〉などの伝本、それ以外の大部分は佚書《いっしょ》である。もっとも注目されるものは〈孫臏《そんぴん》兵法〉である。佚書中、これは『漢書』（藝文志）に著録されている「斉孫子」のことを指すにもかかわらず、『隋書』（経籍史）には著録されていないため、これまで孫武と孫臏は同一人ではないかと疑われていたが、この竹簡の出土によって疑問が解消された。

両墓の形制や紋飾には前漢早期の特徴が見られ、建元元年（前一四〇）～同五年（前一三六）にかけて鋳造された「三銖銭」（一号墓）と元光元年（前一三四）の暦譜（二号墓）が出土したため、墓葬の上限は漢・武帝の元光元年（前一三四）、下限は武帝の元狩五年（前一一八）であると考えられるが、竹簡の書写年代はこれより早い。なぜならば〈孫子兵法〉中で、漢・文帝

銀雀山漢墓竹簡博物館内に陳列されている竹簡（複製）

の諱《いみな》「恒」を避諱《ひき》していないので、書写は文帝の即位（前一七九）以前と考えられるからである。

出土簡牘は三輯に分けて出版される計画である。第一輯は、一九七五年と八五年に『銀雀山漢墓竹簡〔壹〕』として上梓された（後者は修訂版）。第二輯は、第一輯に未収録で篇目がわかるものを収載し、現在まで未刊の第三輯はそれ以外のものである。

これらの書きぶりには、波磔《はたく》が顕著で整斉な結構のものもあれば、奔放な結構や細太のリズムで書かれたもの、右肩下がりのものなどがあり、字体は隷書と草隷風（〈六韜《りくとう》〉〈守法令十三編〉）のものが含まれる。複数の書き手によって作成されたものであろう。

二号墓出土の竹簡は長さ六九cmもある長簡で、三ヵ所を編綴している。内容は武帝の「元光元年暦譜」、つまりカレンダーの類である。

このほか、一号墓から木牘とその残片、計五枚が出土した。上面に「守法」「要言」「孫子兵法」などの編題が記され、簡の中ほどには紐の痕が残っていたことから、おそらく竹簡を梱包した後、その上にこれらの木牘を題簽《だいせん》として括り付けたものであろう。

日照海曲《にっしょうかいきょく》前漢簡

名称：日照海曲一〇六号前漢墓出土簡牘
時代：前漢・武帝後元二年（前八七）
出土年月・地：二〇〇二年三～六月、日照市西郊西十里堡村
本数と内容：竹簡三九枚・木牘四枚。内容は〈暦譜〉
サイズ：竹簡は長さ二三・五×幅〇・六cm、厚さ〇・一cm
　木牘は長さ二三・六×幅七・三～七・五cm、厚さ〇・四cm
字体：隷書
所蔵：山東省文物考古研究所
参考資料：『出土資料研究』第九輯（中華書局、二〇一〇年）
　『文物』10－1

二〇〇二年三月～六月にかけて、山東省文物考古研究所は考古発掘隊を編成し、日照《にっしょう》市西郊外の西十里堡村の海曲《かいきょく》漢墓を発掘し、一〇六号墓において竹簡三九枚と木牘四枚を出土した。竹簡の字跡はかなりはっきりしていて、その中の一枚に「天漢二年（前九九）」と「城陽十一年（漢・城陽国の郡国年号）」の年号が記されていた。編号第三一にみえる双月大小の記載とその他の竹簡の干支によって、その年の干支表を作成した結果、前漢・武帝後元二年（前八七）の朔日《さくじつ》と基本的に同じことが証明された。編号第三七の竹簡は竹青部分にも文字の痕跡が確認できる。これまでの例に照らせば、おそらく編題と考えられるが、この字跡部分がややはっきりしないため読み得ない。ただし、内容からみて銀雀山《ぎんじゃくざん》一号漢墓の「七年視日」に近いことがわかったため、これら竹簡に書かれた〈暦譜（暦注）〉の一類を「漢武帝後元二年（前八七）視日」と命名した。

字体は隷書。その結構はやや草卒な感を否めないが、波磔《はたく》や縦画の脚部をたっぷりと引き出しているものが散見される。また、干支二字の空間を詰めて合文のようにしている点にも特色がある。

このほか、長方形の板が四枚出土したが、文字の痕跡は窺えない。とはいうものの、これらの形状や大きさからみて、当該墓の木牘と考えてよかろう。また、長方形の漆硯盒《しっけんごう》がひとつ伴出している（図参照）。長さは二三・四×幅七・一cm、厚さ二・〇cm。長方形の部分に石硯を、円形の部分に〝研子〟とよばれる磨り石をはめ込んである。

なお、墓葬内から発見された印章中に「公孫昌印」が含まれていたが、公孫昌は墓主の名であろう。

〈竹簡〉

漆硯盒

河北省

定州《ていしゅう》前漢簡

名称：定州八角廊四〇号前漢墓出土竹簡
時代：前漢時代（五鳳三年〈前五五〉）
出土年・地：一九七三年、定県（今の定州市）八角廊村
本数と内容：約二五〇〇枚。〈論語〉〈儒家者言〉〈哀公問五義〉〈保傅伝〉〈六韜〉〈五鳳二年起居記〉〈文子〉〈日書〉ほか
サイズ：〈論語〉は長さ一六・二×幅〇・七㎝
〈儒家者言〉は長さ一一・五×幅〇・八㎝
字体：八分
所蔵：河北省文物研究所
参考資料：『文物』81─2・8、95─12、01─5、『定州漢墓竹簡論語』（文物出版社、一九九七年）

一九七三年、定県城の西南四㎞の八角廊村《はっかくろうそん》で漢墓が発見された。この墓は前漢末に盗掘の被害にあったが、盗掘者が墓中で失火し逃亡したため、重要文物は盗まれなかったものの、竹簡自体は火によってかなり損傷を受けた。しかし幸運なことに、伴出した「金縷玉衣《きんるぎょくい》」と、亡くなる一年前に記された「六安王朝《りくあんおうちょう》五鳳二年（前五六）正月起居記」という竹簡から、墓主は五鳳三年（前五五）に没した中山懐王《かいおう》の劉脩《りゅうしゅう》であることがわかった。竹簡の内容は、

①〈論語〉：六二〇枚。ほとんどが残簡であるため、今本『論語』の二分の一にも満たない。文字は簡ごとに一九～二一字で書かれており、竹簡の両端と中間に編綴《へんてい》の跡がある。

②〈儒家者言〉：竹簡一〇四枚。内容は、儒家の忠・孝・礼・信などに対する道徳啓発を記したもの。

③〈哀公問五義〉：本数は未発表。今本『荀子・哀公』『大戴礼記《だたいれいき》』『孔子家語』中の文と同じものが見える。

④〈保傅伝〉：本数は未発表。今本の賈誼《かぎ》『新書』と『大戴礼記』中に見えるものがある。

⑤〈六韜《りくとう》〉：本数は一四四枚。出土時、かなり損傷していたが、残簡中に一三の編題が発見された。これらの編題はどの伝世本とも適合しないものの、敦煌唐写本『六韜』にもっとも類似している。

このほか、前述の〈起居記〉や〈文子〉〈日書〉もある。以上八種のうち、①〈論語〉②〈儒家者言〉はすでに発表されている。書体は、漢碑を代表する乙瑛碑《いつえいひ》や礼器碑《れいきひ》などと比較してもほとんど遜色のない定型化された八分である。これは取りも直さず前漢後期にすでに整斉な八分《はっぷん》様式が定着していたことを物語っている。

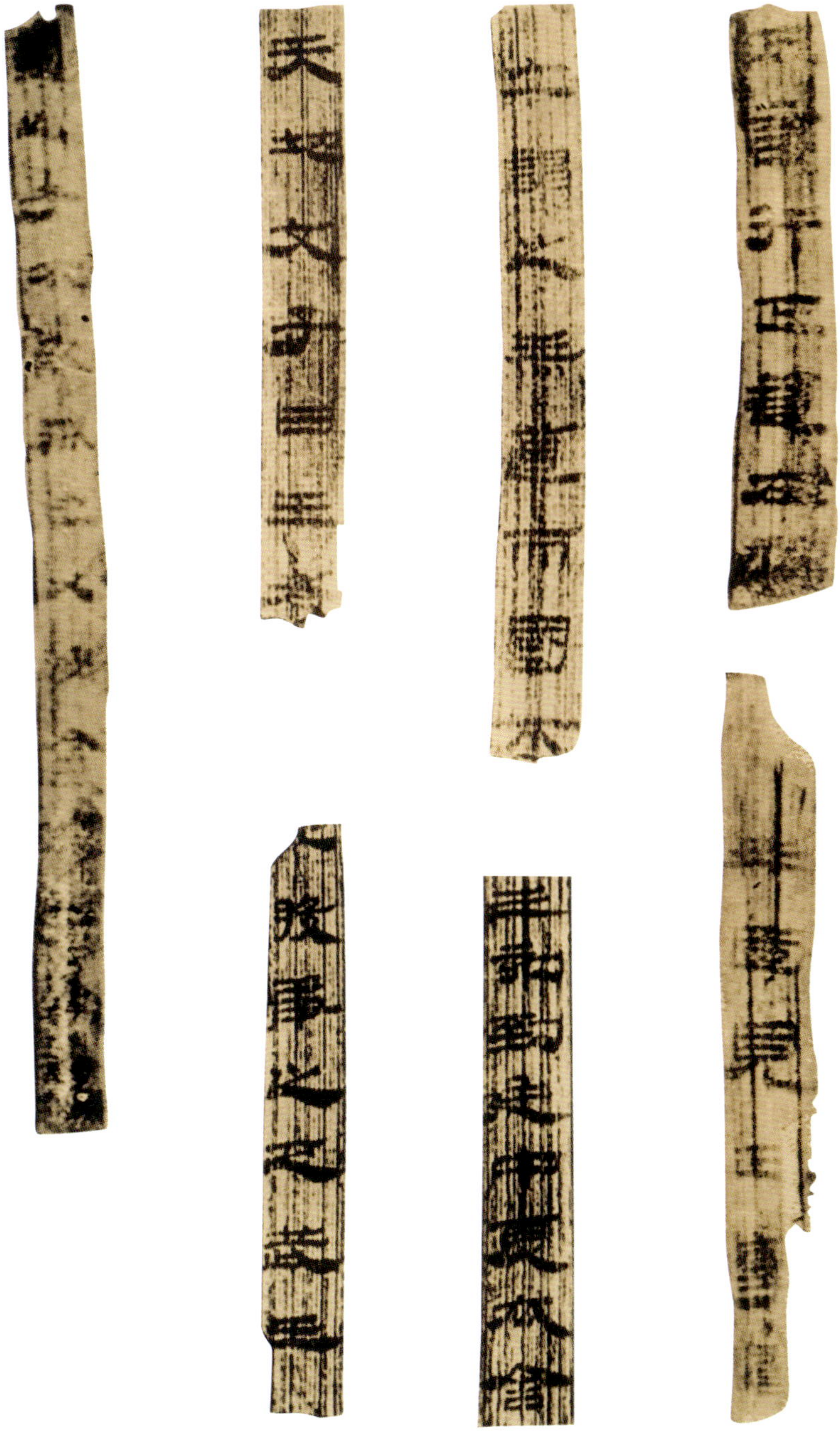

〈竹簡〉

四川省

青川《せいせん》秦木牘

名称：青川郝家坪五〇号秦墓出土木牘
時代：戦国秦（晩期）
出土年・地：一九七九年、青川郝家坪
本数と内容：木牘二枚。内容は〈更修田律〉
サイズ：長さ四六・〇×幅三・五㎝、厚さ〇・四～〇・五㎝
字体：早期の秦隷
所蔵：四川省博物館
参考資料：『文物』82―1・10

一九七九～八〇年にかけて、四川省博物館と青川県《せいせん》文化館は青川郝家坪《かくかへい》で五〇号戦国墓を発掘して二枚の木牘を得た。二枚とも戦国晩期にかかるものである。一枚の木牘は両面に書写されていて、その字跡はかなり鮮明であり、十分判読できる。表面には、秦の武王二年（前三〇九）に公布した〈更修田律〉を三行で、裏面には「道普請をしないことに関する記事」を四行で記している。総計一二一字。〃田律〃とは耕地を管理する規定である。秦の始皇帝は天下統一後に「命」字を、「制詔」に置き換えて使ったが、木牘中では「命」がそのまま使われていることから、書写年代は秦統一（前二二一）以前に違いない。ところで、表面に「（武王）二年十一月己酉朔朔日、王命丞相戊（茂?）、内史匽民臂更修為田律、…」とあるが、「丞相戊」を『史記』秦本紀に記されている「丞相甘茂」とみて、当初、報告者は昭王元年（前三〇六）には甘茂が丞相でないことを根拠に、墓葬の下限を昭王元年前後としたが、この墓葬が楚墓の特徴を持つことから、墓葬時期をもう少し下げる説が有力である。

字体は秦隷。起筆に蔵鋒を用い、直線を主とした点画に特徴がある。字体そのものは篆書をベースにしているが、例えば、サンズイを「三」に作るなど隷勢が顕著であり、一部の睡虎地《すいこち》秦簡と共通した筆法が窺える。なお、もう一枚もほぼ同じサイズで、表面には墨痕を確認できるものの、漫漶《まんかん》が激しく判読できない。

三：起筆は蔵鋒につくる

波：〝サンズイ〟は横画三本につくる

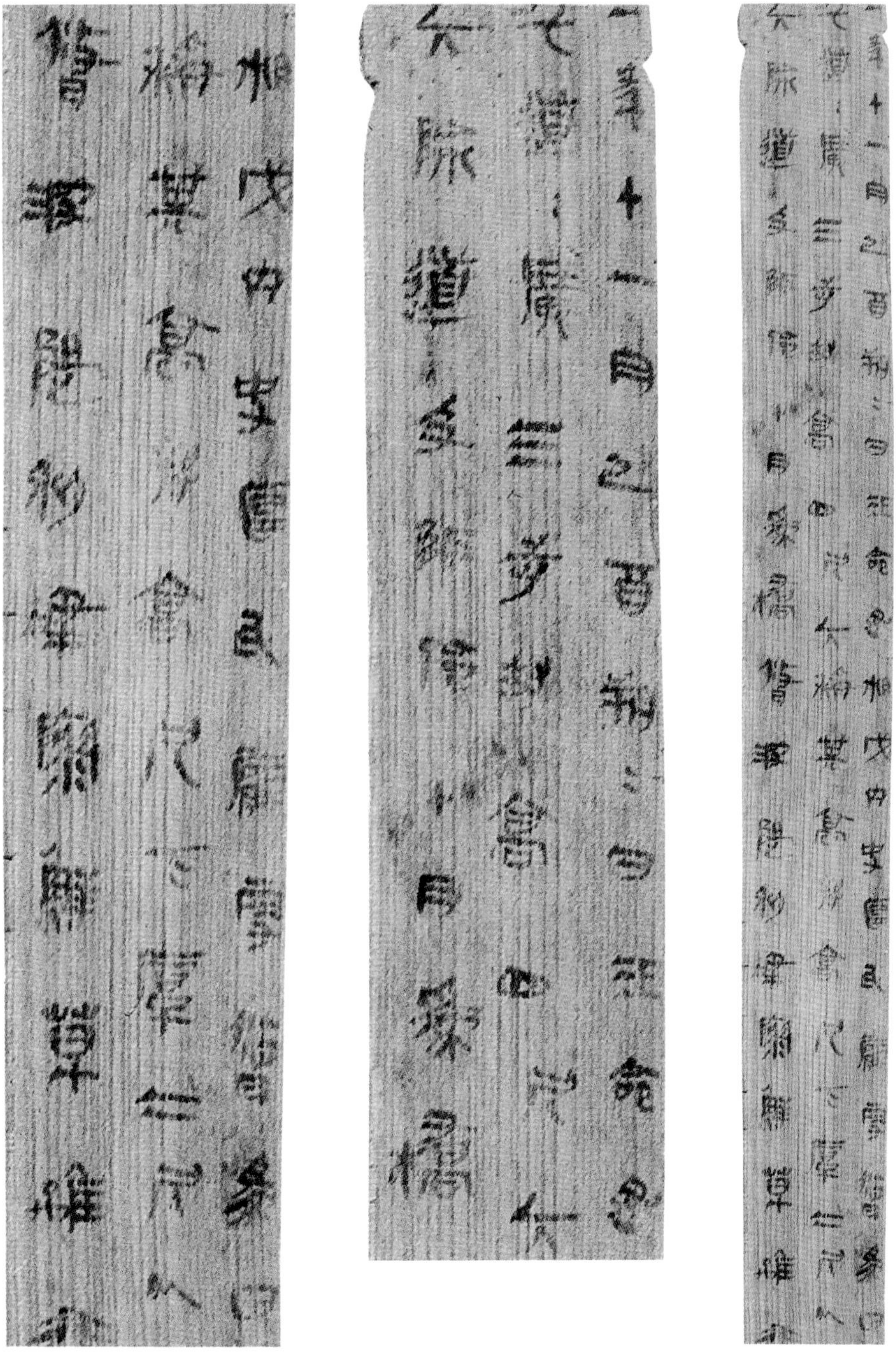

〈"更修田律"木牘〉（上半部分）

●形態と用途●

文字を書写する材料は、漢代に発明された紙以外にも、竹木・縑帛《けんぱく》・甲骨・金石など身近にある材料を用いたものがいくつも存在するが、戦国から魏晋にかけてもっとも広範囲に用いられたのは、竹木の類、いわゆる簡牘である。杜預《どよ》『春秋左氏伝』序に「大事は策を用い、小事は簡牘に記した」とあるが、簡牘の用途によってその形態に特徴があり、札・簡・牒・両行・方・版・牘・槧《ざん》・檄《げき》・検・觚《こ》などいくつもの名称がある。

札　「し」は木の薄片の形で、『漢書』（司馬相如伝）「筆札」に見える顔師《がんし》古《こ》注に「札は木簡の薄小なる者なり」とある。つまり札は比較的小さいサイズのもので、一行書きの書写に用いた木製の材料である。

簡　『説文』に「簡は牒なり」とあり、『春秋左氏伝』孔疏に「単に一札を執る、これを謂ひて簡と為す」とある。文字を書くための細長い札の意である。

牒　『説文』に「牒は札なり」とあり、『史記』索隠《さくいん》には「牒、小木札なり」とある。やや小さめの竹簡や木簡の類をいう。

両行　両行とは、簡材の幅がやや広いもので、一般に文字を二行分書写することができる。両行の簡冊は敦煌《とんこう》や居延《きょえん》漢簡に多く見える。

方・板・版　『春秋左氏伝』の「小事は簡牘のみ」の孔疏に「牘は乃ち方版、版は簡よりも広く、数行を容れることができる」とある。また、「方は板なり」ともあるように、方・板・版はほとんど一種に属すと考えてよい。両行

楬（馬王堆三号墓）

「労辺使者過界中費」冊＝辺境を慰問する使者が国境を通過した際の費用を記したもの（前漢・甘粛肩水金関遺址出土）

より広い板で、三行以上を記す場合に用いる。

牘　「片」は「木」を縦に切り裂いた形で木板の総称を意味する。『説文』には「牘は書版なり」とあるように、牘は幅の広い木簡のことである。

槧《ざん》　『説文』に「槧は牘樸なり」とあり、『論衡《ろんこう》』（量知篇）には「木を断ちて槧と為し、これを析《さ》きて板と為し、つとめて刮削《かっさく》を加うれば、乃ち奏牘と成る」とあるように、槧は簡牘を制作する素材のことで、これを細かに加工したものが簡牘であると解釈されている。

楬《けつ》　『説文』に「楬は楬櫫《ちょ》なり」とあるように、楬は掲げる木札の意。一般に、頭部を丸くカットし網目を書き込んだり塗りつぶしたりした木板で、その部分に穴が開けられており、下方には物品名を記す。いわゆる付札の類。木牌、籤《せん》、木契《けい》などともいう。

検　『説文』に「検は書署なり」といい、『釈名《しゃくみょう》』に「検は署をいう」とある。徐鍇《じょかい》『説文繋伝《せつもんけいでん》』に「検は書函の蓋で三本の刻みを入れ縄で封じ、泥で鎮めて題書し印を捺す。」とあり、王国維《おうこくい》は書函に封をする際に用いる板を検と考えた。『説文』にいう書署（署を書す＝役所名を記す）は、これら一連の作業における最終段階での行為を述べたものである。封検は、みだりに披閲できないように封印するときに用いた簡牘のことである。

觚《こ》　三角柱や四角柱の細長い形状で、各面に書写することができる。このような棒状で多面体の形状に作られた木片を觚とよぶ。

冊《さく》　漢代は通常、長さ一尺（約二三cm）の簡牘が用いられていたが、これ

「伝経講学」画像磚＝右下の学生は腰に書刀を下げている（四川博物院蔵）

を複数本集めて編綴《へんてい》したものを冊《さく》（策）という。「策」は、後世、音通で用いられるようになった。冊の状態で出土した最古の実例は、一九三〇〜三一年に発掘された居延漢簡である。

檄　檄は役所で出す木札文書、いわゆるふれぶみのことであるが、多くは軍書（軍隊の命令）として用いられた。なお、白川静『字統』は、「檄は本来は神霊に訴える文であった」とみる。

杮《はい》　書き損じ、または使用済みの簡牘を再利用するために生じた文字面の削り屑。削衣《さくい》ともいう。候官や烽燧周辺などのゴミ捨て場から出土することが多い。ちなみに漢の下級役人が「刀筆《とうひつ》の吏《り》」と呼ばれたのは、木簡を削るための書刀と毛筆を携帯していたからである。

刻歯　二枚の簡を合わせて証拠とする際、目印とするためにつけた切り込みのこと。

両行（前漢・敦煌懸泉置出土）

削り屑「梳」（スタイン未刊簡牘より）

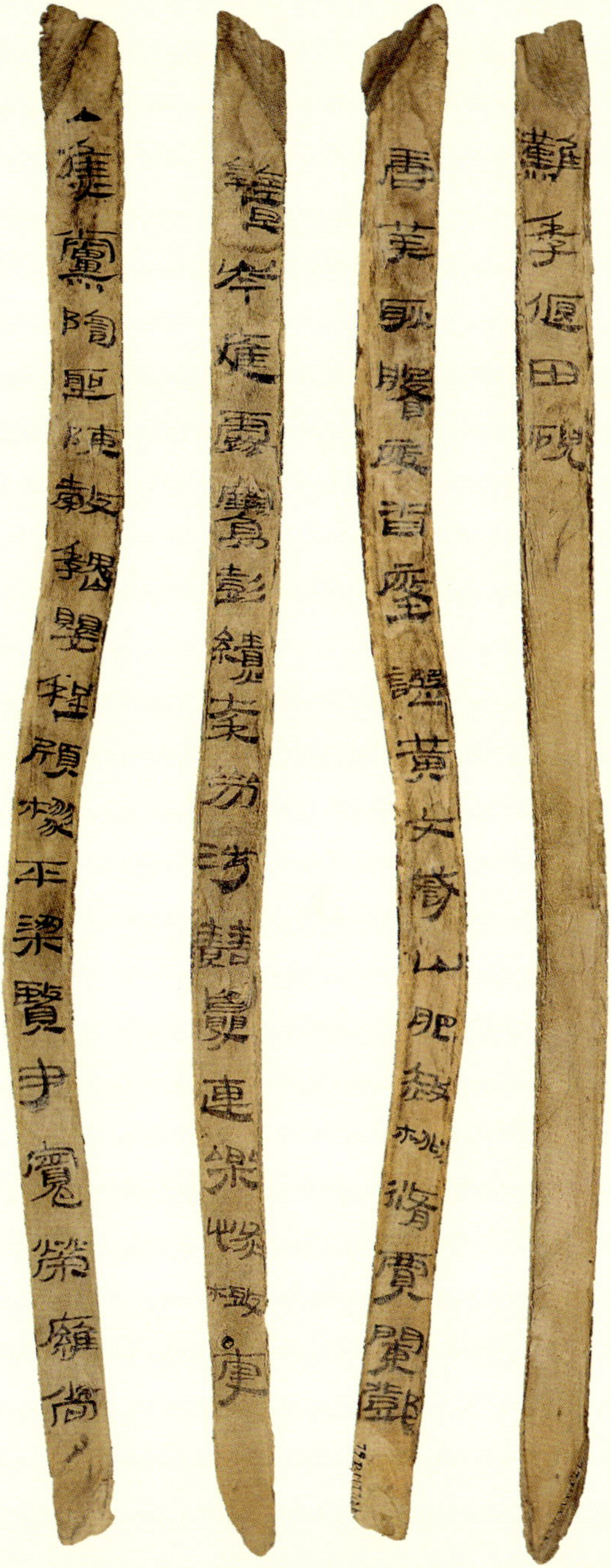

馬圏湾習字觚（四角柱に書写されている）

未央宮《みおうきゅう》漢簡

名称：西安前漢長安未央宮遺址出土木簡
時代：前漢中晩期〜新王莽時代か
出土年月・地：一九八〇年四〜六月、西安未央宮遺址
本数と内容：木簡一一五枚。医薬治療、人事や健康に関する皇室の管理服務
サイズ：木簡は残長一三〜一五・六×幅一〜一・三cm
字体：章草
所蔵：中国社会科学院考古研究所
参考資料：『漢長安城未央宮』（中国大百科全書出版社、一九九六年）

一九八〇年四月〜六月にかけて、中国社会科学院考古研究所は西安未央宮《みおうきゅう》前殿A区遺址において、一一五枚の木簡を出土した。かつて未央宮は火に焼かれたために木簡自体も炭化して残簡となり、長さ一三〜一五・六cmに最多で一五字しかない。内容は医薬治療、人事や健康に関する皇室の管理服務などが記されているとされるが、詳細はいまなお研究中である。

字体は章草。隷書の波勢を減少し、暢達した用筆によって自由奔放に書写したもので、現在見ることができる章草の最も早い実例である。書法の書きぶりは一致していることから、一人の書写と考えられる。

なお、この遺址で骨簽《こっせん》・瓦当・封泥なども同時に出土している。

擡《だい》（台）頭《とう》と提行《ていぎょう》

擡（台）頭とは文章中で文字を書くとき、ある特殊な事情で通常より高い位置に書く書式。「一字擡頭」「二字擡頭」がある。

①「睡虎地《すいこち》秦簡（封診式）」には「治獄」「盗馬」「告臣」などのように標題を擡頭する場合がある。

②皇帝や皇室構成員の呼称、あるいは「制」「詔」「制詔」などの語に擡頭を用いる。これは最大の敬意を表したものである（武威〈王杖十簡〉参照）。

ちなみに、詔書を刻入した「乙瑛碑《いつえいひ》」にも「制曰可」の「制」字を一字分高い位置に書いた例が見られる。

提行とは、敬意を表す理由から文中にある人名を次の行に送る書き方。①「十一月廿二日具記。習叩頭死罪言、（提行）君万年・・・」と「君」字から行替えをしている例である。

穂俱土或已收獲復主莖葉及一

尺上五寸南北□復合爲一心上六寸

下田中著稻禾及蘆葦葉居地京

秕王基本始持王三枚其二枚圜

如雪浸浸如雨香味曰如密稻禾一本主

江西省

高栄墓《こうえいぼ》呉簡

名称：南昌呉高栄墓出土簡牘
時代：三国呉・嘉禾年間（二三二〜二三八）
出土年月・地：一九七九年六月、南昌市内の陽明路中段南側
本数と内容：木製の刺二一枚、木牘二枚。内容は名刺、遺策
サイズ：刺は長さ二四・五×幅三・五㎝、厚さ一・〇㎝、木牘
　　は長さ二四・五×幅九・四㎝
字体：楷書・行書
所蔵：江西省歴史博物館
参考資料：『考古』80―3

一九七九年六月、江西省歴史博物館は、南昌《なんしょう》市内の陽明路中段南側の三国呉早期の墓葬を発掘した。墓室内の前室と後室に朱漆《しゅしつ》の棺が三つあり、前室の棺が男性、後室の二つが女性のものであった。おそらく一夫両妻合葬墓であろう。副葬品は陶器・青磁器・漆器・竹木器・金属器など一〇〇件以上にのぼる。出土した簡牘は二種類で

①名刺類：木製の名刺二一枚。一方の女性の棺からまとめて出土した。内容は「弟子高栄再拝、問起居、沛国相、字萬綬《まんじゅ》」。

②遺策《けんさく》類：木牘二枚。二人の女性の棺からそれぞれ一枚ずつ出土した。木牘には両面に副葬された衣類と身の回りの品を記録してある。二一枚の名刺を出土した棺内の木牘の文字は比較的はっきりしていたが、もう一方の木牘は字跡が不明瞭である。これらの副葬品のリスト中には「書刀一枚・研一枚・筆三枚・書□一枚・□□一枚・□□冊枚・□具一枚・官紙百枚」と書写用具に関しての記録があり、実際には、石硯（縦一四・五×横九・五㎝、厚さ〇・四㎝）と円柱形の墨（高さ九・五㎝、直径三・五㎝）などが伴出している。リストの最後には大字でその総数が「大凡百一十枚、皆高栄許」と記されている。名刺と遺策とによって、墓主の姓名は高栄、字は萬綬、沛国（いまの徐州）相県出身の人であることがわかる。その下葬年代はおよそ二三二〜二三八年の間と考えられる。

刺の字体は隷書とみる意見もあるが、「弟」「問」「國」などの点画には明らかに〝三過折《さんかせつ》〟の筆法が窺える。よって楷書の範疇に入れるべきであろう。なお、遺策類の木牘の字体は行書である。

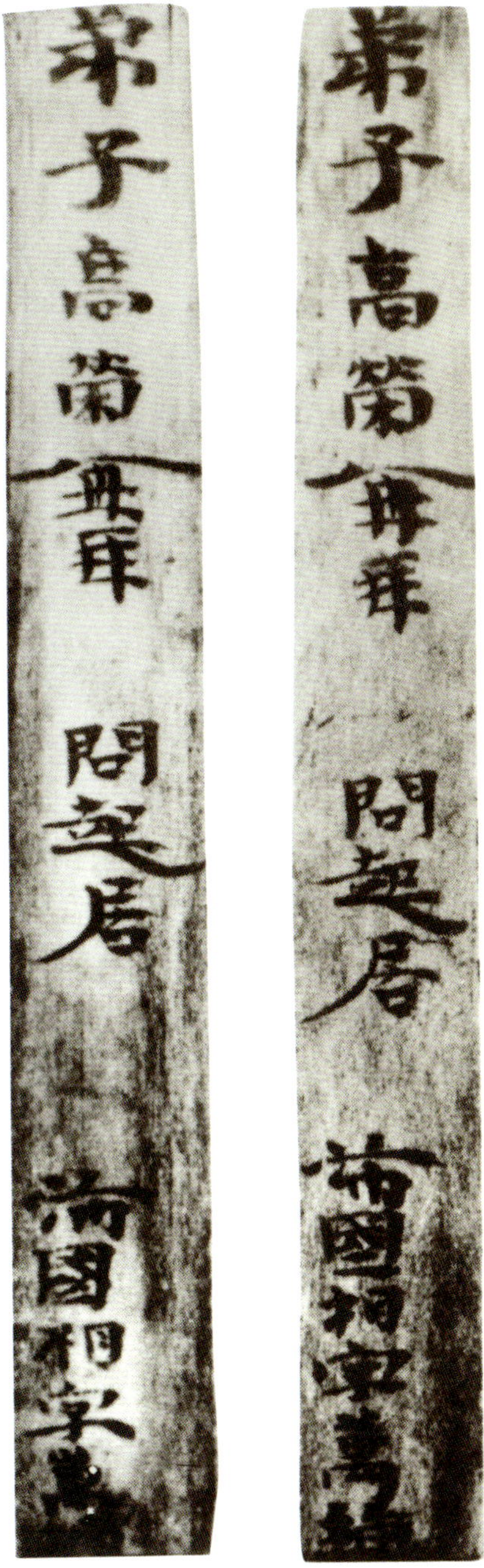

〈木刺〉

弟子高榮再拜　問起居　沛國相　字萬綬

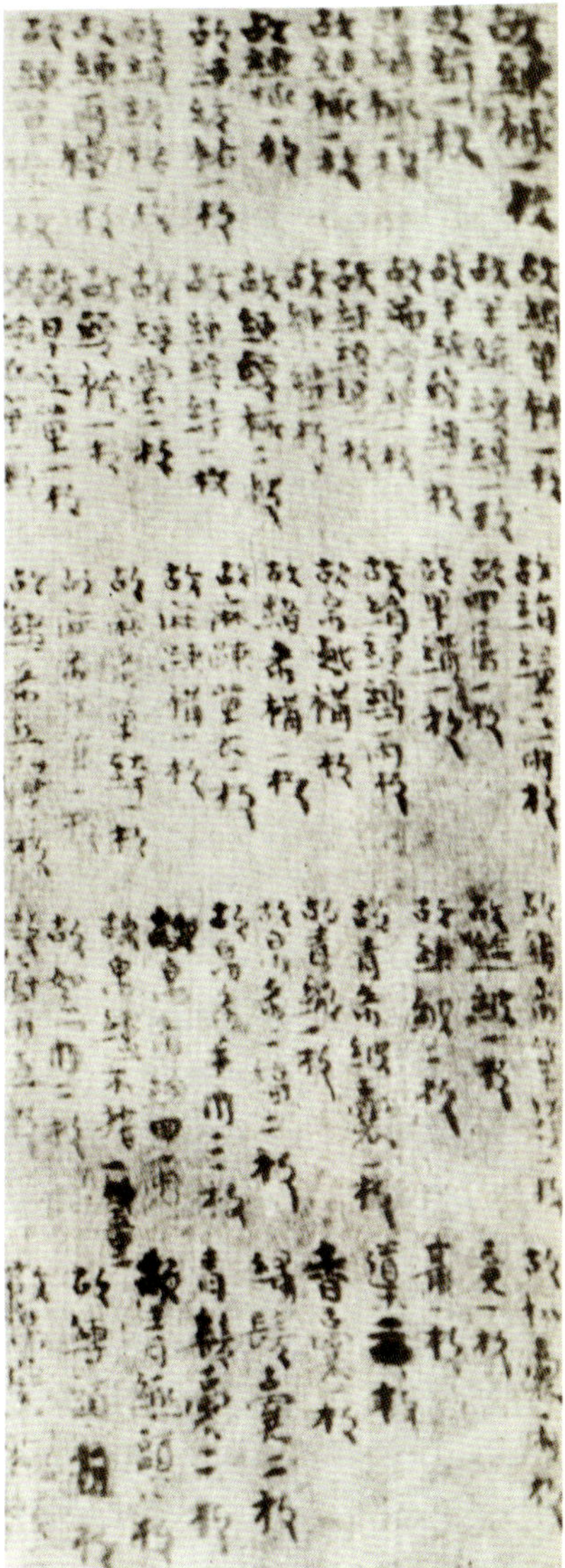

〈木牘（遣策）〉

広東省

南越国宮署《なんえつこくきゅうしょ》前漢簡

名称：広州南越国宮署遺址二六四号古井出土簡牘
時代：前漢・文帝の前元二～九年（前一七八～前一七一）
出土年・地：二〇〇五年、南越王国の官署遺址
本数と内容：木簡一〇〇余枚。内容は籍簿・法律文書など
サイズ：長さ二五×幅一・七～二・四cm、厚さ〇・一九～〇・二〇cm
字体：隷書
所蔵：広州市文物考古研究所
参考資料：『考古』06—3

二〇〇二年九月、広州市文物考古研究所、中国社会科学院考古研究所および南越王宮博物館は、連合考古隊を組織して南越国宮殿遺址を発掘し、大量の遺物を出土した。二〇〇四年十一月～翌年一月にかけてさらに第二六四号井戸を発掘したところ、一〇〇枚余りの南越国木簡を得た。完全なものは長さ二五×幅一・七～二・四cm、厚さ〇・一九～〇・二〇cmで、一枚だけが二行半書かれている以外は、すべて一行書きである。横画の間隔を狭め、字形を扁平に構え、右下への画を大きく伸びやかに引き出している。書体は隷書だが、わずかばかり篆意を含んでいる文字もある。

文献によれば、南越は漢の高祖四年（前二〇三）に建国し、武帝の元鼎六年（前一一一）に滅亡した。簡No.91に「廿六年」と記されているので、書写年代は南越国早期のものと考えられるが、この「廿六年」を西暦に照らした場合、文帝の前元二年（前一七八）と前元九年（前一七一）とに該当するものの、そのいずれがよいのか確定していない。

なお、秦漢時期の公文書における簡における長さは当時の一尺（二三cm）で、幅は〇・八cm程度であるが、南越国の簡の長さは約二五cm、幅も二、三倍の広さがある。これらは、広東地区における漢代簡牘の空白を埋める重要な発見といえる。

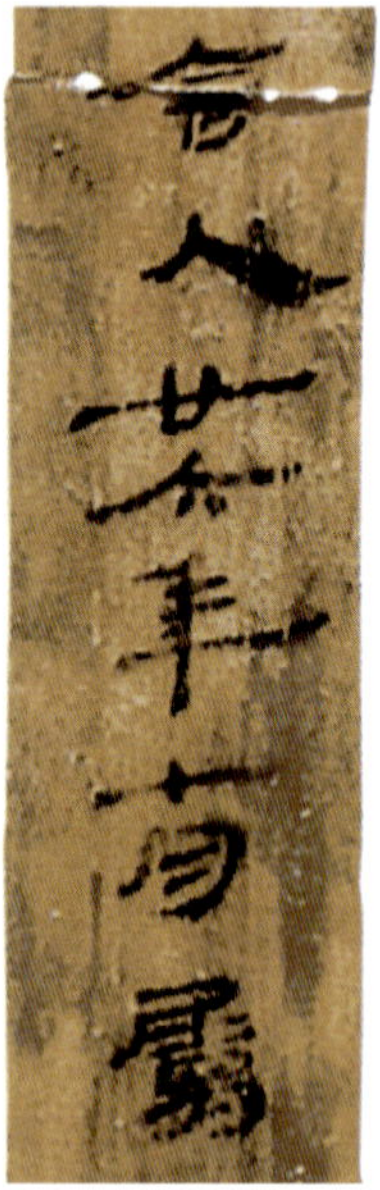

木簡（部分）「…舎人、廿六年十月屬」

……遠我等擊盈、已擊、乃歸南海

壹橐一木、第九十四　實九百八十六枚。

出土簡牘の名称の付け方

二〇世紀前半に西域地方で出土した簡牘の名称の付け方に明確な基準はないが、一般に出土地を冒頭に付す例が多い。ただし、郡名を冠した「敦煌《とんこう》漢簡」、県名を冠した「居延《きょえん》簡」など出土地の単位もまちまちであり、また、同じ地区で複数出土した場合にその特色によって、例えば「王杖十簡《おうじょうじゅっかん》」「武威《ぶい》医簡」などと呼ぶこともある。

湖北省荊門《けいもん》市郭店《かくてん》村の戦国楚墓で出土した郭店楚簡の正式名称は、省名・都市名・地区名・墓の造営時代・簡牘の種類の順で「湖北荊門郭店楚墓竹簡」という。ただし、通常、出土した最小単位の地区名・墓の造営時代・簡牘の種類の順で「郭店楚簡」と略称している。「湖北随州擂鼓墩曾侯乙墓《らいことんそうこういつぼ》竹簡」は戦国早期（前四三三～前四〇〇）の墓葬で、この時期には楚国の属国となっていたと考えられるが、この場合は造営時代を付さず「曾侯乙墓竹簡」と略称する。また、四川省青川《せいせん》県の古墓で出土した木牘は、はじめ秦の昭王元年（前三〇六）前後の墓葬、のち戦国晩期の説が有力となるなど、不確定な要素もあってか、一般に「青川木牘」と略称する。

広西壮族自治区

羅泊湾《らはくわん》前漢簡

名称：貴県羅泊湾一号漢墓出土簡牘
時代：前漢早期
出土年・地：一九七六年、貴県羅泊湾
本数と内容：木牘五枚。内容は〈従器誌〉〈東陽田器誌〉など。木簡一〇余枚、内容は不明。封検二枚、内容は器物と食物の名称。内容は副葬した農具のリスト
サイズ：木牘〈従器誌〉は長さ三八×幅五・七cm、厚さ〇・二〜〇・七cm
木牘〈東陽田器誌〉は残長九・〇cm×幅四・九cm。
字体：隷書
所蔵：広西壮族自治区文物管理委員会
参考資料：『文物』78―9、『散見簡牘合輯』（文物出版社、一九九〇年）

一九七六年、広西壮族自治区貴県化学肥料工場の拡張工事を行った際、羅泊《らはく》湾で前漢早期の墓葬を発見し、広西壮族自治区文物工作隊が発掘の任に当たった。槨《かく》室《しつ》はつとに盗掘されていたため、副葬品は多くなかったが、銅器二〇〇件以上、鉄器二〇余件、陶器五〇余件が残されていた。銅器の外側や脚部に篆書で容量などを刻款してあるものや、漆器に「市府草」などと烙印したもの、「胡」「厨」を針刻したものなどの文字資料が残されていた。また、墓葬内には女性六人と男性一人の計七つの青少年と推定される殉葬坑があったが、その棺蓋に秦隷で「胡偃《こえん》」「蘇偃《そえん》」と刻字されていた。

出土した簡牘は木牘五枚、木簡一〇余枚、封検二枚である。木牘五枚のうち、二枚は整簡。その一つ〈従《じゅう》器《き》誌《し》〉と称される木牘は、いわば副葬品のリスト（遣《けん》策《さく》）で、両面に隷書で三七二字が書写されている。この記述の中に、甲・矛・盾・弓・弩・矢などの兵器名が記載されていたことから、墓主は生前おそらく武官の職を担当した官吏だったものと考えられる。また〈東陽田器誌《とうようでんきし》〉と称される木牘は、副葬された農具のリストである。木簡一〇余枚は出土時すでに残欠しており、釈読できるものは数枚しかない。封検二枚には器物と食物の名称を記載している。

字体は馬王堆《まおうたい》一号漢墓遺策などにみられる方折体《ほうせったい》で、結構を縦長に作る。また、隷書をベースにときおり篆書の用筆をまじえた字体を用い、左右への払い出しを強調した点画である。これは当時、一般に使用されていた実用通行体といえる。

〈従器志〉（正面）

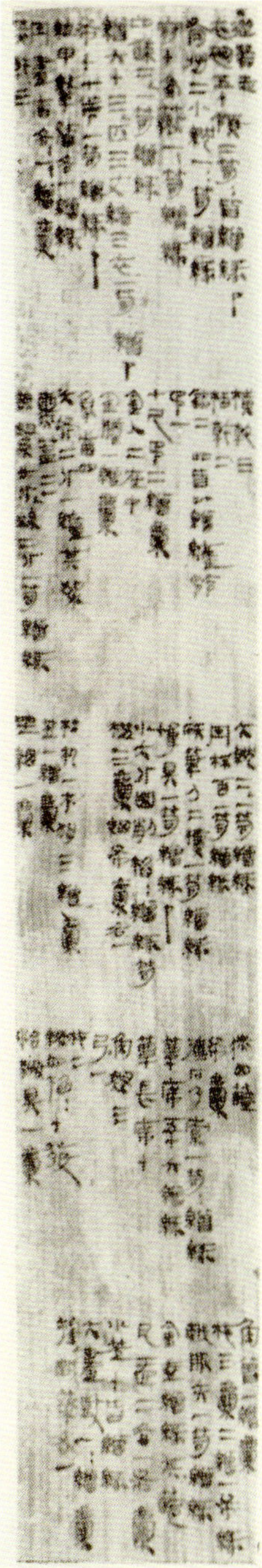

同部分

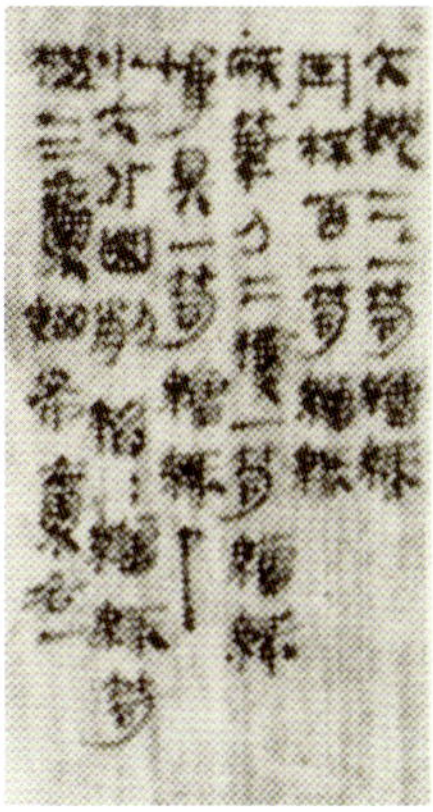

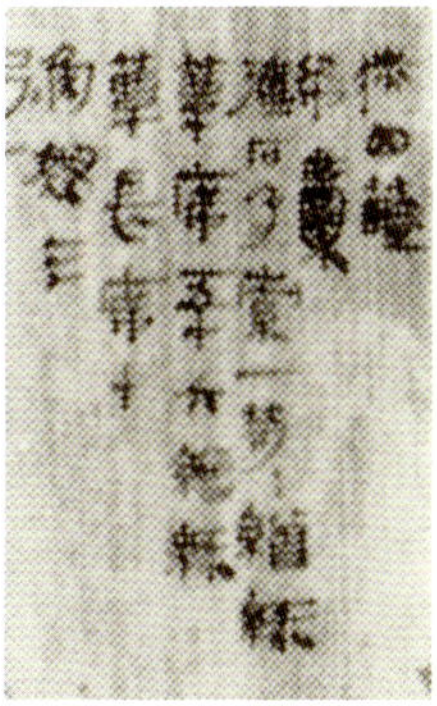

同（背面）

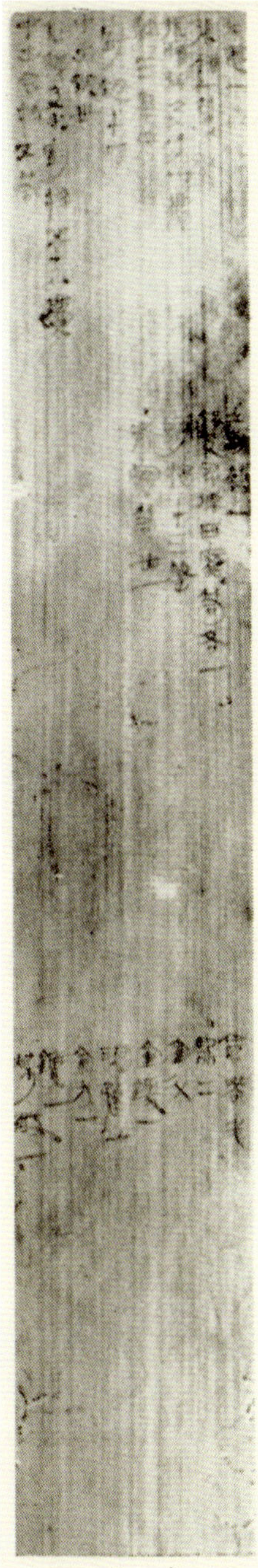

上海博物館楚簡《しゃんはいはくぶつかん》

名称：上海博物館蔵楚竹簡
時代：戦国晩期
収蔵年・出土地：一九九四年。不明（一説に湖北郭店楚墓付近）
本数と内容：竹簡一七〇〇枚余り。内容は〈孔子詩論〉〈緇衣〉など先秦の古籍
サイズ：長さ二三・八～五七・二×幅〇・六cm、厚さ〇・一～〇・一四cm
字体：楚系文字
所蔵：上海博物館
参考資料：『上海博物館蔵戦国楚竹書』第一冊～第八冊

一九九四年五月、上海博物館は巨費を投じて香港の古玩市場で先秦古籍と思われる竹簡（整簡・残簡合計一二〇〇余枚）を購得した。その後、同年秋から冬にかけて、香港在住の篤志家らが、同じく香港古玩市場で先に購得した竹簡と関連が深いと思われる竹簡四九七枚を購得して上海博物館に寄贈した。

当時、戦国楚簡の偽物が香港ルートで台湾や日本へ出回っていたこともあって、当初その真偽が疑われたが、科学的な年代測定法によって戦国晩期に属する竹簡と判定された。これらの竹簡は水分を多量に含み、腐食が進んで、表面の色も黒く変色していたため、長期にわたる保存は極めて困難であることが懸念された。そこで考案された特殊な脱水処理法を施したところ、原型に近い状態まで回復することができた。長簡は長さ五七・二cm、三ヵ所を編綴《へんてい》、短簡は長さ二三・八cmで二ヵ所を編綴してある。楚国と関連する内容が多く、その字体もいわゆる楚系文字に属することから、これらの竹簡は、楚が郢《えい》に遷都する以前の貴族墓から出土したものと考えられている。内容は、哲学・文学・歴史・政治議論などや儒家の文献、さらには道家、兵家、陰陽家などの文献も含まれる。〈周易《しゅうえき》〉〈緇衣《しい》〉〈孔子閑居〉〈武王践阼《ぶおうせんそ》〉などは伝世本と比較できるが、〈孔子詩論〉〈楽礼〉〈魯邦大旱〉〈恒先〉〈性情論〉などは佚書である。

上海博蔵楚簡について、出版された『上海博物館蔵戦国楚竹書』第一冊～第八冊で判断すれば、すべて楚系文字の範疇に入れてよいと思われるが、その書きぶりはそれぞれ趣を異にしていてバリエーションにかなりの幅がある。ちなみに、郭店楚簡と共通する筆法も散見される。なお、262・263頁に一覧表を示し、書風の特徴を簡潔にまとめてみた。

〈呉命〉

𦸗、先王之福、天子之𩂣（靈）。孤也　可（何）𢦏（勞）力之又（有）安（焉）。／孤也敢至（致）先王之福、天子之𩂣（靈）。吳人虐（虐）於／周。寡（寡）君昏（問）左右、筥（孰）爲帀（師）徒、𧿹（踐）𩊄（履）陳（陳）𡎸（地）。㠯（以）／陳（陳）邦非它也、先王姑𡚸大𨚚之邑

〈武王踐阼〉

才（在）丹箸（書）。王女（如）谷（欲）𥉐（觀）之、盍𥛸（祈）虐（乎）。晒（將）／㠯（以）箸（書）見。武王𥛸（祈）三日、耑（端）備（服）𣬉（冕）、／𨃚（踰）堂（堂）𨫷（階）、南面而立。帀（師）上（尚）父

清華大学《せいかだいがく》戦国竹簡

名称：清華大学寄贈戦国竹簡
時代：戦国中晩期
収蔵年月・出土地：二〇〇八年七月。不明
本数と内容：竹簡二三八八枚。内容は「経」「史」などの書籍が主だが、全貌は不明
サイズ：最長四七・五cm
字体：楚系文字
所蔵：清華大学（出土文献研究・保護センター）
参考資料：『文物』09―6、『清華大学蔵戦国竹簡』（中西書局、二〇一〇年）、『書法叢刊』11―4

二〇〇八年七月、清華大学は校友から戦国竹簡の寄贈を受けた。これらの竹簡は出土後おそらく長い期間を経ていたためであろう、簡牘全体に雑菌によるカビを生じていた。大学関係者は応急処置を施したあと、簡牘の専門家を招聘し鑑定を行った。簡の数量は残片を含めて二三八八枚、整簡の数量は一七〇〇枚以上にのぼる。形制は多種多様で、最も長い簡は四七・五cm、簡上には縄を固定するための契口と編綴《へんてい》痕がみられる。一部の簡には図形が描かれたものや鮮明な朱糸欄《しゅしらん》が引かれたものもある。また、これと同時に運ばれてきた同出の漆絵木笥《しっかいもくし》（竹簡を収める箱）の残部や紋飾帯には、楚国の芸術的風格が窺える。竹片に対してC14年代測定を実施したところ、紀元前三〇五±三〇年という結果を得たため戦国中晩期の竹簡だと考えられる。簡の内容は多岐にわたっており、今後も詳細な検討が必要であるが、現在分かっている範囲でいえば、書籍が主であり、その数は六〇編以上にのぼる。『清華大学蔵戦国竹簡』には〈尹至《いんし》〉をはじめとする九編が収められているので、その数量とサイズを列挙する。

〈尹至〉五枚、長さ（以下同）四五cm。〈尹誥《いんこう》〉四枚、四五cm。以上二種は同一手の書。〈程寤《ていご》〉九枚、四五cm。起筆は太く打ち込み、収筆は細め。〈保訓《ほうくん》〉一一枚、二八・五cm。横画は水平を主とする沈着な用筆。〈耆《き》夜《や》〉一四枚、四五cm。書風は〈尹至〉と同じと思われる。〈金縢《きんとう》〉一四枚、四五cm。〈皇門〉一三枚、四四・四cm。〈祭公〉二一枚、四四・四cm。〈楚居〉一六枚、四七・五cm。やや右肩上りの典型的な楚系文字。

いずれも実用通行体によって書かれているが、円転の特徴を有した文字もあれば、やや直線的な筆画を主にした文字もみられる。

〈保訓〉

受之。欽才(哉)。勿淫。昔埶(舜)舊

作尖=親耕于鬲(歷)茅(丘)忎(恐)救(求)

中。自詣(稽)氒(厥)志、

〈楚居〉

遷(徙)居疆郢。王自鄀(蔡)復郊(鄢)。柬

大王自疆郢遷(徙)居藍=郢=

遷(徙)居鄘=郢=、復於鄗王大(太)子

以邦居鄘郢、以爲處於

北京《ペキンだいがく》大学前漢簡

名称：北京大学蔵前漢竹書
時代：前漢中期
収蔵年・出土地：二〇〇九年。不明
本数と内容：二三〇〇余枚。内容は古代書籍
サイズ：整簡は最長四六・一㎝、最短二三・〇㎝。幅〇・七〜一・〇㎝
字体：古隷、初期の八分
所蔵：北京大学出土文献研究所
参考文献：『文物』11－6、『書法叢刊』11－4

二〇〇九年初め、北京大学は校友から古代の竹簡を寄贈されたため、同年三月、歴史・考古・中文の各専門家を集めて〝出土文献研究所〟を設立した。竹簡の形制・字体などを分析した結果、整簡は約一六〇〇枚、残簡は一七〇〇余枚、計二三〇〇枚余りにのぼった。その後、二年を費やしてすべての文字を釈読した。

竹簡の状態は比較的良好で、字跡も明瞭である。多くの竹簡には契口《けいこう》があり、編綴《へんてい》の痕跡も残っていた。竹黄面に書写された文字以外に、少数だが竹青面の上端を削って編題が書写されたものや、極めて鮮明な朱砂で欄格・図表・文字などが記されたものもある（236頁の図参照）。

内容は、〈蒼頡篇《そうけつへん》〉（八六枚）、〈趙正書〉（五一枚）、〈老子〉（二八〇枚）、〈周訓〉（二二一枚）、〈妄稽〉（一〇七枚）、〈その他〉（三一枚）、〈反淫〉（五九枚）、〈数術書〉【日書（六九五枚）、日忌（四一四枚）、日約（一八三枚）、揕輿《ちんよ》（七七枚）、雨書（六五枚）、六博（四九枚）、荊決《けいけつ》（三九枚）、節（六五枚）】、〈医書〉（七一一枚）など、二〇種近い古代書籍であり、『漢書』（藝文志）の「六藝・諸子・詩賦・兵書・数術・方技」の六分類にみえるものである。ちなみに遣策《けんさく》や私文書は一枚もない。

字体は古隷と初期の八分。書風は複数みられるが、一般に字形を扁平につくり、運筆は沈着である。横画は水平もしくはやや右肩上がりで、波勢が認められる。抄写時期は、①銀雀山《ぎんじゃくざん》漢簡（山東臨沂《りんぎ》出土・武帝期）に比べ、より規範的な結構である。②規範性の高い書風のものでも、定州八角廊《はっかくろう》漢簡（河北定州・宣帝期）よりは古朴な書きぶりであるなどの理由から、前漢中期（漢の武帝後期〜宣帝期以前）と考えられる。

これまで乏しかった前漢中期の資料が出現したことで、今後、八分書法の定形化に関して研究を深めることが可能となった。

〈荊決〉

鑴龜吉筮、不如荊決、若陰若陽、若短若長、所

卜毋(無)方、所占毋(無)良。必察以明、卌筭以卜其事、

〈医書〉

曰死病及心痛、心痺。此皆在腹心肺肝之間、

不可別名也、人猥謂之心腹病□

湖南大学岳麓書院《こなんだいがくがくろくしょいん》秦簡

名称：湖南大学岳麓書院蔵秦簡
時代：秦
収蔵年・出土地：二〇〇七〜〇八年。不明
本数と内容：竹簡二一七六枚（うち整簡一三〇〇余枚）。内容は〈質日〉〈為吏治官及黔首〉〈占夢書〉〈数書〉〈奏讞書〉〈秦律雑抄〉〈秦令雑抄〉
サイズ：完整簡は長さ約三〇cm、約二七cm、約二五cmの三種、幅〇・五〜〇・八cm
字体：秦隷
所蔵：湖南大学（岳麓書院）
参考資料：『文物』09−3、『嶽麓書院蔵秦簡（壹）』（上海辞書出版社、二〇一〇年）

二〇〇七年一二月、湖南大学岳麓書院は大学の支援を受けて、香港から秦簡を購得した。秦簡は、ビニールによって大小併せて八つに梱包されてあったが、その内側に薄い竹が付着していたことから、もともとは竹製の籠に入れられていたものと考えられる。これらの簡の編号は全部で二一〇〇番、その中で比較的完全な簡は一三〇〇枚余りである。これとは別に、二〇〇八年八月、香港の某収蔵家は七六枚の竹簡を購入して岳麓書院へ寄付した。そのうち比較的完全なものは三〇枚余りである。簡の形制と書体、あるいは内容からみて、岳麓書院と同じ出土に属するものであろう。

岳麓書院は、これらの秦簡の真偽を見極めるために、荊州市文物保護センターに依頼して材質検査を実施したところ、長沙走馬楼《そうまろう》漢簡や荊州謝家橋《けいしゅうしゃかきょう》漢簡と同じような特徴を示したため、年代の古い竹簡と判断した。これらの秦簡は、秦代の歴史、とりわけ秦代の法律や数学および書体など各方面の研究に対して極めて大きな資料と考えられ、雲夢睡虎地《うんぼうすいこち》秦簡や湘西里耶《りや》秦簡に続く大きな発見といえる。比較的完全な簡は、約三〇cm、約二七cm、約二五cmの三種の長さがあり、編綴《へんてい》は上中下の各一ヵ所ずつ括ったものと、簡の中ほどの二ヵ所を括ったものとに分けられる。竹簡の文字は竹黄の面に抄写されているが、ただ何枚かの簡の背面には「卅四年質日」「□□年質日」「律」「数」などの文字が記されている。これらは編名と考えられる。内容はおよそ〈質日〉〈為吏治官及黔首〉〈占夢書〉〈数書〉〈奏讞書〉〈秦律雑抄〉〈秦令雑抄〉の七種に分類できる。

〈質日〉の内容と形制は、「関沮《かんしょ》秦漢墓簡牘」中の暦譜とほぼ同じである。〈為吏治官及黔首〉の内容は、

岳麓書院正面入口

睡虎地秦簡〈為吏之道〉と類似していて、相互に補うことができる。また、〈占夢書〉は現存中、もっとも古い〝夢判断〟の文献といえる。

字体は秦隷で、書きぶりは少なくとも八種以上になる。なお、これらの秦簡はほとんどが竹簡であったが、中に木簡三〇余片が含まれていた。

真偽を見極める方法

考古学的発掘によらない簡牘の場合、まずその真偽から考えなければならない。岳麓書院では、謝家橋と走馬楼出土の二つの漢簡をサンプルとし、次の二つのステップを踏んでその真偽を判定した。

①素材の年代測定　②内容と文字の検討

①では、電子顕微鏡（竹の表面の状態を観察）、電子分光分析（長期間、泥中にあった竹に含まれる特有の元素の量を測定）、赤外線解析（竹を分解して得られた糖類の数値）、X線回折（竹の繊維にみられる結晶度の測定）、熱分析（竹の温度差の測定）の五種類の機器を用いた。②では、国内の簡牘研究者を動員し、字形・字体・文意など、さまざまな角度から検討して結論を導き出した。

〈占夢書〉

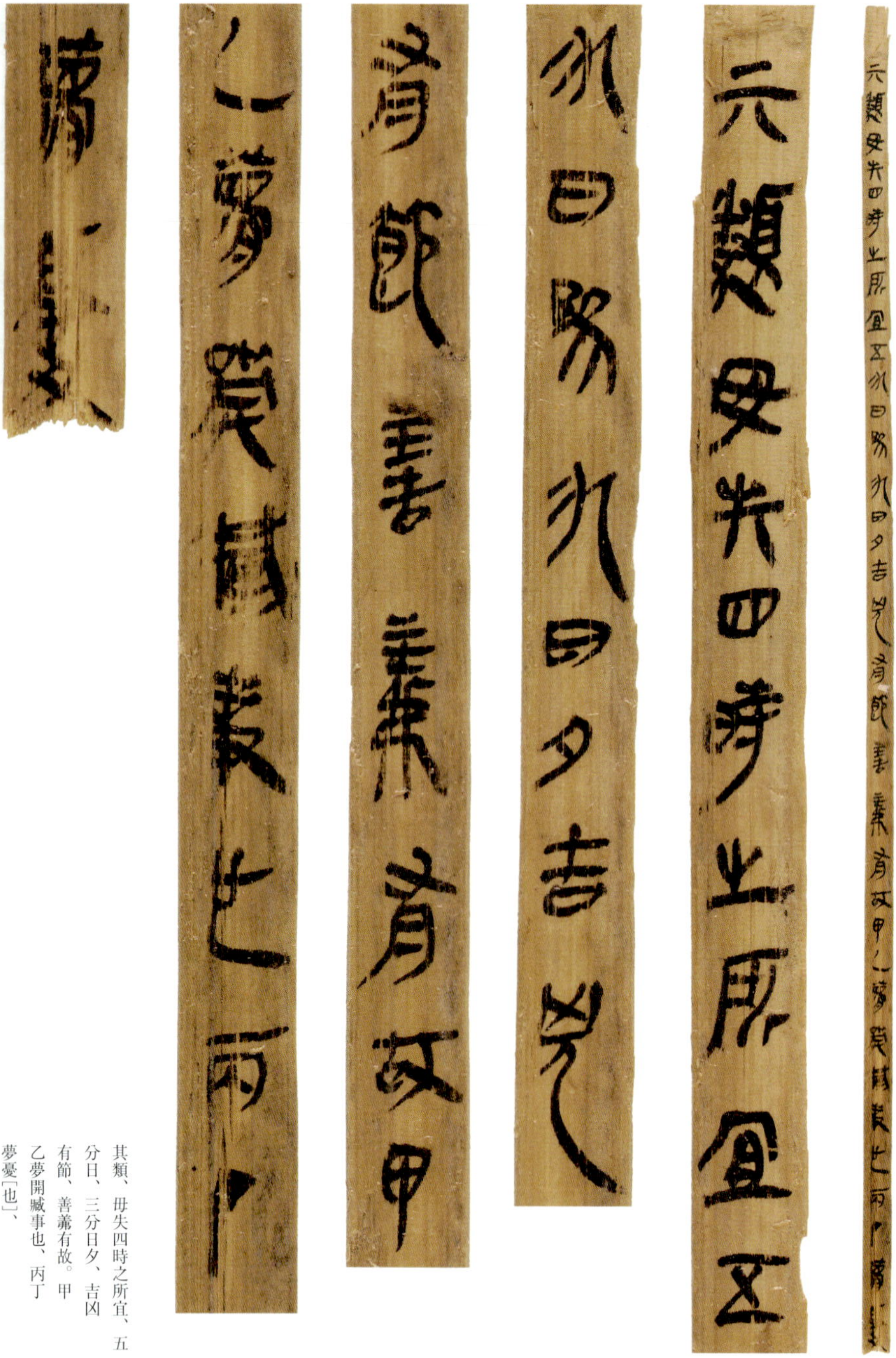

其類、毋失四時之所宜、五分日、三分日夕、吉凶有節、善羕有故。甲乙夢開臧事也、丙丁夢憂[也]、

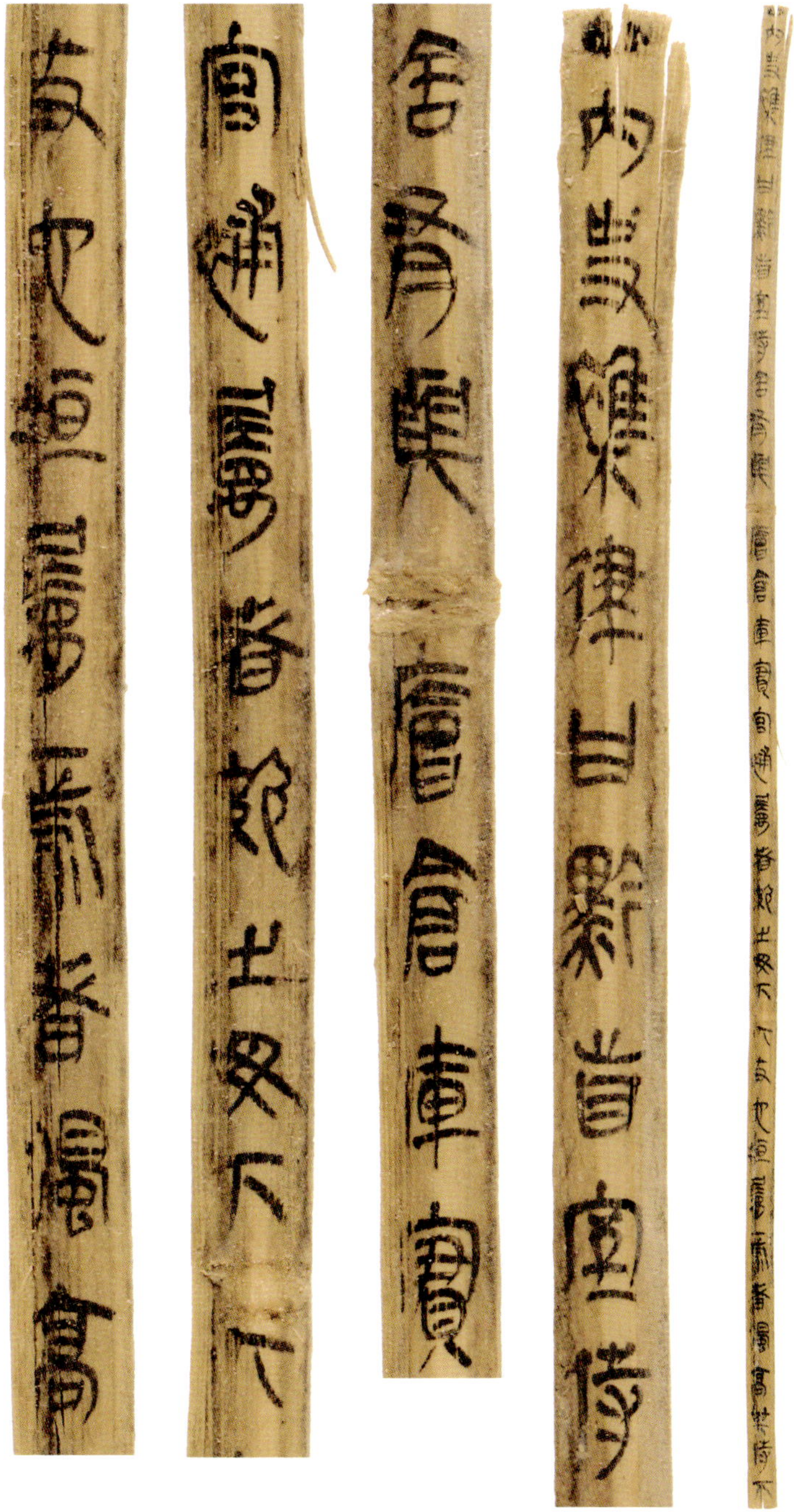

内史雜律曰、黔首室、侍舍有與廥、倉庫、實、官補屬者絶之。毋下六丈。它☐屬焉者獨高其侍不

香港中文大学《ほんこんちゅうぶんだいがく》簡牘

名称：香港中文大学文物館蔵簡牘
時代：戦国・漢・晋
収蔵年・出土地：一九八九年以降。不明
本数と内容：二五九枚。楚簡は文献類、漢簡は〈日書〉〈遣策〉（以上竹簡）〈奴婢廩食粟出入簿〉、晋簡は解除木牘など
サイズ：木牘は長さ二二・六～二三・四×幅五・〇～五・七㎝、厚さ〇・一～〇・四㎝。木簡は長さ二二・七～二三×幅〇・八五～一・七㎝。（サイズの報告は部分的）
字体：楚系文字・古隷・八分・草隷・行書
所蔵：香港中文大学文物館
参考資料：『香港中文大学文物館蔵簡牘』（香港中文大学文物館、二〇〇一年）

香港中文大学文物館は、これまで秦漢の簡牘を購得すること数十回、枚数にして二五九枚にのぼる。内訳は、戦国楚簡一〇枚、前漢〈日書〉簡一〇九枚、〈遣策〉一一枚、〈奴婢廩食粟出入簿〉《ぬひりんしょくぞくしゅつにゅうぼ》簡牘六九枚、〈河隄〉《かてい》簡二六枚、後漢〈序寧〉《じょねい》簡一四枚、東晋「松人」《しょうじん》解除木牘一枚、このほか残片八枚、無字簡一一枚である。

戦国簡の多くは残簡であるが、〈緇衣〉《しい》簡と〈周易〉《しゅうえき》簡がそれぞれ一枚ずつ含まれていた。中には郭店《かくてん》楚簡や上海博蔵楚簡と共通する書きぶりの簡がある。

前漢簡の〈日書〉《にっしょ》は、睡虎地《すいこち》秦簡や孔家坡《こうかは》漢簡の〈日書〉と対応することができ、帰行・陥日・取妻出女・日夜表・干支表など二四の章に分けられる。この中に「孝恵三年（前一九二）」の紀年簡が含まれていたことから、この年以後の書写であることがわかる。また興味深いのは、秦始皇帝の「政」字を避諱する意図で「正」を「端」と記しているものの、高祖劉邦の諱は避けていない。その理由は不明だが、漢初の避諱《ひき》制度を考える上で見逃せない。字体は隷書。ただし、篆意を残したものや古隷・八分・草隷風なものなど幅広い。

〈奴婢廩食粟出入簿〉には「元鳳二年（前七九）」の紀年があることから、前漢中期の簡牘と考えられる。なお、文中に、大石・小石の数量を換算した記録があり、特殊な単位も使用されている。このほか〈序寧〉と命名された木簡にも後漢・章帝建初四年（七九）の紀年がある。「序寧」は初見の用語だが、漢代、父母のために家で服喪することを指す語とされる。一行書きの木簡は比較的謹飭《きんちょく》に書かれた八分であるが、二～三行書きのものはやや速書きで奔放な筆致である。

建康二八年（三四〇）と記された「松人」解除木牘は、長さ三五・八×幅九・四cm、厚さ〇・八～一・二cmで、図像と長編の解除文（魔除《よ》けの文）が記されている。

これは「松人」を凸刻して画いたもので、解除文の字体は行書の範疇に入れるべきものであろう。

「松人」解除木牘

〈河隄〉

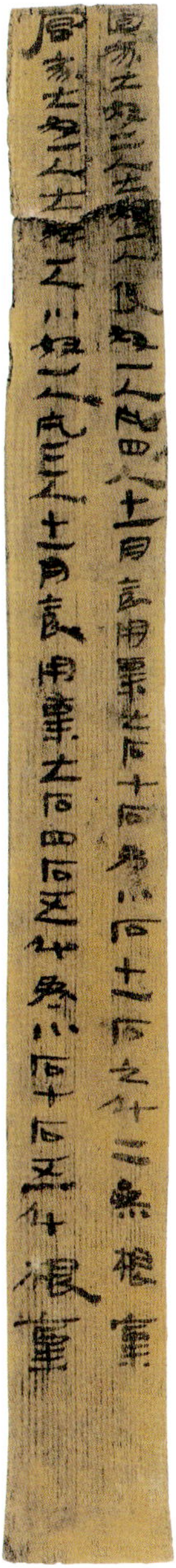

〈奴婢廩食粟出入簿〉

民徳一　詩員其容不改出言

〈緇衣〉

スタイン未刊簡牘

名称：イギリス国家図書館蔵スタイン収穫の未刊簡牘
時代：漢・明
出土年・地：一九〇六～一九〇八年、敦煌長城烽燧
本数と内容：木簡二三九八枚。内容は古書典籍・官私文書
サイズ：長さ三～一〇cm（簡牘の削り屑）
字体：篆書・隷書・草書・行書・楷書
所蔵：イギリス国家図書館
参考資料：『英国国家図書館蔵斯坦因所獲未刊漢文簡牘』（上海辞書出版社、二〇〇七年）

イギリスの探検家オーレル・スタインが数次にわたって西域を探検した際に、数々の文書を発見し、その成果をエドワード・シャバンヌ編『スタイン東トルキスタン所得漢文文書』として刊行したことは知られている。これまでイギリス国家図書館には、スタインが第二次探検によって得た敦煌《とんこう》漢簡のうち、すでに発表したものが七〇二枚、未公開のものが二三九八枚、合計三一〇〇枚が収蔵されている。二〇〇〇年、「中英学者基金」の援助を受けた胡平生《こへいせい》氏がロンドンへ赴き、未刊簡牘の整理に着手したが、これが『英国国家図書館蔵斯坦因《スタイン》所獲未刊漢文簡牘』出版に至る第一歩であった。

簡牘の破損状況はかなりひどく、字跡がはっきりしないものや極めて小さいかけらで筆画の一部分しかないものも少なくない。なぜならば、これらの多くは「削衣《さくい》（人為的に削り取られた木片）」されたものであるからである。「削衣」は古くは「柹《し》」「柿《し》」と呼ばれていたもので、『説文』に「柹、削木札樸也」とある。

未公刊簡牘の内容は、古書典籍と〈蒼頡《そうけつ》篇〉などのテキストや官官私文書である。官私文書には〈書檄《しょげき》残文〉〈法制文書残文〉〈簿籍残文〉〈検楬《けんけつ》残片〉のほか、画除（誤記した上に塗抹したもの）の残跡も残されている。
すでに発表されている敦煌簡牘の書体とはいくらか違いが見られる。これまでのものは、だいたい漢隷や章草であったが、この未公刊簡牘、とりわけ「削衣」は、篆書をベースにした隷書、つまり篆隷体が多い。なお、「削衣」でない簡の数量はごく僅かだが、多くは八分や章草体で書かれている。このほか、明代の簡牘もいくつか含まれていた。

〈〃削衣〃木簡〉

胥胖胖如

賢知賜予分貸莊犯

実勲向尚馮亦青

祁[?]賢知賜

寇頡陘廷馹[?]

荐（?）畢孔惟

[?]接巧[?][?]

古代の毛筆

一九五四年、湖南省長沙市の左家公山第一五号墓で戦国時期の毛筆が出土した。報告によれば、数条に切り裂いた筆管の一端に筆鋒を差し込み、その上を細い糸で縛って漆で固めたものとある。その三年後、河南省信陽の長台関で同じく戦国楚墓が発見され、竹簡を書写する工具とともに、毛筆と筆套が出土した。以来、今日まで戦国から秦漢にかけての毛筆が数多く発見されており、その数量は二〇本以上にのぼる。

古代の毛筆一覧表

	種類 筆名・時代	本数	出土年	寸法と材質（cm） 右：筆鋒 左：筆桿	鋒長	筆桿	筆桿径	筆鋒 軸内差込み（○）	解説	参考資料
1	信陽筆（信陽長台関）／戦国中期	1	一九五七年	報告なし 竹製	二・五	二〇・九	〇・九	○	簡牘作成用具と伴出。筆鋒を差し込み、桿の根本を糸で縛っている。筆套（長さ二五・九、直径一・二～一・五cm）伴出。	『信陽楚墓』図版73－1
2	包山筆（包山楚墓）／前三一六年	1	一九八七年	報告なし 葦質	三・五	一八・八	？	○	竹製の筆套（長さ二四・五cm、直径二・五）伴出。	『包山楚墓』（下）図版15－1
3	長沙筆（長沙左家公山第一五号墓）／前三〇〇年頃	1	一九五四年	兎毫 報告なし	二・五	一八・五	〇・四	挟み込み	筆桿の一端を数条に切り裂き、筆鋒をその中間に挟み込み、のち細い糸で桿を縛り、漆を塗って固めている（当初『文物参考資料』五四－一二で「筆毛を桿にまとい」と報告。『考古学報』五七－一で修正）。筆套は竹製。	『考古学報』57－1／「長沙出土的三座大型木槨墓」／『新中国の考古収穫』図68－2
4	天水筆（放馬灘一号秦墓）／戦国晩期（前二三八年？）	2	一九八六年	狼毫 竹製	二・五	二三	〇・七	○	毛筆2本、一号墓と一四号墓で出土したが、保存状態はよくない。双筒の筆套1本。全長二九cm、幅二cm、表面に赤黒漆が塗られ、その中間に鏤孔が施されている。	『文物』89－2（図版弐－3）／『天水放馬灘秦簡』中華書局・2009年
5	雲夢筆（睡虎地一一号秦墓）／前二一七年	3	一九七五年	報告なし 竹製	二・五	一八・二	〇・四	○	竹製の筆套（長さ二七、直径一・五cm）には鏤孔が施されており、その両端に骨箍（骨製のたが）がある。	『雲夢睡虎地秦墓』図版10／『文物』76－6
6	周家台筆（三〇号秦墓）／二世元年（前二〇九）以後	1	一九九三年	報告なし 竹製	朽ちる	二八・一	一・一	○	筆桿をえぐり、筆鋒を差し込んだ形跡あり。筆鋒はすでにない。筆套は竹製、残長一五、直径二・二cm。両側に鏤孔。	『関沮秦漢墓簡牘』（中華書局、2001年）
7	江陵筆（鳳凰山一六七号漢墓）／前漢文帝～景帝	1	一九七五年	報告なし 竹製	通長二四・九		？	○	筆鋒には墨の痕跡が残されている。鏤孔を施した筆套が伴出。	『文物』76－10

＊網掛け数字4・5・6は秦筆

8	江陵筆（鳳凰山一六八号漢墓）／前漢文帝～景帝	1	一九七五年	報告なし 竹製	朽ちる	二四・八	○・三	○	筆鋒は腐蝕。毛を装填する桿の部分の直径は○・五㎝、深さ○・六㎝。筆桿の長さは二九・七、直径一・五㎝。	『文物』75-9
9	臨沂（金雀山）筆／前漢中期	1	一九八三年	報告なし 竹製	一・○	二三・八	○・六	○	筆鋒には墨のカスが残っていた。筆套の三ヵ所に皮箍、鏤孔は四ヵ所にある。	『文物』84-11
10	西湖筆（高望燧出土）／前漢	1	一九九一年	報告なし 木製	通長二一・三		?	?	図版と簡単なキャプションのみで、詳細な解説はない。	『敦煌文物』（甘粛人民美術出版社、2002年）
11	連雲港筆／前漢　尹湾六号墓出土	2	一九九三年	兎毫 報告なし	一・六	二一・四	最大○・七	○	筆桿の毛を差し込んである部分を糸で巻き、漆で固めている。筆鋒はまとまりがあり、鋭く尖っている。二本の筆を同時に収納できる筆套が伴出。	『尹湾漢墓簡牘』図40（中華書局、1997年）／『文物』96-8
				兎毫 報告なし	朽ちる	二○・五	最大○・七	?		
11	連雲港筆／前漢　陶湾村出土	1	一九八五年	報告なし 木製	三・二	一八	?	挟み込み	筆桿の先端を四ッ割し、筆鋒を挟み込み、糸で縛って漆で固定。	『江蘇連雲港・揚州新出土簡牘選』（毎日新聞社、2000年）
12	敦煌・馬圏湾筆（烽燧遺址出土）／前漢	1	一九七九年	狼毫 竹製	一・二	一八・四	○・四	○	筆鋒を筆桿に差し込み、外側から糸で巻き付け、赤黒漆を塗っている。筆鋒は半分ほど破損。	『文物』81-10、『シルクロードのまもり』（毎日新聞社、1994年）
13	敦煌・懸泉置筆／前漢	4	一九九○～九二年	狼毫 竹製	二・二	二三・三	?	挟み込み	4本中2本は保存やや良好。ただし、どれも使用後に廃棄されたもの。筆は硬軟の毛が交じり弾力がある。筆桿上に「張氏」二字の銘を刻す。	『文物』00-5
14	武威筆（磨嘴子第六号墓）／新～後漢初	1	一九五七年	報告なし 竹製	?	二○・九	○・七	○	筆鋒を直径○・六㎝の穴に深さ一・六㎝差し込んであるが、鋒先はすでに朽ちている。桿を細い糸で縛り、漆を塗って固めている。筆桿上に「史虎作」銘を刻す。	『武威漢簡』（中華書局、2005年）86頁／『文物』58-11
15	居延筆／後漢初期	1	一九三○年	報告なし 木製	一・四	二○・九	?	挟み込み	筆桿は四つ割にした木の軸を合わせて筆鋒を挟み込み、麻糸で縛り漆で固めている。	『居延木簡』111頁。『木簡の書』（同朋舎、1989年）
16	武威筆（後漢墓）／後漢中晩期	1	一九七二年	兼毫 竹製	一・六	二一・九	○・六	○	黒紫色の毛を芯にし、周囲を黄褐色の狼毫で覆う、〝有芯筆〟。筆鋒には墨のカスがある。桿を細い糸で縛り、漆を塗って固めている。筆桿上に「白馬作」銘を刻す。	『中国芸術』5「甘粛専号」79頁
17	旱灘坡筆（旱灘坡一九号墓）／東晋、前涼	1	一九八五年	羊毫 木製（松材）	六	二五・五	?	○	鋒を装填している部分は太いが、端に向かって細くなっている。鋒先は鋭い。筆套（長さ二五㎝）を伴出。	『シルクロードのまもり』（毎日新聞社、1994年）

1 信陽筆・筆套(信陽長台関)

2 包山筆・筆套(包山楚墓)

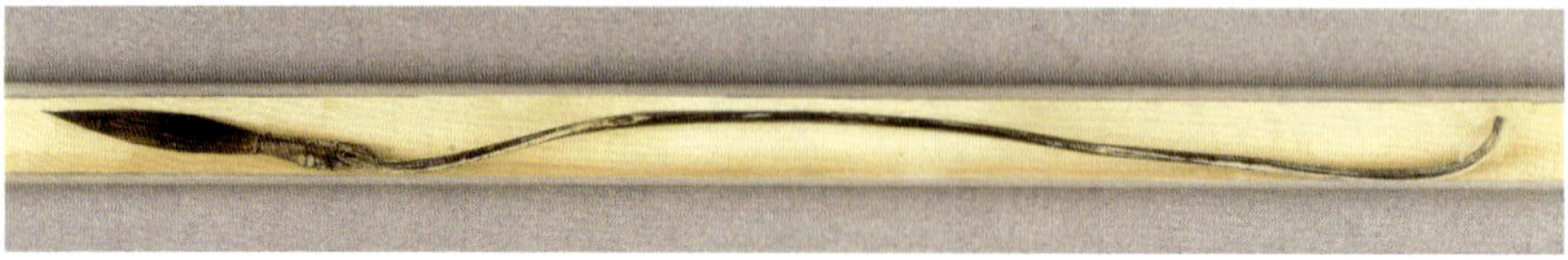

3 長沙筆(長沙左家公山第15号墓)

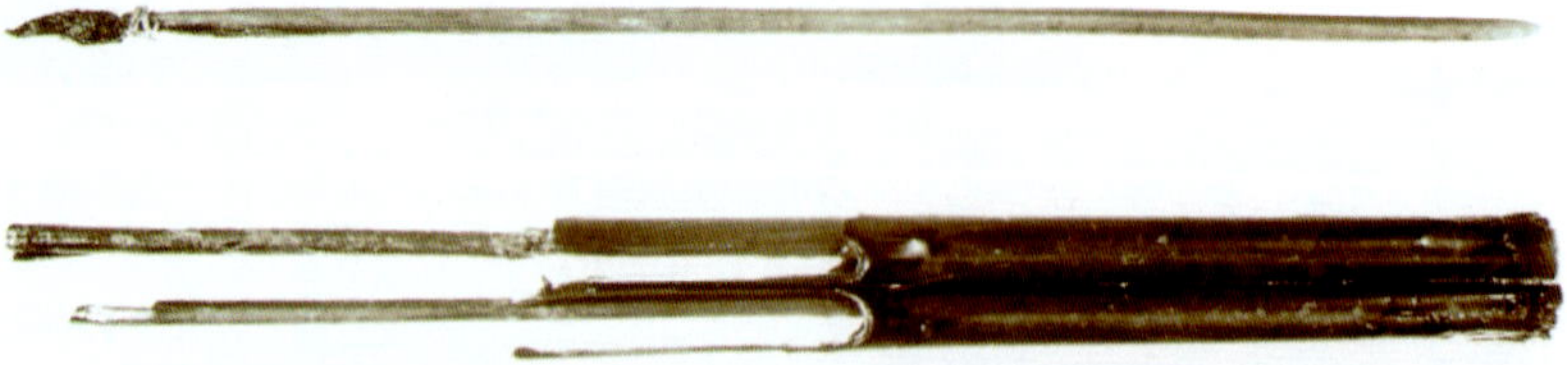

4 天水筆・筆套(放馬灘1号秦墓)

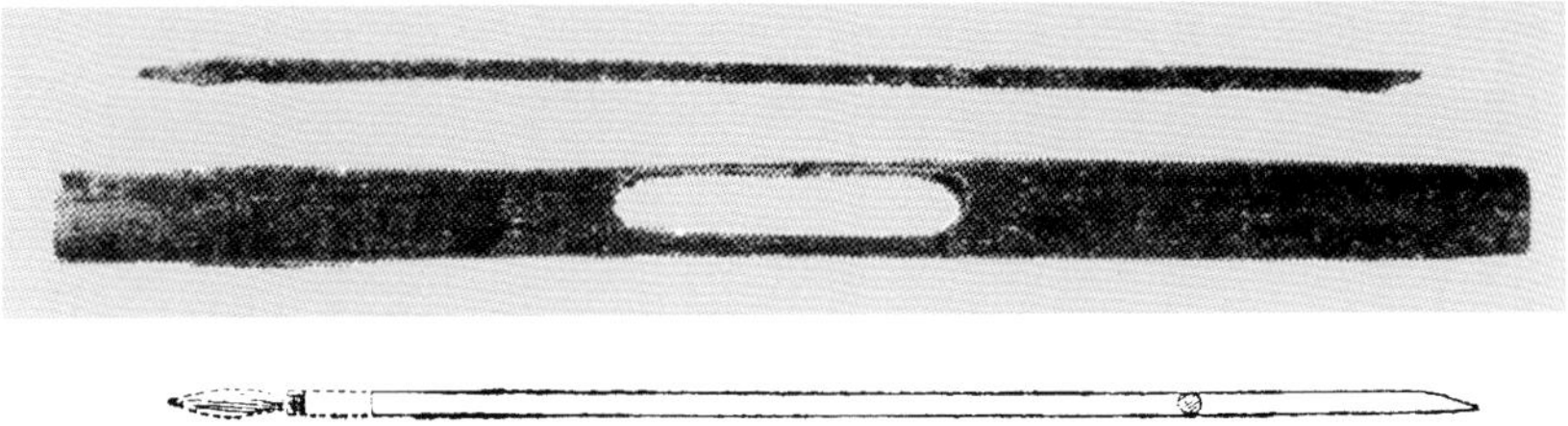

5 雲夢筆・筆套(睡虎地11号秦墓)

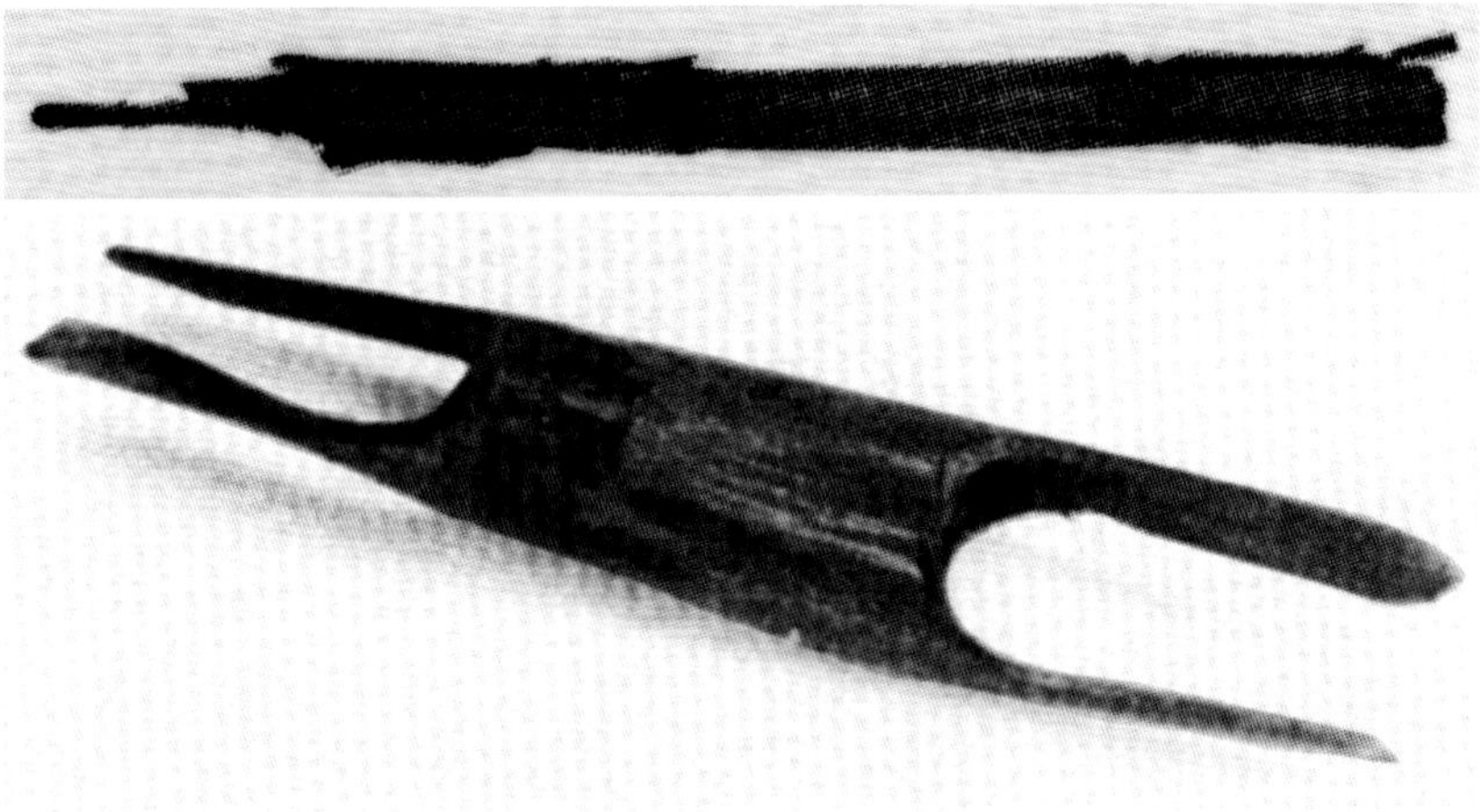

6 周家台筆・筆套(30号秦墓)

7 江陵筆・筆套(鳳凰山167号漢墓)

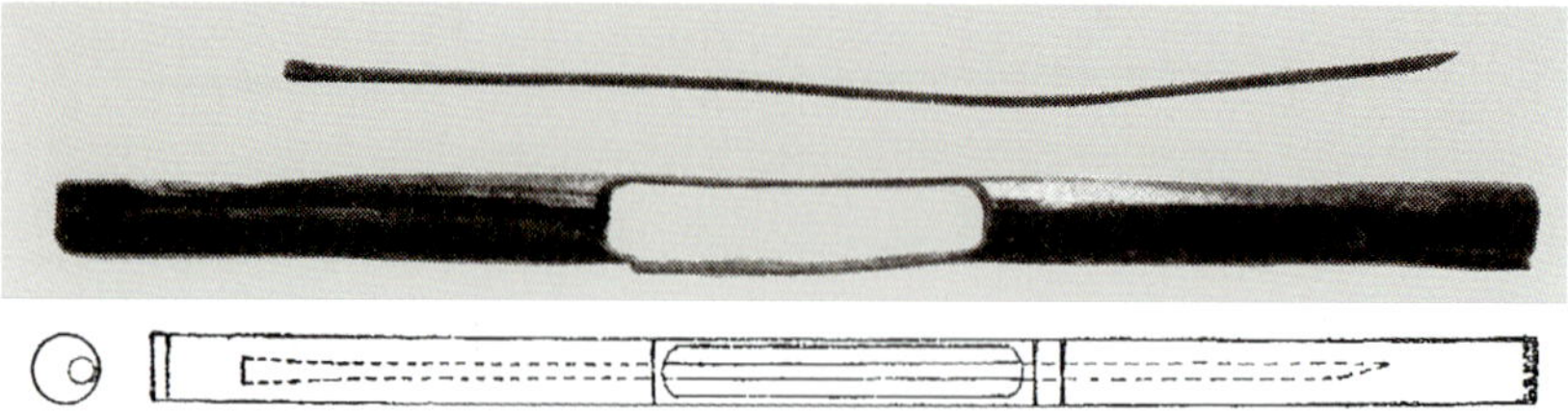

8 江陵筆・筆套(鳳凰山168号漢墓)

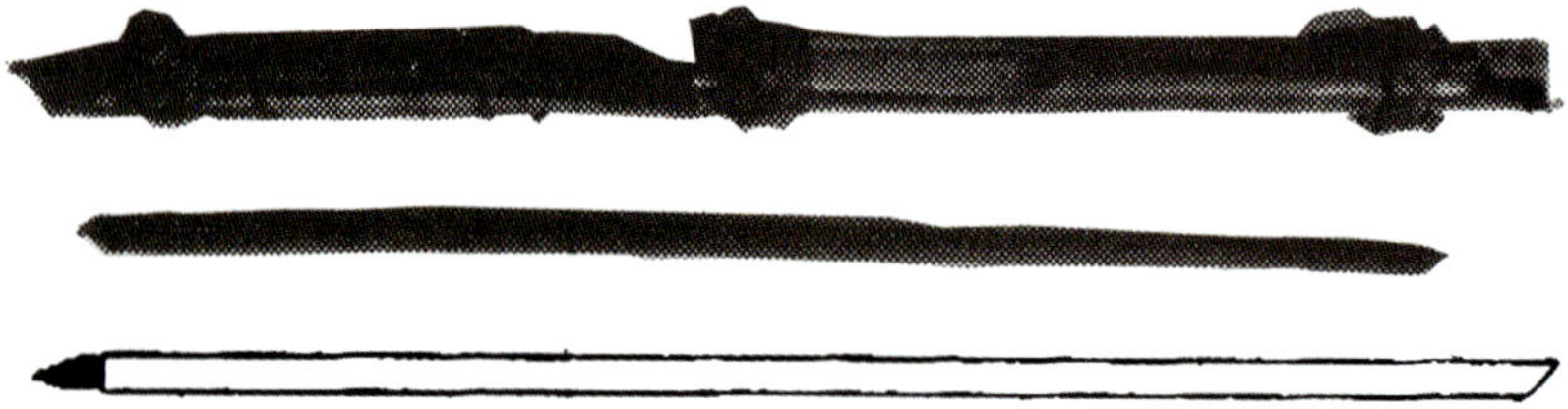

9 臨沂(金雀山)筆・筆套

9 臨沂(金雀山)筆と硯盒

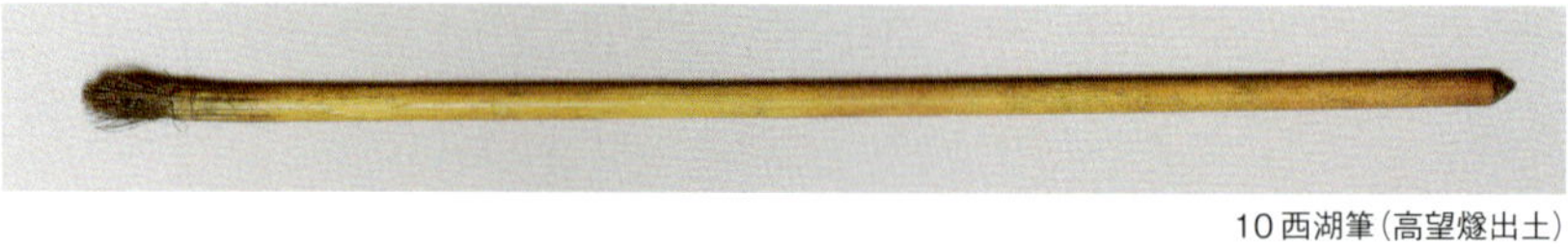

10 西湖筆(高望燧出土)

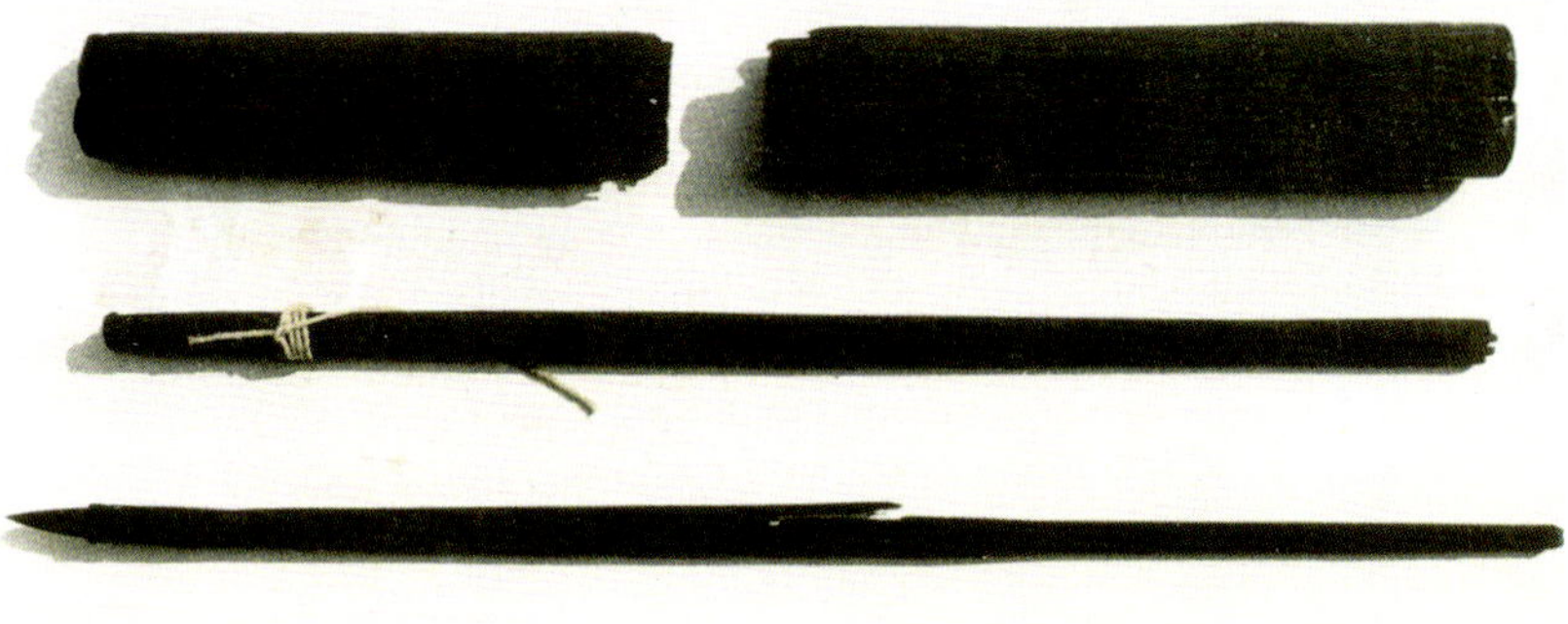

11 連雲港筆・筆套(尹湾6号墓出土)

11 連雲港筆(陶湾村出土)

12 敦煌・馬圏湾筆(烽燧遺址出土)

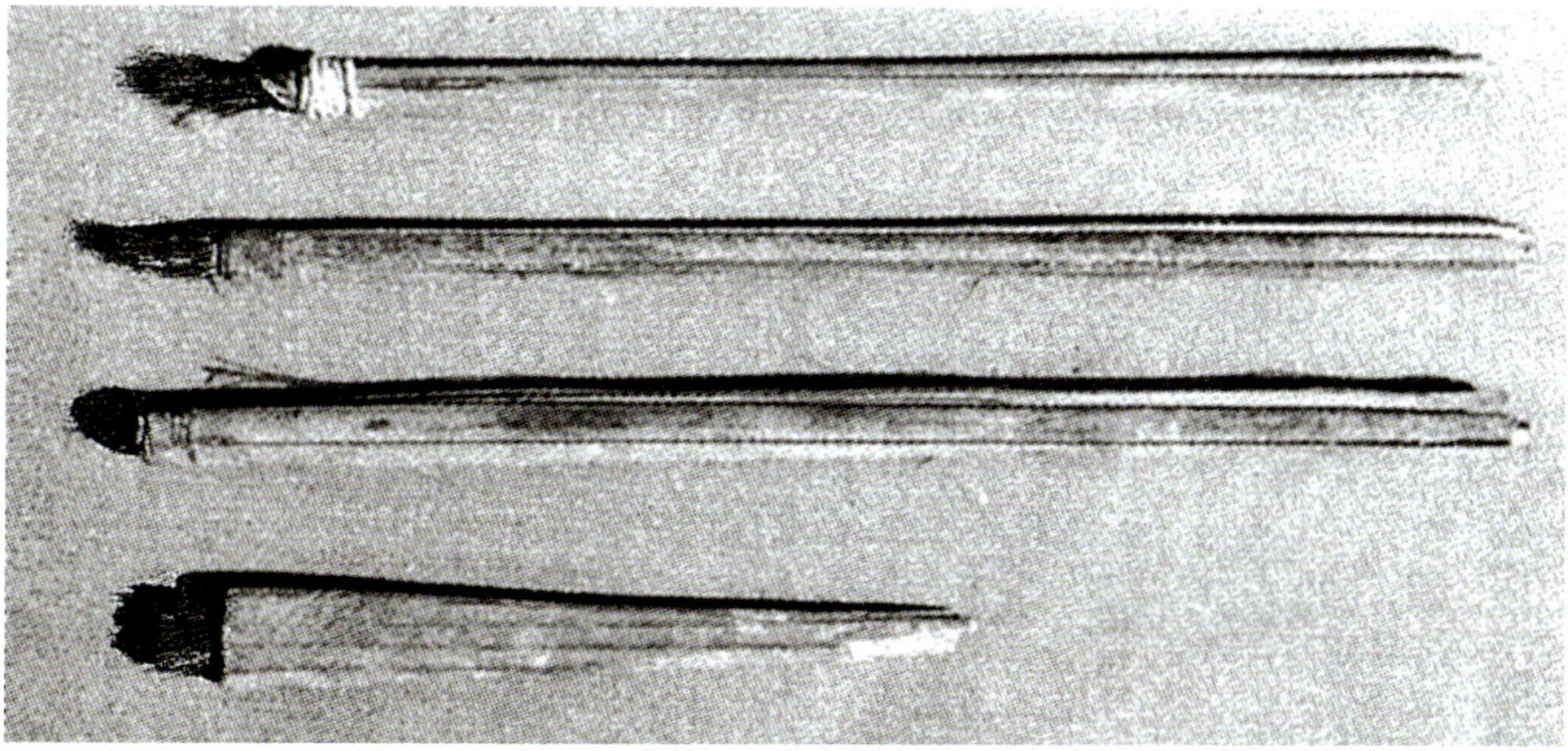

13 敦煌・懸泉置筆

14 武威筆（磨嘴子第6号墓）

15 居延筆

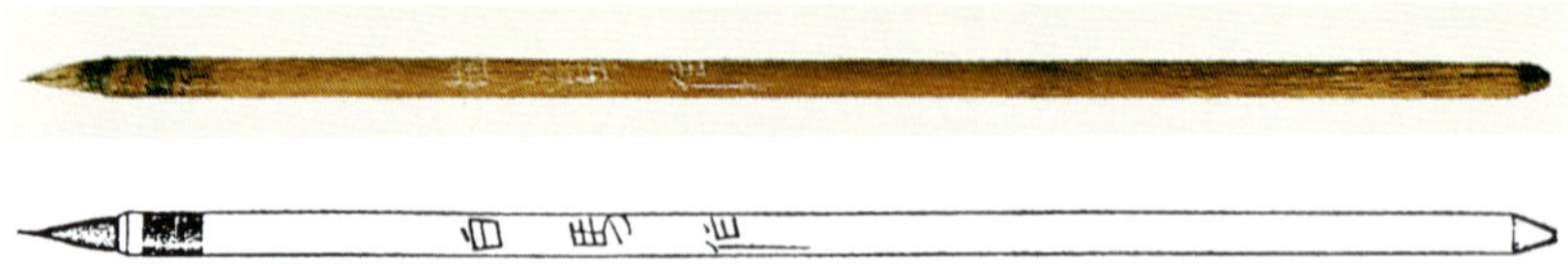

16 武威筆（後漢墓）

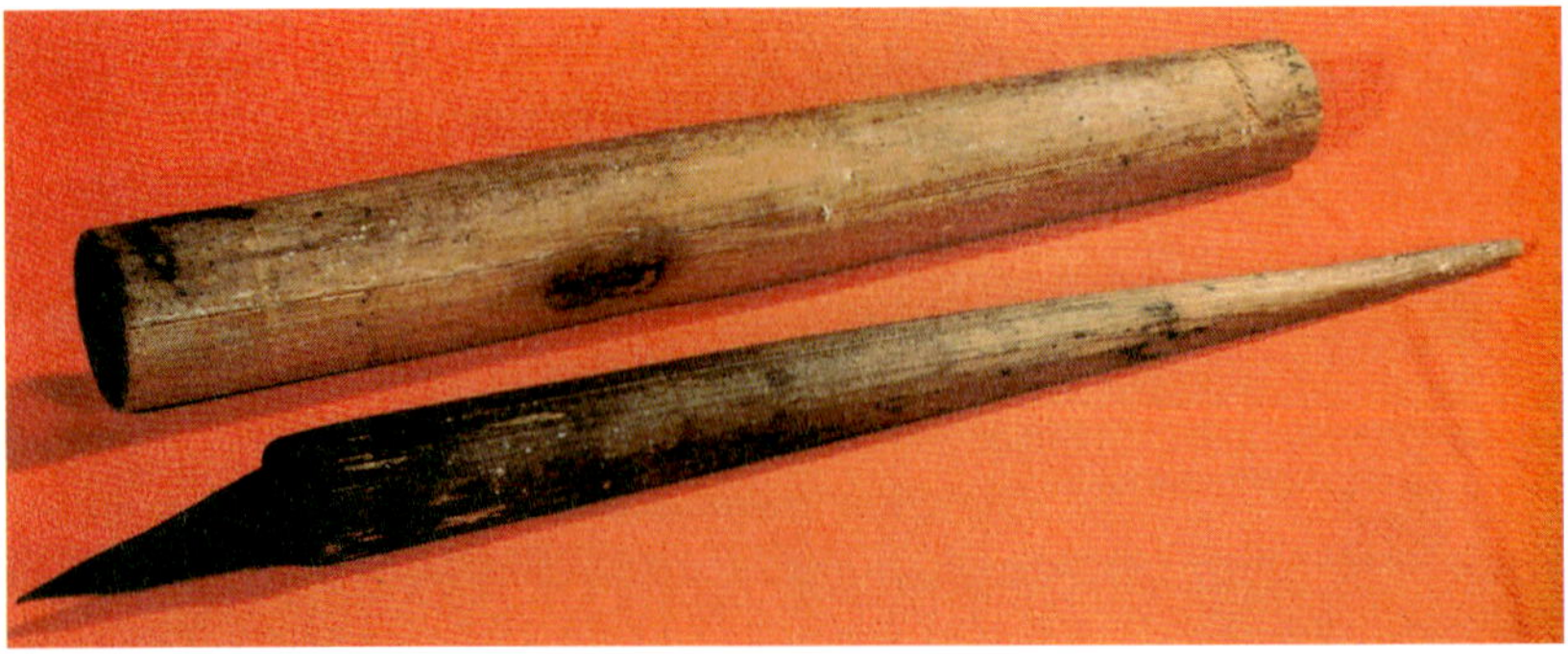

17 旱灘坡筆（旱灘坡19号墓）

参考資料一覧

（各簡牘を解説したページに掲載した参考資料は除外した）

【中国】
胡平生・李天虹著『長江流域出土簡牘与研究』湖北教育出版社　2004年
駢宇騫・段書安編著『二十世紀出土簡帛綜述』文物出版社　2006年
李均明著『古代簡牘』文物出版社　2003年
◇
劉正成主編『中国書法全集』４（商周 春秋戦国刻石簡牘帛書）栄宝斎　1996年
劉正成主編『中国書法全集』５（秦漢 簡牘帛書一）栄宝斎　1997年
劉正成主編『中国書法全集』６（秦漢 簡牘帛書二）栄宝斎　1997年
李振宏・孫英民著『居延漢簡人名編年』中国社会科学出版社　1997年
李均明・劉軍著『簡牘文書学』広西教育出版社　1999年
中華秦文化辞典編集委員会編『中華秦文化辞典』西北大学出版社　2000年
馬建華編『河西簡牘』重慶出版社　2003年
甘粛省文物考古研究所ほか編『簡牘学研究 第四輯』甘粛人民出版社　2004年
朱紅林著『張家山漢簡《二年律令》集釈』社会科学文献出版社　2005年
長沙市文物考古研究所ほか編『長沙東牌楼東漢簡牘』文物出版社　2006年
景愛著『居延滄桑』中華書局　2006年
沈剛著『居延漢簡語詞匯釈』科学出版社　2008年
郝樹声・張徳芳著『懸泉漢簡研究』甘粛文化出版社　2009年
李均明著『秦漢簡牘文書分類輯解』文物出版社　2009年
中国古代書画鑑定組編『中国法書全集』１（先秦秦漢）文物出版社　2009年
中国古代書画鑑定組編『中国法書全集』２（魏晋南北朝）文物出版社　2009年
劉濤・王素主編『長沙東牌楼東漢簡牘書法藝術』文物出版社　2010年
王暁光著『秦簡牘書法研究』栄宝斎出版社　2010年
【日本】
王国維著「簡牘検署考」『藝文』第三年第四号～第六号所収（京都・文学会）1912年
大庭脩著『木簡』学生社　1979年
黄文弼著作集第一巻『ロプノール考古記』（田川純三訳）恒文社　1988年
橘瑞超著『中亜探検』中央公論社　1989年
大庭脩著『大英図書館蔵 敦煌漢簡』同朋舎出版　1990年
西林昭一著『書の文化史』（上）二玄社　1991年
大阪府立近つ飛鳥博物館編『シルクロードのまもり―中国・木簡古墓文物展―』毎日新聞社・㈶毎日書道会　1994年
大庭脩編著『木簡【古代からのメッセージ】』大修館書店　1998年
松崎つね子著『睡虎地秦簡』明徳出版社　2000年
西林昭一著『中国新発見の書』柳原出版　2001年
冨谷至著『流沙出土の文字資料 楼蘭・尼雅文書を中心に』京都大学学術出版会　2001年
冨谷至著『木簡・竹簡の語る中国古代―書記の文化史』岩波書店　2003年
福田哲之著『文字の発見が歴史をゆるがす』二玄社　2003年
大庭脩著『木片に残った文字―大庭脩遺稿集』柳原出版　2007年
西林昭一著『中国書道文化辞典』柳原出版　2009年
西林昭一責任編集『簡牘名蹟選』１～８　二玄社　2009年
藤田勝久著『中国古代国家と社会システム―長江流域出土資料の研究』汲古書院　2009年
大西克也・宮本徹著『アジアと漢字文化』㈶放送大学教育振興会　2009年
大西克也「［史書］とは何か―英蔵敦煌漢簡及び秦簡楚地域出土資料を中心として」
（出土資料と漢字文化研究会編『出土文献と秦楚文化』第五号所収）2010年
冨谷至著『文書行政の漢帝国　木簡・竹簡の時代』名古屋大学出版会　2010年
工藤元男著『占いと中国古代の社会　発掘された古文献が語る』東方書店　2011年

あとがき

二〇〇九年一月、『簡牘名蹟選』出版に向けて最終段階に入っていた二玄社の高島義彦氏から、簡牘に関する執筆について打診があった。それというのも、『簡牘名蹟選』とは別に出土簡牘を網羅した本を出版したいと考えていた二玄社が、名蹟選の責任編集者であった西林悠介先生に相談したところ、私の名があがったからであった。以来、一年半を費やして本文だけは脱稿に漕ぎつけたが、その後の編集作業にやや遅れが生じ、今日までおよそ三年を費やした。

この間、二〇一一年三月一一日、東日本を襲った大震災・巨大津波、さらに福島原発事故による未曾有の事態に遭遇し、進めなければならない本稿の校正もほとんど手に着かない状態が続いた。被災され亡くなられた方々に対し、この場を借りて心から哀悼の意を表したい。

二〇一〇年末、中国の国内総生産（ＧＤＰ）が日本の数字を上回り、世界第二位に躍り出たというニュースが伝えられた。一人当たりの国民総生産（ＧＮＰ）で見れば、人口一三億を超える中国は日本の一七分の一にとどまっているが、携帯電話の加入者総数でいえば日本の五倍以上、乗用車や薄型テレビの販売台数では、昨年初めて日本を超えたと伝える。中国は、貧富の差や民族間の格差をはじめ、拝金主義や若者の就職難など多くの暗い影を落としているが、急速な経済発展を遂げ、確実に豊かさを実感していることも事実である。道路網は東西南北へ走る高速道路を中心に整備され、主だった鉄道の路線は和諧号（日本の新幹線に

簡牘を編綴する（長沙簡牘博物館内にディスプレイされている蠟人形）

あたる）が運行され、移動時間が急速に短縮された。

中国国内のインフラ整備によって、偶然に古墓や遺跡が発見され、簡牘が出土することは往々にしてある。また、謝家橋《しゃかきょう》前漢墓のように盗掘にあったために緊急に発掘する場合もある。本書執筆にあたっては、こうした状況を踏まえ、二〇世紀に出土した簡牘だけでなく、二〇一一年春までに報告または出版された簡牘資料にも目を通すように心掛けた。例えば、日照海曲《にっしょうかいきょく》前漢簡（山東・二〇一〇年報告）、永昌水泉子《すいせんし》漢簡（甘粛・二〇〇八年出土）、清華大学戦国竹簡（二〇〇八年収蔵）、北京大学前漢簡（二〇〇九年収蔵）などがそうである。

本書の構成についてだが、簡牘出土の地域を大きく五ブロックに分け、そのブロックごとに概略を述べ、略地図を付した。これによって各地域の出土状況の概要を知ることができる。このほか、簡牘やその周辺に関する事柄について大小二種のコラムを使って解説し、知見を広められるようつとめた。編集者側とたびたび打合わせを持ったが、何度目かの際、オールカラーで出版する話が持ち上がり、期待に心躍らせた。というのも、二玄社編集部が現地に赴き、みずから撮影した鮮明な図版が多数収録されるからである。本書を手にして簡牘の真の姿とそのバリエーションの豊かさを味わっていただければ幸甚である。

最後になったが、このような機会を与えて下さった西林悠介先生をはじめ、労をいとわず編集作業に尽力して下さった高島義彦氏、仲本純介氏に厚く御礼を申し上げる。

平成二三年（二〇一一）十二月

寳仁堂にて　横田恭三記

中国古代簡牘のすべて《ちゅうごくこだいかんとく》

2012年5月 7 日　初版印刷
2012年5月25日　初版発行

著　者　横田恭三《よこたきょうぞう》
発行者　渡邊隆男
発行所　株式会社 二玄社
　　　　東京都文京区本駒込6-2-1 〒113-0021
　　　　電話 03(5395)0511　FAX 03(5395)0515
　　　　http://nigensha.co.jp

装　丁　虎尾 隆
製版・印刷・製本　深圳雅昌彩色印刷有限公司

ISBN 978-4-544-01082-4

●原蹟の魅力を最大限に生かす、三〇〇～四〇〇％の拡大カラー図版。

簡牘名蹟選〈全12冊〉

責任編集：西林昭一

異趣をただよわせる戦国の楚簡から、秦・漢における千変万化の隷書を経て、楷書の誕生に至る三国・西晋の簡牘までを厳選収録。

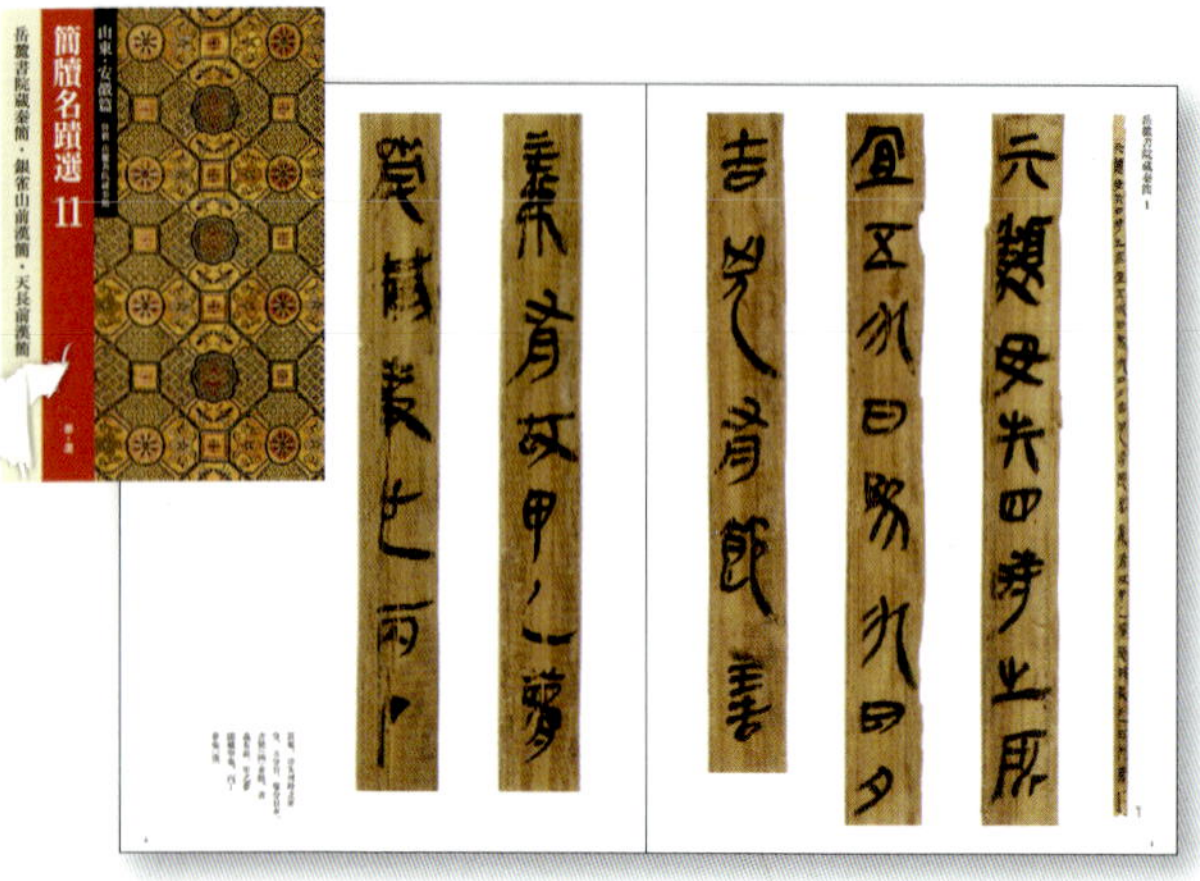

■仕様：A4判・高級マットコート紙・オフセット，カラー精印・各72頁

■定価：**各 2,200円**

近年、中国各地で新たに出土した簡牘（木・竹簡類）の名品を300から400％に拡大した精緻なカラー図版で紹介する、書を学ぶ者にとって比類なき価値を持つ新シリーズの誕生。学書の利便性に配慮し、釈文はすべて該当図版の収載頁に掲載した。

【全12冊構成】

- ①**湖南篇㈠**〈秦〉［里耶秦簡］
- ②**湖南篇㈡**〈前漢・後漢・三国呉〉［虎渓山前漢簡・東牌楼後漢簡 他］
- ③**湖北篇㈠**〈戦国〉［郭店楚簡・包山楚簡・望山楚簡］
- ④**湖北篇㈡**〈秦・漢Ⅰ〉［睡虎地秦簡・周家台秦簡・孔家坡前漢簡 他］
- ⑤**湖北篇㈢**〈漢Ⅱ〉［張家山前漢簡・鳳凰山前漢簡・高台前漢簡］
- ⑥**甘粛篇㈠**〈秦・漢Ⅰ・新〉［天水秦簡・馬圏湾前漢簡 他］
- ⑦**甘粛篇㈡**〈漢Ⅱ〉［懸泉置前漢簡／帛書・武威王莽新簡 他］
- ⑧**甘粛篇㈢**〈漢Ⅲ〉［額済納居延後漢簡］
- ⑨**上海博物館篇**〈戦国〉［上海博物館蔵楚簡］
- ⑩**河南・山西篇**〈戦国〉［信陽楚簡・侯馬盟書 他］併載：清華大学蔵戦国簡
- ⑪**山東・安徽篇**〈秦・漢〉［銀雀山前漢簡 他］併載：岳麓書院蔵秦簡
- ⑫**湖北・江蘇・甘粛・湖南篇**〈漢・西晋〉［印台前漢簡・郴州西晋簡 他］